北の十字軍

「ヨーロッパ」の北方拡大

山内　進

講談社学術文庫

目次

北の十字軍

「ヨーロッパ」の北方拡大

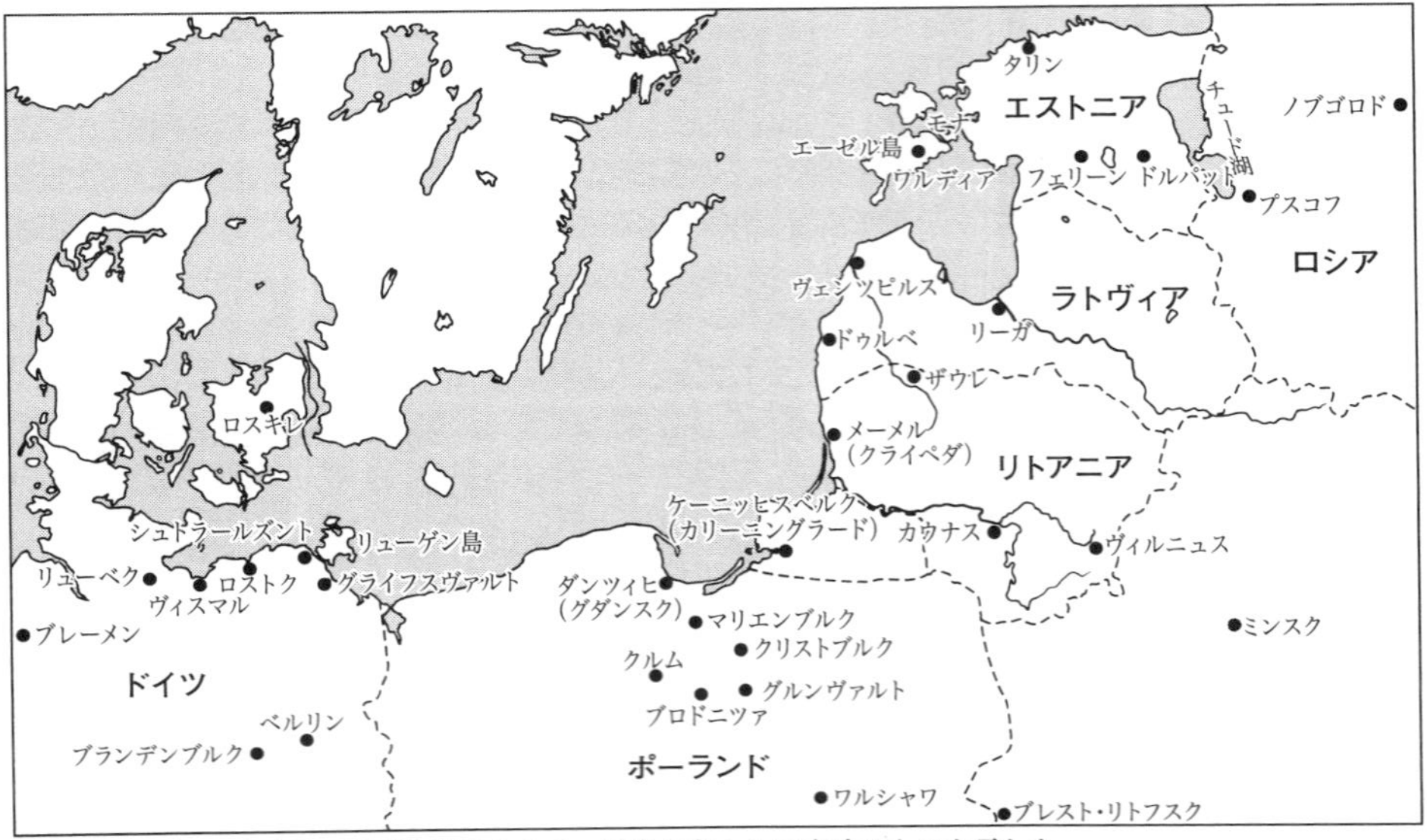

「北の十字軍」関連地図　国境は現在のもの。地名は主として当時のものを示した。

プロローグ――映画『アレクサンドル・ネフスキー』が語るもの

エイゼンシュテイン

『戦艦ポチョムキン』という映画史に残る傑作がある。一九二五年に完成されたこの作品は、白黒の無声映画である。それだけに、日露戦争時の一九〇五年に勃発した、帝政ロシアの軍艦ポチョムキン号の水兵たちの反乱とその英雄性、民衆に対する官憲の暴虐な弾圧が、沈黙のうちに重苦しくかつ鮮明に描かれており、いま見てもなお鮮烈な印象をあたえる。

監督の名はセルゲイ・エイゼンシュテイン（一八九八～一九四八年）という。いまさらいうまでもないが、ソビエト映画、というよりも映画史そのものを代表する監督である。彼は、一九一七年のロシア革命に際して、反革命の立場をとった両親と訣別《けつべつ》し、革命の側に立って活動した。『戦艦ポチョムキン』は、社会主義革命に対する熱烈な共感と確信、人類の新時代を切り開きつつあるという自信と若い才能の圧倒的なエネルギーとが創造的に結合した最高の芸術作品だった。彼は、その後もみごとな作品を続々と発表する。

そのなかに、『アレクサンドル・ネフスキー』という作品がある。これも、名画と呼ぶに値する雄大かつ勇壮な歴史映画である。実は、『アレクサンドル・ネフスキー』は、本書の主題である「北の十字軍」と深くかかわっている。一般にはあまり知られているとはいえない「北の十字軍」について論述を進めるにあたって、まずこの辺を手がかりとして話を始めることにしよう。

ネヴァ川のアレクサンドル

アレクサンドル・ネフスキーは、十三世紀前半に活躍した、ノブゴロド公国の実在の大公である。彼は、一二四〇年、十字軍としてノブゴロドを襲撃してきたスウェーデン軍をネヴァ川の河畔において撃退し、後にネフスキーの称号をえた。彼は「ネヴァ川のアレクサンドル」つまり「アレクサンドル・ネフスキー」と呼ばれることになった。

その後、ノブゴロドの貴族や市民たちと対立し、ノブゴロド市から追放されていたが、やはり十字軍の一翼を担うドイツ騎士修道会の来襲と進撃によってふたたび呼び戻され、一二四二年のチュード湖「氷上の戦い」で騎士修道会に決定的に勝利し、これを撃退した。

この勝利によって、彼はロシアの偉大な英雄となった。その後、教皇インノケンティウス四世によるロシアのカトリック化の試みを挫折させ、一二六三年に死んだ後、ギリシア正教会によって聖者に列せられた。

ロシアの近代化に尽くしたピョートル大帝も彼の信奉者だった。大帝は、一七一二年、ネヴァ川の河口に建設しつつあったサンクト・ペテルブルクにアレクサンドル・ネフスキー修道院を開設し、さらに一七二二年にはアレクサンドル・ネフスキー勲章を設けている。

制作の背景

さて、エイゼンシュテインがネフスキーを素材とする歴史映画を撮ろうと決心したのは一九三七年のことである。撮影は一九三八年に開始された。音楽を担当したのは、セルゲイ・プロコフィエフ（一八九一〜一九五三年）である。この偉大な「魔術師」のごとき作曲家の助けもあって、映画はきわめて短期間のうちに完成する。

一九三八年十二月一日、『アレクサンドル・ネフスキー』は一般公開され、大成功を収めた。しかし、それから一年もたたないうちに、この映画はソ連全土で公開を保留されることになった。その理由は、映画の主題そのもの、そして一九三九年に起きた驚くべき政治的事件と深くかかわっている。

一九三〇年代は、第二次世界大戦を準備した不安と狂気の時代である。理性を喪失しつつあった日本軍国主義とドイツ・イタリアの狂信的ファシズムは、いわば全世界に暗雲を投げかけていた。ごく単純化していえば、非理性的な暴力が組織的に行使され、自由主義と民主主義に挑戦していたのである。

その圧力は、社会主義の祖国、ソ連に対しても向けられていた。ソ連は、とりわけナチスの支配下にあったドイツに対して深い警戒感を抱いていた。ナチス・ドイツのファシズムとその民族主義的エネルギーと狂気、強大な軍事力と世界支配の野望は、明らかにソ連に対しても向けられていたからである。

エイゼンシュテインがアレクサンドル・ネフスキーに着目したのは、まさにこのような時代環境のなせる業《わざ》であった。彼自身、映画を撮るために準備し、一九三九年に発表した「アレクサンドル・ネフスキー」という論文のなかでこう明記している。

私は、何よりもまず、現代的なものである映画をつくっているのだという、深い感情にとらえられた。つまり、年代記や叙事詩のなかに描かれている諸事件と、今日の諸事件とのあいだの同一性が、衝撃的であった。

文字のうえではないとしても、精神的には、十三世紀の諸事件は精神的に私たちに近しい。そして、そういうことなら文字のうえでもまた、私たちに近しい。ちょうど私が新聞で、ファシストたちによるゲルニカの野蛮な破壊について読み終えたとき、歴史的な記録に戻ると、十字軍によるゲルシクの占領の叙述にぶつかった——あの日のことを私は決して忘れないだろう。このことが、材料の創造的・様式的な扱いかたをより明確にさえ、決定づけたのである(1)(強調点は原文による)。

「ゲルニカの野蛮な破壊」とは、スペイン内戦時にドイツ空軍がフランコ側に味方して人民戦線内閣の支配する北スペインの古い文化都市ゲルニカを空襲し、無差別に多数の市民を虐殺した事件(一九三七年四月二十六日)のことである。

この事件は世界中の自由主義者たち、とりわけ知識人を憤激させ、多数の国際義勇軍が結成された。参加者の一人アーネスト・ヘミングウェイ(一八九九〜一九六一年)は、その時の体験をもとに『誰がために鐘は鳴る』（一九四〇年）を発表したし、パブロ・ピカソ（一八八一～一九七三年）は文字どおり「ゲルニカ」を制作して、その非道を世界中に訴えた。そして、エイゼンシュテインは、この「ゲルニカ」と十三世紀に行われたドイツ騎士修道会による「ゲルシク」占領の叙述を重ね合わせることによって、『アレクサンドル・ネフスキー』を生み出した。

メッセージ

エイゼンシュテインの論文「アレクサンドル・ネフスキー」の書き出しは、こう始まっている。

　骨。しゃれこうべ。焼け野原。人家の焼け跡。奴隷にされ、故郷からはるか遠くへ連れ去られた人びと。掠奪された町々。足もとに踏みにじられた人間の尊厳。私たちが十三世紀はじめのロシヤを考えるとき、眼の前に浮かびあがるイメージはこのようなものだ[2]（強調点は原文による）。

　この一文は、バトゥのひきいるモンゴル軍の侵略（一二三六年）とともに始まるモンゴルのロシア支配、いわゆる「タタールの軛《くびき》」の下であえぎ苦しむロシアを指している。しかし、十三世紀のロシアの危機はこれにとどまらなかった。侵略は東からだけではなく、西からも展開されていた。

詳細は本書の第四章に譲るが、とにかく最初に攻撃してきたのは、スウェーデン軍だった。しかし、すでに述べたように、アレクサンドル・ネフスキーの活躍によって、スウェーデン軍は敗退した。一二四〇年七月のことである。

だが、同年九月、今度はドイツ騎士修道会が侵略を開始し、プスコフを占領してノブゴロドを襲う勢いを示した。アレクサンドル・ネフスキーが呼び戻されたのはこの時である。彼は、一二四二年に、このゲルマンの騎士たちと国境地帯のチュード湖（ペイプスィ湖）で戦い、これにも鮮やかな勝利を収めた。

エイゼンシュテインは、このドイツの騎士たちの侵略と暴虐そして惨《みじ》めな敗北を徹底して印象的に描きだしている。彼は明快なメッセージをこの作品に込めていた。もしゲルマン民族の優秀さを喧伝《けんでん》し、世界のゲルマン化をめざしているナチス・ドイツが侵略してくるならば、ロシアの人民は、十三世紀にそうしたように、偉大な指導者の下に一致して戦い、これを撃退するであろう、と。

起ちあがれ、ロシヤの人びと！

それゆえ、映画の圧巻は、ゲルマンの騎士とネフスキーひきいるロシア（ノブゴロド）軍とのチュード湖氷上での戦闘場面である。強力なゲルマンの騎士とこれを迎え撃つ劣勢な、しかし英雄的勇気を示すネフスキー軍との攻防は、実にみごとに生き生きと描きだされている。そして、苦しい長い戦いの末、ついにネフスキーが勝利をものにする。

戦闘の規模や軍勢の多寡《たか》などはともかくとして、戦闘そのものは明らかにロシア軍の側の勝利に終わっている。これは歴史的事実である。しかし、二十世紀の映像は、これを単なる事実にとどめない。映画の最後の場面で、ネフスキーは捕虜となったゲルマンの兵士たちに対して、こう語る。

行け、そして他国のすべての者にロシヤが生きていると伝えよ。恐れることなくわれらのところに客として来るように人びとに伝えよ。しかし、もし剣を持ってわれらを攻めて来る者があれば剣によって滅ぼされるだろう。ロシヤの大地はここにあり、そして永遠にありつづけるだろう![1]

この言葉に民衆は歓呼し、シナリオによれば、その力強い歌声のうちに映画はつぎの字幕を浮かびあがらせつつ終わる。

起《た》ちあがれ、ロシヤの人びと!

スターリンはこの映画に満足した。ソ連指導部は、『アレクサンドル・ネフスキー』のこの優れたメッセージ性を高く評価し、一九三九年、彼にレーニン勲章をあたえた。

しかし、一九三九年八月、世界中を驚愕させた政治的事件が発生する。スターリンが突如としてヒトラーと和解し、独ソ不可侵条約を締結したのである。ソ連国内で圧倒的反響を呼んでいた『アレクサンドル・ネフスキー』はただちに上映を差し止められた。スターリンはヒトラーを刺激することを恐れて、反ファシズム的活動を大幅に抑制した。

エイゼンシュテインにとって、不本意な、そして不安な日々が続いたことであろう。しかし、事態は一九四一年六月に急展開する。ドイツ軍が突如としてソ連に進撃し、各地を占領し、過酷な支配を行ったからである。ソ連はこれと全面的に対決した。『アレクサンドル・ネフスキー』はふたたび蘇《よみがえ》った。それは、鮮烈な画面で、侵略者の暴虐とロシア人民の反撃、ドイツ軍の敗北を示し、人びとを鼓舞しつづけたのである。

歴史的な深みある映像

『アレクサンドル・ネフスキー』は、多分に政治的な作品であった。それは一つ間違えると実にくだらない「宣伝映画」になってしまいかねない。しかし、彼の優れた芸術的資質は、そのような状況を越えて、少なくとも多くの人びとを感動させることに成功した。

偏見をもって見なければ、これはたしかに傑作といってよいであろう。その丹念な映像と躍動する登場人物、十字をきって赤ん坊を火のなかに投げ入れる聖職者、十字架を描いた楯《たて》をもち自信にみちあふれて攻撃を開始するドイツの騎士たち、劣勢を盛り返しネフスキーとともに反撃するロシアの兵士たち、両者が正面から激突する氷上の戦い、侵略者の敗北と裁き、そのすべてが渾然一体となって、多くの観客を中世ロシアと侵略してきたゲルマンの騎士に代表される中世ヨーロッパ世界へと誘《いざな》ってくれる。映像はあくまで十三世紀を映し出し、十三世紀に終始する。

私がここで強調したいのは実はこの側面である。『アレクサンドル・ネフスキー』は、要するに中世盛期・後期における「ヨーロッパの侵略と拡大」を侵略される側から描きだした名画である。

エイゼンシュテインは、彼の時代の政治的危機のなかで、過去を現代に投影したかのようにみえる。しかし、それだけであれば、作品に歴史的な深みは出てこない。エイゼンシュテインは、現代に立脚することによって、過去の歴史的事実のある重大な側面に光を投げかけ、鋭いコントラストのうちにそれを映し出している。彼はたしかに過去を適切に表現することに成功したのである。

掠奪ではなく同化を

もう少し具体的に指摘しよう。十三世紀のロシアを侵略しようとしたのはどのような勢力であったろうか。既述したように、それは、ドイツ騎士修道会である。では、ドイツ騎士修道会とはいったい何者なのであろうか。それはなぜロシアに攻め込んできたのか。もしロシアを首尾よく征服したならば、彼らはロシアをどのように支配する予定だったのであろうか。そもそも、その矛先《ほこさき》はロシアにだけ向けられていたのだろうか。

少し考えてみるだけで、ただちにこのような疑問が生まれる。映画そのものは、それについてはなにも語らない。しかし、エイゼンシュテインは、実はその答えをもっていた。エイゼンシュテインは、先の一九三九年の論文で、侵略者であるドイツ騎士修道会についてかなり的確な指摘をしている。彼は、ドイツ騎士修道会の起源がエルサレムにあること、それがやがて全ヨーロッパに組織を拡大していったことを簡単に説明したうえで、こう記している。

最初、騎士たちは彼らの軍事的技能を売ることに、その活動を限定していた。しかし、間もなく彼らは、着実かつ組織的に東方への進撃を開始した。この拡張の犠牲は、プロシア人、リヴォニヤ人、エストニヤ人、リトワニヤ人とつづいた。チュートン人は、征服した人民を残酷かつ容赦なくとり扱う点では、タタール人の好敵手だが、少なくとも一つの方法では彼らを凌駕した（そのときまでに、チュートン人は他の修道院的で、同様に掠奪的な騎士団と結びついていた）。前者（タタール人）は侵攻し、征服した地域を掠奪して荒廃させたあと、征服地に重い、しばしばたえがたい貢ぎ物を課して、ふつうはアジアのステップ（草原）地帯か、遊牧民の国々へ引き揚げるかである。これに対して、チュートンやリヴォニヤの騎士たちは、征服した国々を組織的に植民地化し、その人民を奴隷化し、すべての民族的な諸特徴、宗教、社会秩序を破壊した。(4)

リヴォニヤ（以下リヴォニア）とは、現在のバルト三国のラトヴィアとエストニアの一部からなる地域で、当時はそれが一つの大きな国家的、民族的単位であった。また、ドイツ騎士修道会は、プロシア（以下プロイセン）を征服し、バルト海沿岸地方を支配した騎士集団だった。

その支配の特徴は、タタールとは異なるものだった。エイゼンシュテインがいささか誇張して述べたように、ドイツ騎士修道会は、掠奪して立ち去り、場合によっては貢納を定期的に求めるという方法をとらなかった。彼らは、むしろその地に支配者としてとどまり、ドイツから多数の植民者を募集して、そのドイツ化を図った。要するに、彼らは、ある意味で、征服地の「民族的な諸特徴、宗教、社会秩序を破壊し」、自身の側に同化させようとしたのである。

二十世紀にいたるまで

ドイツ騎士修道会の植民政策がいかに強固なものであったかは、十七世紀以後、プロイセンがドイツ史の一つの中心軸となったこと、一七一〇年以来ロシア領となったバルト地方でも、その社会・経済的支配階層はドイツ人でありつづけ、タリンやリーガでは、市民階層の言語も二十世紀にいたるまで主としてドイツ語が用いられていたことからも明らかであろう。バルト諸国は、ロシアの中央官僚や芸術家、文化人を輩出したことでも有名である。実は、エイゼンシュテイン自身、このリヴォニアの中心都市、ラトヴィアの首都リーガに生まれている。母は生粋《きっすい》のロシア人だが、父はユダヤ系ドイツ人である。

リヴォニアはドイツ騎士修道会によって支配された地域であり、後にスラブの支配下に入った時にも、なおドイツ系の人びとが多数派を占め、独立への願望を持ちつづけた。この「バルト・ドイツ人」は、第二次世界大戦をへて、散り散りになってしまい、現在では「事実上消滅したにひとしい」といわれている(5)。

しかし、バルト三国がペレストロイカのソ連のなかで、積極的に分離・独立をめざして成功し、ソ連崩壊の決定的ともいえる引き金をひいたのも、そのような前史を抜きに考えることはできないであろう。それゆえ、私の想像にすぎないが、『アレクサンドル・ネフスキー』は、スターリニズム下のエイゼンシュテインにとって、注意ぶかく完成しなければならない作品であった。一つ間違えれば、彼とて容赦されなかっただろう。

騎士修道会の使命

ドイツ騎士修道会は攻撃し、支配し、植民し、被支配地の社会を根底から変えてしまうための組織である。しかし、いったい何のために？　社会経済的利害については、あえて問わない。議論の筋を明確にするために、組織本来の使命に即して、その解答を求めてみよう。すると、その答えは、騎士修道会設立の趣旨に照らして明らかである。

それは、キリスト教の教えを守りかつ広め、世界をキリスト教化することである。世界のキリスト教化（カトリック化）、これこそ騎士修道会の使命であった。言い換えると、騎士が同時に修道士となり、武力によってキリスト教の布教と拡大を図る組織が騎士修道会なのである。

そもそも、騎士修道会の起源は、東方への十字軍にあった。十字軍の運動のなかで、十二世紀初頭にエルサレムをめざす巡礼たちを守ることを任務としたテンプル（神殿）騎士修道会がはじめて生まれた。やがて、病院を起源とする聖ヨハネ（ホスピタル）騎士修道会とドイツ騎士修道会、その他の修道会が出現し、その活動地域は中東からヨーロッパ全域に拡大していった。活動もまた、異教の地に対する、軍事力を背景とするキリスト教の布教と拡大へと変わっていった。

ドイツ騎士修道会はその代表的存在であり、征服と植民は異教徒たちに対するキリスト教（カトリック）の直接的、間接的強制を意味した。ロシアに対する侵攻もその文脈のなかで理解することができる。それは、カトリックからすると異教世界ともいえるギリシア正教会の支配地に対する十字軍だった。エイゼンシュテインがゲルマンカとの対比で「十字軍によるゲルシクの占領」という言葉を用いていたことを想起してもらいたい。

したがって、チュード湖の戦いに象徴されるような軍事的衝突は、実ははるかに大きな広がりをその背景にもっていた。その戦いは軍事的なものだけでなく、むしろ宗教的、文化的、政治的なものであった。そして、戦いはロシアだけで行われたのではなかった。ロシアでの戦いは、むしろカトリック・ヨーロッパの拡大の一つの余波のようなものであった。

とにかく、その運動は、それ以前に、ヨーロッパの各地ですでに繰り広げられていた。そして、それ以降にもまた、繰り広げられることになる。ヨーロッパは戦いのなかで成長し、拡大していった。その意味において、騎士修道会は、まさにヨーロッパを形成する切っ先だった。

「ヨーロッパ」

私たちは普通、ヨーロッパを地理的概念として理解する。だから、今あるヨーロッパが、昔から同じ広がりをもったヨーロッパとして存在した、と考えがちである。しかし、ヨーロッパは歴史的に形成されてきたものである。それは、はじめからあったのではなく、作られたのである。

むろん、ヨーロッパ形成の中核はあった。それは、今日の西ヨーロッパおよび中央ヨーロッパにあたる部分、つまりカトリック・ヨーロッパである。ローマ・カトリックを共通の理念的・文化的紐帯《ちゅうたい》とするこの地域は、たしかに内部的にさまざまな違いをもっていたが、しかし他者との関係においては一個の独立的で排他的な社会だった。私は、以下、この中世的なカトリック・ヨーロッパを表現する際には「ヨーロッパ」を用いることにしたい。

この緩《ゆる》やかな独立的社会の外部には、異質な社会・政治集団が存在した。その代表的集団がイスラム世界である。それは、「ヨーロッパ」の西部、イベリア半島に何世紀にもわたって存在し、先進的な政治・経済活動を行い、みごとな文化を作り上げていた。地中海沿岸でも、アフリカの北部にあたる一帯もイスラムの支配圏だった。そして、いうまでもなく、エルサレムを含む東方の西アジアには強力で壮麗なイスラム世界の中心地があった。

「ヨーロッパ」は、これと繰り返し戦い、攻撃し、逆に攻撃された。むろん、戦っていただけではない。「ヨーロッパ」はイスラムと平時には交易活動を行い、戦時においても相互に守りあう規範をもっていた。それゆえ、二つの文明は一種の国際法共同体を構成していた、という見解さえある。

しかし、「ヨーロッパ」は、この異質な集団が、かつて彼らの支配していた地域に存在することに耐えられなかった。それは、共存するよりも、征服し、支配し、植民し、カトリック世界を形成しようとした。このことを、次のアーロン・グレーヴィチの言葉ほど、巧みに表現しているものはないであろう。


中世的空間についての宗教的概念は、その空間がキリスト教徒の世界と、異教徒・非キリスト教徒の世界に分割されていたということによってもよく表現されていた。キリスト教は、もうギリシア人もユダヤ人もないと宣言することによって、人間の古い観念を著しく拡大したことは確かである。……しかしながら中世の人間学では、非キリスト教徒は一人前の人間からはずされていたし、同様に異端派や教会分離主義者も部分的に除外されていた。キリスト教信仰によって美しく飾られ、教会に服従する世界だけが、神の祝福のあまねく行き渡った、文化的な、快適に整えられた世界だったのである。この世界の境界の外側では、空間は明確な性質を失なった。その境界からバルバロスの森と荒地が始まり、そこには神の造りし世界も人の作った制度も及んではいなかった。宗教的な基準でこのように分けて考えるということが、異教徒の世界における十字軍の行為を支配したのであった――キリスト教徒の地では許容されないようなやり方が異教徒に対する遠征で容認された。しかし、キリストは異教徒を含めた万人のために死なれたのであるから、異教徒どもを、たとえ自ら望まなくても、真理の道に帰依させることが自分の使命であると教会は考えた――compelle intrare（入るように強制せよ――ルカの福音書、十四章二三「無理にでも人々を連れて来なさい」）ということである。それゆえキリスト教世界と異教徒の世界の境界は動き得るものだった。中世キリスト教は、「開かれた」伝道宗教である。教会とその軍団の努力のおかげで、キリスト教空間は、悪の力を奪われた空間の道徳的・宗教的変容によって拡大していったのである。(6)

グレーヴィチがいうように、中世ヨーロッパは、理念的には、フロンティアを境として内と外とをくっきりと分け隔てていた。二つの世界を分割する主要な要因は、なによりも宗教であった。

入るように強制せよ

キリスト教とイスラム教、キリスト教と非文明的な異教とは、善と悪、神と悪魔との対比のうちにとらえられる。しかし、この二つの世界は、決して固定的なものではなかった。グレーヴィチが指摘したように、この二つの世界の「境界」は「動き得るもの」であった。「境界」つまりフロンティアの移動は、異教世界がキリスト教世界に入った時、つまりキリスト教化した時に始まる。むろん、異教の誤りに捕らえられた人びとを改宗させることは容易ではない。そのためには、キリスト教の側からの強い働きかけが必要であった。その作業の中核を担ったのが伝道である。

伝道は、古来キリスト教を伝播するための主要な手段であった。土地の支配者や有力者を言葉で説得して改宗させ、次いで民衆が徐々にキリスト教を信仰する、というのが中世初期のキリスト教拡大の一般的形態であった。グレゴリウス一世も、カンタベリーに出かけたローマの聖アンドレアス修道院長アウグスティヌスも、大陸へのアングロ・サクソンの伝道も同じ精神に支配されていた。アルクィンが述べたように、宣教師は「十分の一税の徴収者」ではなく、「信仰の説教者」たらねばならなかった。(7)

伝道によってカトリック・キリスト教世界を拡大することは、盛期中世のローマ教皇にとっても最重要の課題であった。政治・経済的利害は別としても、ローマ教皇は、キリスト教徒だけでなく、全人類の救済に責任を負う、という基本理念が存在したからである。それは、とりわけ一二三五年に出され、十五世紀にいたるまで繰り返し確認されたグレゴリウス九世の教勅「クム・ホラ・ウンデティマ」にはっきりと表現されている。

すなわち、「洗礼者コハネとともに選ばれた人びとは、霊的な生活の純粋さと知性の優美さを多数の言語と国王のもとにある人びとや種族にもう一度、予言しなければならない。なぜなら、イザヤによって予言された、イスラエルの残りの者たちの救済は、使徒パウロによれば、まずすべての異教徒たちが救われなければ、実現されないからである(8)。

パウロの「ローマ人への手紙」第十一章の「すべての異教徒たち」に関するこの言葉のゆえに、キリスト教会は伝道を重大な使命とした。そのために、魂の救済をあくまで暴力的に拒む異教徒にたいしては、キリスト教徒は全人類の救済のために実力によって改宗を強制することも許される、という考えすら語られるようになった。こうして、compelle intrare(入るように強制せよ)という命題に象徴される、独善的ともいえる観念形態とそれに見合った行動様式が発生する。軍事力による「強制」が異教的フロンティアに対して用いられ、その際の殺害、掠奪、放火、支配権の簒奪《さんだつ》が、キリスト者としての罪なく行われうる、とされた。それどころか、それはあらかじめ「罪の赦免」をもって奨励されたのである。

フロンティアの「ヨーロッパ」化

その具体的な例は、スペインのレコンキスタであり、ロシアやプロイセン、そしてバルト海沿岸の諸地域に向けられた一連の十字軍、つまり「北の十字軍」であった。

罪の意識なく、それどころか確信をもって異教の先住民を殺し、時には彼らを独立した種族としてはほとんど根絶したという点では、アメリカ大陸の発見と征服、植民と開拓もその延長線上にある、といえるであろう。いずれにせよ、中世の異教的フロンティアは、経済的・政治的利害はもとより、伝道という宗教的情熱によって、血とともに破壊され、徐々にキリスト教世界に組み込まれていった。フロンティアは「ヨーロッパ」化されたのである。

この流れを決定的なものとしたのは、十字軍である。十字軍は、もとよりエルサレムをめざすものであり、その限りで神のための戦争、すなわち「聖戦」とされた。しかし、この十字軍は、当初は、異教世界一般に対する物理的武力攻撃を意味せず、「聖地」またはキリスト者の旧支配地の奪還に限定されていた。これを異教的フロンティア征服のための、キリスト教徒の戦争一般に転化するには、他の契機が必要であった。その契機が、入るように強制せよ」という伝道の思想である。「伝道」の思想と結合した時から、「聖戦」の意味は、「聖地」の回復と巡礼の確保という限定的な戦いからありとあらゆる異教的フロンティアの破壊とキリスト教化のための戦いへと転化した。

この点において、「北の十字軍」は単なる局地的な戦争ではなく、より世界史的な意味をもった争い、つまりキリスト教世界の異教世界への武力進出と征服、フロンティアへの絶え間ない前進、要するに「ヨーロッパの拡大」の原型にほかならない。いわゆる大航海時代に始まるアメリカの侵略と征服、植民と開拓は、その長い前史と模範を有していたのである。

＊

私は、以下において、この「北の十字軍」の一連の活動と作用を、理念の側面を含めて考察していくことにしたい。これは、なによりもヨーロッパ史のほとんど未開拓の分野を切り開くための試みである。

しかし、狙いはこれに尽きない。私がとくに注目するのは、「北の十字軍」がヨーロッパの形成と拡大の重要な一コマをなしている、という点である。それを考察することによって、われわれはヨーロッパのみならず現代世界の歴史的理解をより深めることができるに違いない。さらにいえば、私は、この過程を理解することによって、十六世紀以後のヨーロッパの世界進出を従来の研究とは違う角度からとらえうるのではないか、とも考えている。しかし、この点については、本書の最後に改めて論ずるべきであろう。

第一章　フランク帝国とキリスト教

1　ゲルマン人の改宗

クロヴィス

「ヨーロッパ」は一つの文明圏である。この文明は地理的母体としては主にカール大帝期のフランク王国を、文化的かつ求心的統合力としてはローマ・カトリックとしてのキリスト教を基本的な要素とする（それゆえ、とくに限定しない場合は、本書では「キリスト教」を「ローマ・カトリック」の意味で使用することにしたい）。

さて、このカトリック・ヨーロッパとしての「ヨーロッパ」は、当初は、けっして強力で確固とした文明圏ではなかった。むしろ、それはイスラムや北の諸部族などの外部の諸勢力に侵攻され、掠奪や放火の対象ですらあった。しかし、後の強力なヨーロッパは、この「ヨーロッパ」を核として形成されたものである。それゆえ、「コーロッパ」がどのようにして成立したか、そしてそのどこに後の「拡大し征服するヨーロッパ」が潜んでいたのかを探ることが大切である。謎を解く鍵は、フランク王国の成立期にある。

フランク王国は、五世紀後半にゲルマン人のなかの有力部族フランク人によって作られた国である。フランク人は、ライン河畔から北部ガリア（北フランス）に進出し、その地を拠点にして支配領域を拡大していった。フランク人は諸族から構成されており、そのなかのサリー族が中心となってフランク王国を作り上げた。ライン河下流の一帯に居住していたサリー族の他に、これと接してケルンに本拠地をおくライン・フランク人（リブアリア人）やさらに東方に住むカッティー人（ヘッセン人）がいた。

サリー族のなかでは、クロヴィス（四六五〜五一一年）以来、メロヴィング家から国王が出されることが通例となった。クロヴィスは有能で強力な王であった。彼によって、フランク王国はほとんどすべての西ゲルマン人の領域を支配するまでになる。彼が、フランク王国の基盤を固めたのである。

戦って物を奪う——戦士の美意識

クロヴィスが国王となったのは、四八一年のことである。その後、彼は戦いつづけ、四八六年にローマの代官シャグリウスをソワッソンで、四九六年アラマン人をトルビアックで、五〇〇年ブルグンド王グンドバッドをディジョンで、五〇七年にゴート王アラリック二世をポワティエ近郊のヴィエで、それぞれ打ち破り、その版図《はんと》を拡大した(1)。

グンドバッドは、ディジョンで敗北した後、クロヴィスに服従することでその地位を保ったが(2)、そのときクロヴィスは、敗者に対して毎年、貢物を納めるように命じて軍をひきあげさせた。

クロヴィスがグンドバッドを殺害することをやめたのは、慈悲ぶかいからではない。それは、あくまでも彼自身の利益のためである。彼は、掠奪と破壊によって疲弊したブルグンドを直接支配するよりも、毎年、一定の貢物をさせる方が有益だと判断したにすぎない。これは、モンゴル軍がロシアに対してとった態度と同じである。

両者に共通しているのは、支配者としての権威を認めさせ、自身の下に貢物を定期的に贈らせることである。彼らには、これで十分だった。実際、経済的観点だけからすると、農業の生産性が低く他国に出征して掠奪した方がてっとり早かったこの時代にあっては、その方がたしかに合理的だったに違いない。しかも、戦って物を奪うという行動は、戦士としてのフランク人の美意識にも合致していた[3]。

王の改宗

当時の事件や人びとの考え方を詳細に伝えているものに、トゥールのグレゴリウスの著作がある。これはたいへん有益である。しかも、彼の書いたこの『歴史十巻』、別に『フランク史』は、「ヨーロッパ」の形成にとって決定的に重要な出来事についても、興味ぶかい記録を残している。それは、クロヴィスの改宗である。

例のブルグンド王グンドバッドは、実はキルペリックという兄弟をもっていた。しかし、彼を剣で殺し、「その妻の首に石を結びつけて水に沈めた」という。キルペリックには二人の娘がいたが、その二人は追放され、修道女となった。姉の名はクロナ、妹の名はクロティルデである。クロヴィスがグンドバッドと戦う十年ほど前の話である。

ある時、クロヴィスがブルグンドに送った使者が、優美で聡明なクロティルデを見出し、王族であることを調べたうえで、このことをクロヴィスに伝えた。彼はグンドバッドのもとに使者を送り、彼女を妻に求めた。グンドバッドはやむなくこれを承諾し、クロヴィスはクロティルデと結婚した。彼女は、キリスト教徒であった。

やがて王妃は長男を生み、これに洗礼を施そうとして、クロヴィスを説得したが、彼はまったく耳をかそうともしなかった(4)。しかし、王にも転換の時がやってきた。

それはアラマン人との戦いのときであった。両軍は激突し、多くの者が死んだ。敵の勢いは強く、クロヴィスの軍隊はまさに全滅に瀕《ひん》した。これを見た王は、大いに後悔し、天をあおいで妻の信仰する神に祈りを捧げた。すると不思議なことに戦況は一変し、アラマンの王を討ち取ることができたという(5)。

アラマン人に対して戦勝したこの四九六年に、クロヴィスはランスの司教聖レミギウスによって洗礼を受け、キリスト教に改宗する。クロヴィスとともに、三千人を越える戦士たちも洗礼を受けた、とグレゴリウスは感動をもって伝えている(6)。

『サリカ法典』

フランク王国は、こうしてクロヴィスの下で支配圏を拡大し、キリスト教の国となった。

これは、結果として、フランク王国を文明と権威の象徴であるローマと直接的に結合させることになった。ローマ・カトリックとフランク王国が結びつき、カトリック・ヨーロッパの基礎がここに作り上げられた。

フランク王国はキリスト教国であることを強調した。そうすることによって、他のゲルマン諸国とは根本的に異なる、高い精神性を有した存在であることを示そうとした。そのような流れのなかで、クロヴィスの『サリカ法典』が出現する。

『サリカ法典』は、サリー系フランク人の法典で、ゲルマン諸部族法典のなかでも、もっとも古いものの一つである。フランク王国の威勢のために、これは権威をもち、後のヨーロッパの法発展にも少なからぬ影響をあたえた、といわれる。むろん、その成立や意味についてはさまざまな見解がある。しかし、キリスト教がその成立とその後の展開に大きな役割を果たしたことは間違いない。それは、法典の序文（おそらく後に付加された第一種序文）を読めば、明らかである。

高名なるフランク人部族は、創造主なる神によって創建せられ、戦いにおいて強く、平和の盟約において堅く、思慮において深く、身体の品高く、純潔損なわれず、容姿すぐれ、勇敢、敏捷《びんしょう》且つ厳然たり、近くカトリック教の信仰に改宗し、異教より離脱したり。彼等（フランク人）がなお異教にとらわれいたるとき、神の霊威に駆られて知識の鍵を求めつつ、彼等自身の習俗の性質に従って正義を願いつつ、敬虔の念を守りつつ、……多く

の人々の中より選ばれたる者四人レックス・サリカを記録したり……。(7)

もっとも、『サリカ法典』がどの程度キリスト教的であったかは、法文を読んだだけでは分からない。おそらく、大多数の規定は、古ゲルマン以来の慣習を書き記したものと思われる。フランクの自由人は独立不羈《ふき》の精神にあふれており、クロヴィスといえども、一方的にキリスト教的な規範を押しつけることなど、とうてい不可能であったろう。ただ、最近の研究は、キリスト教的・ローマ的な要素をかなり重視する傾向がある。(8)

実際、キリスト教的な理念による国造りと『サリカ法典』の成立は明らかに関連がある。個々の法文の内容はともかくとして、法典それ自体にキリスト教的な意味が付与されていた。それは、さまざまな事件について予《あらかじ》め贖罪金《しよくざいきん》(賠償金)を定めることによって紛争の平和的和解を促し、血による解決を抑制することをめざしている。法典の作成は、実力による自力救済と私戦(フェーデ)の跋扈《ばつこ》するゲルマン社会に対して、キリスト教的な理念によって平和(秩序)を形成しようとする、王権の一つの試みだった。

しかも、この試みは、フランク王国の内部に限定されるものではなかった。国王は、キリスト教の理念を守り、キリスト教の平和を発展させるために、王国内部の平和を守るだけでなく、その平和を脅かす近隣の異教徒と戦うことを辞してはならない、とすら考えられた。むしろ、それはキリスト教を信仰する国王の重大な使命であった。しかし、その任務を徹底して追求するのは、クロヴィスの後継者たるメロヴィング家の国王ではなく、その宮宰《きゆうさい》の家、メロヴィング家にとってかわったカロリング家であった。

2　カール大帝

いわば簒奪

八三〇年から八三六年頃に記されたとされる、エインハルドゥスの手になるカール大帝（七四二～八一四年）のもっとも有名な伝記は、その最初の書き出しをメロヴィング朝の滅亡から始めている。

フランキ族は、自分らの王を古くより、メロウィンギ氏より択ぶならわしであった。この王朝は、ヒルドリクス王まで続いたと考えられる。というのもこの王は、ローマの教皇ステファヌスの命令で廃され、剃髪《ていはつ》して修道院に押し込まれたからである。表面でこそこの氏は彼で絶えたと思われるが、実質上すでにずっと以前から何ら権力を所有していなかった。そしてそれ自体の中に、王という虚名以外に、輝かしいものは何も持っていなかった。というのも、マイヨル・ドムース（major domus）と称せられる宮宰が最高の命令権を握っていて、王国の財産も権力も、この掌中に入っていたからである(9)。

カロリング朝は、七五一年にメロヴィングの国王ヒルデリヒ三世（ヒルドリクス）をカロリング家の宮宰ピピン三世（七一四〔五〕～七六八年）が退位させた時から始まる。これは、いわば王位の簒奪である。カール大帝の偉業を書き上げることをめざした伝記の作者、エインハルドゥスとしては、できれば触れたくない部分であろう。しかし、彼は実にさりげなく、王朝の交代を告げている。それも、ローマ教皇の命令によってのみ廃位されたかのように記している。

むろん、この作業はピピンと教皇ステファヌス（別の説によれば、教皇ザカリアス）の連携によるものであった。むしろ、主役がピピンであったことは明らかである。『フランク王国年代記』によれば、ピピンの側が教皇ザカリアスに「なんら国王にふさわしい権力をもたない者がフランク王国の王たるべきか否か」たずね、ザカリアスから「王権もなくその地位に留まっている者よりも、その権力をもっている者を国王と呼ぶのが、より適当である」という指示を得ている。つまり、ザカリアスは「ピピンが国王たるべきである、と命じたのである[10]」。

ローマ教皇の賭け

ローマ教皇の動きについては、道義的な疑念が残るかもしれない。しかし、忘れてならないのは、七三二年にトゥール・ポワティエで戦われていた一戦である。これは、ピピンの父カール・マルテルが攻め寄せてくるイスラム軍を撃破し、カロリング家の威信を決定的に高めた戦いである。これによって、異教徒を破りキリスト教を守るという神の使命がカロリング家に下された、とローマ教会が考えたとしても、そう不思議ではない。しかも、カール・マルテルの後継者、ピピンも強力であり、キリスト教に対してきわめて敬虔であった。

　こうして、カロリング家とローマ教会の関係は強化されつづける。七五一年にピピンが王位につくにあたって、彼は教会の儀式にのっとって戴冠式をあげている。『フランク王国年代記』は記している。「ピピンはフランクの慣習にしたがって上に選出され、大司教故ボニファティウスの手によって塗油され、ソワッソンでフランク人たちによって国王に立てられた。誤って国王と呼ばれていたヒルドリクスは、剃髪され、修道院に送られた」と。

　さらに、ピピンは、教皇を悩ませていたランゴバルドを破り、その支配下にあったラヴェンナを教皇領として寄進した。一方、教皇ステファヌス二世（在位七五二〜七五七年）は、ランゴバルド制圧のいわば対価として、彼のために再度、戴冠式を催し、「ローマ人の保護者 Patricius Romanorum」という称号を贈った。フランク王国は、ローマ教皇庁の公認の保護者となったのである。

　これは、カトリック・ヨーロッパの形成にとって決定的に重要な出来事であった。なぜなら、この事件によって、ローマ教皇はその保護者をビザンティンの皇帝ではなく、イスラムやその他の異教徒に対して実力をもって戦い得るカロリングの国王に切り換えることを明らかにしたからである。

　これは、当時としては大きな賭けだった。しかし、ローマはこの賭けに成功する。カロリング家の諸王はローマ教会の保護者となり、高い使命感をもって、西欧キリスト教世界、つまりカトリック・ヨーロッパの形成に邁進《まいしん》したからである。

「教会」としてのフランク王国

ピピンの後継者はカール大帝であった。カール大帝は、ピピンの敷いた路線をさらに力強く推進した。彼は、心底、キリスト教徒であった。エインハルドゥスによれば、王は「幼い頃より感化を受けていたキリスト教を、極めて敬虔な気持ちで最高の愛をもって信仰した。このためアクアスグラニにたいそう美しい大聖堂を建て、金や銀や灯火で、そして純銅製の扉や内陣格子で飾った」。また、「彼は聖アウグスティヌスの著作を喜び、とくに『神の国について』という題をもつ本を愛好した」。

さらに、カール大帝は、イギリスから修道士アルクィン（七三〇頃〜八〇四年）を招いた。アルクィンは、カール大帝の下で花開いたカロリング・ルネサンスの中心的担い手であった。しかも、彼の役割は文化的なものに止まらない。政治的にも、彼は、カール大帝のフランク王国の基本的理念の形成に深い影響をあたえた。

カール大帝に彼が吹き込んだ理念は、フランク王国の国王こそ、全キリスト教世界の指導者にほかならない、という確信であった。その考えによれば、ローマ帝国ですら「地上の王国」にすぎず、フランク国王こそ神の民を支配する真の支配者にほかならない。彼はこう説いたという。「この世に三つの卓越した権威がある。すなわち、その第一はローマの教皇座、第二はコンスタンティノープルの帝国、第三はカールの王権である。しかるに、これらの三つの権威のうち最後の権威が最も高いのである。なぜならばカールはキリストによって、キリスト教徒の指導者と定められたからである」[11]。

アルクィンのこの言葉を紹介している、クリストファー・ドーソンは、カール大帝を指して、「霊の権威と世俗の権威との両剣を掌握した神聖なる君主であった」と規定し、さらに次のように記している。「この神政の理想はカロリング朝の治政のあらゆる側面を支配した。それゆえ、あたらしいフランク王国はビザンツ帝国と比べてもはるかに『教会国家』の性格を帯びていたのである。この教会国家においては、もはや世俗的な面と宗教的な面という区別ができないほど両者が緊密に結びついていた」[12]。

日本の代表的なドイツ史家、山田欣吾氏は、カロリング朝フランク王国のこのような性格をさらに大胆に「『教会』としてのフランク帝国」と言いきっている。そもそも当時の人びとは、フランク王国を「国家」とは考えていなかった。「国家」という観念は、その時代には存在しなかった。では、フランク王国とはなんであったのか、と山田氏は問い、こう答える。「それは ecclesia『教会』であった」[13]と。

もちろん、この場合、「教会」とは聖堂のような建物でも聖職者の管理する組織体でもなく、「現実に存在する『神の国』」のことであった。それゆえ、この王国の臣民は同時に信者でなければならない。フランク王国の全臣民は「神と王の全臣民」であり、「神の信者」であるがゆえに「王の臣民」であった。それゆえ、国王たるものは、全臣民を「神の信者」としなければならない。

フランク王国は、まさに「教会」としての性格を強くもっていた。それは、キリスト教信者以外の存在を原則として認めない世界であり、また「教会」を脅かす「敵」すなわち異教徒に対して徹底的に戦うための組織であった。その意味で、これは単なる「教会」というよりは、むしろ比喩的な意味で「戦う教会」であった。事実、カール大帝は生涯にわたってひたすら戦い続けた。その意味について、やはりドーソンが実に的確な洞察をしている。彼はいう。

なるほど、かれも征服者の常として残忍で無謀な野心家であった。しかし、かれはけっして単なる蛮族の戦士ではなかった。カールの政策は、常に一つの確固たる理想と、王国を超えた広い世界を志向する遠大な目的とによって導かれていたのである。かれの征服事業にしても、それは、フランク部族の伝統的政策である、単純な武力による領土拡張というだけに止まらなかった。それは、キリスト教世界の防衛と統一のために行われた、いわば聖戦でもあったのである。(14)

ドーソンが指摘しているように、カール大帝の戦いは、「征服戦争」であるだけでなく、またキリスト教のための「聖戦」でもあった。それゆえ、その戦いは峻厳《しゅんげん》であり、貢物を受け取ることで矛《ほこ》を収めるという性格のものではなかった。次にそのような「聖戦」の性格をもった、カール大帝の戦争をいくつか紹介してみよう。

まず注目されるのは、ランゴバルド戦である。七七四年、大帝は、道のない山々、天にまでそびえ立つ絶壁や危険な岩壁に阻まれた、峻険なアルプスを多数の戦士とともに越え、北イタリアにあるランゴバルド王国の国王デシデリウスを降伏させた。彼は、国王に対してカールが「フランク人およびランゴバルド人の王にしてローマ人の保護者」であることを認めさせた。それだけではない。彼は、デシデリウスとその息子をイタリアから追放し、その地を息子のピピンに委ねた。ローマ教会を脅かしつづけたランゴバルド王国はここに消滅し、イタリアはフランク王国の下に統合された。

ザクセンそしてスペインへ

その二年前の七七二年にはじまっていたザクセン戦はもっとも長期にわたる、そしてもっとも困難をきわめた戦争であった。ザクセン人は、エインハルドゥスの記すところでは、「生まれつき獰猛《どうもう》で、悪魔の崇拝に身を捧げ、われわれの宗教に反感を抱き、神と人間の法を汚しても蹂躙《ふみにじ》っても不名誉とは思っていない」い民、つまり異教徒であった。戦争は宗教戦争の様相を呈し、戦闘は激烈をきわめた。ある時、大帝はおよそ四千五百名ほどの捕虜をすべて殺害したという。また、大帝は「アルビス川の両岸に住んでいた敵のうち一万人を妻や子供と共に移し、さまざまの人数に区分けして、ガリアとゲルマニアのあちこちに配って住ませた」。

カール大帝にとって、これは、ゲルマン民族のなかの異教徒に鉄槌《てっつい》を下し、キリスト教を根づかせるための戦争であった。

大帝は、ザクセン人に対して「悪魔の信仰を捨て、父祖伝来の宗儀を放棄し、キリスト教の信仰とその秘蹟を受けとり、フランキア王国に統合されて、彼らとともに同じ国民となる」まで徹底して戦いつづけようとした。ザクセンの支配者は七八五年にキリスト教に改宗した。しかし、民衆は必ずしもこれに従わず、反乱を続ける。その結果、ザクセンが併合されたのはようやく八〇四年のことであった。

大帝は北スペインへも遠征し、イスラム教徒と戦っている。七七八年、ピレネー山脈を越えて、イスラム教徒の支配地を襲い、辺境領を築いた。これは、イスラム教徒の西欧への侵食に対する反撃の最初の狼煙《のろし》となった。しかし、その帰路、ピレネー山脈の尾根で大帝の軍隊は、キリスト教化されていたバスク族に突然襲われ、しんがりの戦士たちが虐殺されるという事件があった。エインハルドゥスはこう記している。

地勢上、道が狭いため長い縦隊をつくって軍隊が行進していたとき、ヴァスコネス族が山の天辺《てっぺん》に待伏せしていて、――そのあたりは特に樹木がよく繁っていて、伏兵をおくのに適していたのだ――輜重隊《しちょうたい》の最後尾と本隊の最後尾にあって、先に進むものらを守りながら進んでいた後衛隊を目がけて、上から躍《おど》りかかり、下の谷底につき落とした。そして後衛隊と戦闘を交え、一人残らず殲滅《せんめつ》し、輜重を奪い、もう夜もせまっていたので、闇《くらがり》に乗じ蒼皇《そうこう》として四方へ散ってしまった(15)。

七七八年八月十五日のことである。

『ローランの歌』

話は少し脇にそれるが、このロンスヴォーで殺害された戦士のなかに、ローラン伯という人物がいた。このローラン伯こそ、後の中世フランス最大の叙事詩『ローランの歌』の主人公である。その詩は、次のような内容をもっていた。

カール大帝の勢いに恐れをなしたサラセン人は、偽《いつわ》りの和睦を結ぼうとして、使者を送る。平和を愛する大帝はこれを認め、祖国へと戻ることとし、有能な青年騎士ローランをしんがりに据えた。

カール大帝の軍の有力者と内通したサラセン軍は突如、軍の最後尾にあって孤立していたローランの軍を襲う。この事態を予測していた大帝はローランにサラセン軍が急襲してきた場合には角笛《つのぶえ》で合図するように命じていた。しかし、ローランは騎士として自身の任務をあくまで果たそうとして少数で戦いつづけた。

いよいよ全滅の危機に瀕して、ローランはついに角笛でカール大帝に急を告げるが、時はすでに遅い。大帝が駆けつけサラセン軍を蹴散らした時には、すべての戦士が討ち死にしていた。彼らは、卑怯なサラセン人に対して、英雄的に戦い、英雄としてキリスト教世界のために死んでいったのである。

その後、大帝はサラセンの軍と戦い、ローランの仇をうつ。「これは神の御心なり」と歌は記し、さらに大帝の異教徒に対する勝利をこう称《たた》える。

日は暮れて、黄昏《たそがれ》となりぬ。
月は明るく、星屑は燦《きら》めき渡る。
皇帝はサラゴッスを占領し給えり。
フランス勢一千をもって、城下一帯、
ユダヤ教会、回教会など、隈《くま》なく捜索せしめ給う。
兵ども、手にせる鉄槌または斧をもて
すべての画像偶像を打ち毀《こぼ》てば、
詛《のろ》いと妖術のたぐいは、その影ことごとくひそむ。
王は神を信じ、神を崇むる御心なり。
僧正、まず修祓《しゅうばつ》して池水を祝福し、
異教徒をこの洗礼の池に導く。
この時、シャルルの命にそむくものあらば、
捕えしめて、火刑または断罪に処し給えり。
かくて洗礼を受けたるものの数、十万余、
まことの信者となりぬ。(16)

ロンスヴォーでの敗北とローランの死、それに続くカール大帝の反撃と勝利は、むろん一つの歴史的事実である。しかし、人びとはいつしかこれを異教徒に対する英雄的戦争ととらえ、ローランをその悲劇の英雄にしたてあげ、美しい響きをもった叙事詩にまで高めた。しかも、この詩は、エルリレムへの十字軍派遣にあたって騎士たちを鼓舞する役割を果たすことになったという。

『ローランの歌』は騎士道を美しくうたいあげた中世文学の傑作である。しかし、それはまた、異教徒を敵とし、キリスト教徒の正義と英雄性を人々の心に染み込ませる戦いの詩でもあった。

大帝国

話を元に戻そう。カール大帝の戦いは、むろん東方に対しても展開された。敵は、中央アジアからやってきてドナウ川中流域を支配し、ヨーロッパ全域に脅威をあたえたアヴァール人である。エインハルドゥスは、これを「フニ族」と呼んでいる。七九一年から戦いを開始した大帝は、この「盗賊国家」を粉砕し、彼らがスラブ人やキリスト教徒から奪い取っていた多数の財宝を捕獲した。

この戦争もまた殲滅戦だった。エインハルドゥスはこう記している。「この戦争で、どれだけ多くの戦闘が行われ、どれだけ多量の血が流れたかは、パンノニアからすべての住民がいなくなった事実によって、そしてカガヌス（フニ族の首長）の宮殿のあった所が、そこに人の住んでいた痕跡すら見られなくなったほど荒れ果ててしまったことで証明される」。カール大帝は、この戦いによってフランク王国に多大な財宝をもたらし、ドナウ川流域一帯に再びキリスト教をもたらした。

こうして、その四十五年間にわたる統治の間に、大帝はその所領を父ピピンの時の二倍にまで拡大した。フランク王国は、西はピレネーを越えてヒベリス（エブロ）川、南はイタリア、北はザクセン、東はドナウ川下流地帯にいたるまで拡大した。フランク王国が体現せんとしたカトリック・キリスト教世界は一大帝国となった。

大帝の戴冠

カール大帝の困難に満ちあふれた「聖戦」と血の滴りのうちにもたらされたその勝利は、教会関係者を中心とする同時代の知識人たちに強烈な印象をあたえ、西欧におけるローマ帝国の復活という感情を蔓延《まんえん》させることになった。その劇的な表現は、西暦八〇〇年に挙行されたカール大帝の戴冠式であった。

この年、教皇レオ三世は、カール大帝に救いを求める使者を派遣していた。教皇は、対立する党派に脅迫され、ローマ市から追放される危険にさらされていたからである。聖ペトロ教会つまりローマ・カトリック教会をなによりも崇《あが》め、保護しようとしていたカール大帝は、急遽ローマにおもむき、反対派を一掃し、冬季の間ローマに滞在することにした。そのクリスマスのミサの時に、教皇が突如、カール大帝に「皇帝」と「アウグストゥス」の尊称をあたえ、戴冠の儀式を行ったのである。その背景には、七九七年、東ローマ皇帝に女性であるイレーネが就いたことがあった。[17]

エインハルドゥスによれば、カール大帝は、突然、教皇にいわば謀られて「皇帝」の称号を得たという。教皇の意図を察知していたなら、「あの日がたとい大祝日であったとしても」教会にでかけなかったろう、と後に大帝が述べた、と彼は記している。しかし、この説明はかなり疑わしい。

フランク王国はこの時、東ローマ帝国と直に国境を接し、ドナウ川中流域の支配権をめぐって緊張関係にあった。ローマとの関係についても、ビザンティンとの間で暗闘があったに違いない。東ローマの皇帝が女性となったのは、カール大帝にとって、ローマ教会との関係を不可分なまでに強化し、不法の誹《そし》りをうけずに皇帝の地位に就く絶好の機会であった。彼ほどの人物が、教皇の一方的な陰謀にうまうまと乗せられ、意に反して皇帝になった、とはとても思えない。

カール大帝は、この機会を利用して、ローマ教皇と密かに語らって、ひょっとすると教皇に圧力をかけて、戴冠したのではないだろうか。少なくとも、彼は戴冠の意味を十分に知ったうえで、皇帝の地位についた、と最近の歴史家たちは考えている。

カトリック・ヨーロッパの形成

これ以来、西ローマ皇帝、後に神聖ローマ皇帝となるには、ローマ教皇の手になる戴冠の儀式がしばしば必要とされるようになった。この儀式は延々と続く。これが完全に消滅するのは、ほぼ千年ほど後になって、神聖ローマ帝国が滅びた時である。

しかし、皮肉なことに、この帝国を滅亡させた、そのナポレオン自身が、皇帝の地位につくにあたってローマ教皇ピウス七世を招いて戴冠の儀式を催している。その姿はルーブル美術館にある、ダヴィッドの「戴冠式」に鮮やかに描きだされている。ヨーロッパの人びとにとって、ローマ教皇による戴冠は、正当な皇帝になるための重要な儀式と映じていたのであろう。

カール大帝のフランク王国は、いまや西ローマ帝国となった。これは、西欧キリスト教世界の出現、言い換えるとカトリック・ヨーロッパの形成を意味する。フランク王国は古代ローマ帝国の後継国家となり、ローマ教会とのつながりを決定的なものとした。フランク王国は、キリスト教を酵母とする統一的世界となった。それは、カール大帝という偉大な英雄が、キリスト教世界の防衛と拡大という普遍的理念によってつくり上げた、壮大な作品だった。

むろん、その内実は確固としていたわけではない。そこには、古代ローマ帝国のような行政組織も地方制度も法も存在していなかった。それゆえ、この英雄の死後、カロリング帝国もまた分裂と抗争、異教徒の侵入と暴力に悩まされつづけ、ついに消滅しさる。しかし統一世界としてのカトリック・ヨーロッパという宗教的・政治的・文化的理念は生き残り、次代に受け継がれていった。

「戦う教会」としてのカロリング朝フランク王国こそ、キリスト教の平和を内部的に、そしてまた対外的に推進する、その次代の運動の先駆者であった。それは、十世紀以降に繰り広げられることになる、ヨーロッパの「ヨーロッパ」化とその拡大の原型にほかならない。

3　北のフロンティア

アンスガル

カール大帝はラテン・カトリック世界の拡大に貢献したが、帝国北方の辺境については、直接的な支配を行おうとはしなかった。彼が、現在のデンマークおよび北ドイツのバルト海沿岸一帯の異教徒たちと戦い、これを打ち破ったことは記録にも残っている。しかし、大帝は、彼らに対して貢納を要求するにとどまった。改宗したばかりのザクセン人を抱えていては、カール大帝といえどもそれ以上のことはできなかったのであろう。彼は、北の辺境については防衛で満足せざるをえなかったといってよい。

にもかかわらず、キリスト教を北の辺境に拡大しようとする試みは明らかにこのころから始まっている。その先陣を切ったのは、アンスガル（八〇一～八六五年）という名のベネディクト派の修道僧であった。

彼は北の未開の民にキリスト教を伝道する使命を帯びて、八二六年にデンマークに出かけ、八二九年にはスウェーデンへ赴き、ヘデビーに最初のキリスト教会を建立した。その人徳と開拓者としての活動のゆえに、彼は「北の使徒」と呼ばれる。アンスガルはまた、デーン人、ノルウェー人、スウェーデン人を改宗させるために、おそらく八三一年にハンブルクに設立された教会の初代の大司教に任命された（このハンブルク大司教区は八四八年にブレーメン司教区と合体して、ハンブルク・ブレーメン大司教区となる）。

彼の事業はむろん容易ではなかった。ハンブルクですら、ノルマン人のために安全ではなかった[18]。しかしアンスガルはハンブルク・ブレーメン大司教区を管轄し、北の人びとのキリスト教化に努め、八六五年に死ぬ。彼の後継者もまた、その事業を引き継ぐが、困難は続いた。

カロリング朝がついに断絶し、フランケン公のコンラート一世（在位九一一～九一八年）が王位を継いだ九一一年の状況について、この時期の北ヨーロッパの歴史を知るうえでもっとも重要な資料であるブレーメンのアーダム（?～一〇八一年頃）の『ハンブルク大司教史』（一〇七六年頃）は次のように記している。

この時にいたるまで、デンマーク人の国王はすべて異教徒である。支配者が多数交替し、多数の野蛮人が侵入してきたが、それでもアンスガルが植えこんだキリスト教は少しだけデンマークに残った。それは、完全に消え去ったわけではない。当時、ザクセンは、一方ではデーン人とスラブ人によって、他方ではボヘミア人とハンガリー人によって恐ろしい迫害を被っていた。同じ頃、ハンブルクの司教区はスラブ人の攻撃によって、ブレーメンの司教区はハンガリー人の攻撃によって荒らされていた(10)。

要するに、アンスガルが伝道活動を始めたころと事態はほとんど変わっていなかったのである。

反撃の口火

コンラート一世は、弱体だった。彼の治世のもとで「ハンガリー人たちは実際に教会に火を放ち、聖壇の前で司祭たちを虐殺し、罰を受けることなく聖職者も俗人も無差別に殺すか捕獲するかしていた。その当時は、十字架も異教徒によって切断され、嘲《あざけ》られていた」(20)。ハンガリー人だけではなかった。デーン人もまた、スラブ人たちとともに、ザクセン一帯を掠奪し、荒らしまわっていた。デーン人の国王ゴルムはキリスト教に敵対し、キリスト教の司祭たちを追放し、拷問にかけ殺害したという。

このような事態からキリスト教を救ったのが、コンラートの後継者であるハインリヒ一世（在位九一九〜九三六年）であった。彼はカロリング家の血を引かず、戴冠も受けずにコンラート一世の指名をうけて王位に就き、実力でドイツを支配したザクセン朝の開祖である。

ハインリヒは、バイエルンをドイツの支配圏のなかに組み込み、九二八年には北のバルト・スラブ人（この当時は、ヨーロッパ東部だけでなく、北西部にもスラブ人が住んでいた。彼らはロシアや東欧のスラブ人とは異質の存在で、バルト・スラブ人と呼ばれる）を撃退した。九三三年にハンガリー人を破り、九三四年にゴルムに打ち勝ってデーン人からシュレスヴィヒを獲得し、ドイツ化した。彼は、「ヨーロッパ」の反撃の口火をきったのである。「ヨーロッパ」が劣勢だったのは、デンマークやハンガリーに対してだけではない。西部では、キリスト教国の西ゴート王国がイスラム教徒によって滅ぼされ、イベリア半島は異教徒の手中におちていた。カトリック世界は防戦に追われていた。その意味で、ハインリヒ一世が登場して異教徒に対して反攻する契機を作った、ということは特筆されてよいであろう。しかし、それをさらに決定的にしたのは、カール大帝にならってローマ教皇による戴冠をうけ、初代神聖ローマ皇帝となったオットー一世（大帝。在位九六二～九七三年。ドイツ王としては在位九三六～九七三年）である。

オットー大帝

オットー一世は、北方では二つの異教民族と敵対した。デーン人とバルト・スラブ人である。『ハンブルク大司教史』によれば、オットー一世は、即位してすぐに「使者と辺境伯を殺し、ザクセン人の全植民地を完全に一掃していた」デーン人と戦った。「この行為に復讐するために、国王は軍をもってただちにデンマークに侵攻した。以前にはシュレスヴィヒに固定されていたデーン人の国境を越えて、彼は火と剣で全域を荒らした……」。

アーダムはさらに続ける。オットーが立ち去る途中で、デンマーク国王、ゴルムの子ハロルドとシュレスヴィヒで出会い、戦闘が繰り広げられた。双方が「男らしく」戦ったが、ついにザクセン人の側が勝利を得た。こうして、和睦が整い、ハロルドはオットーに服し、帰国後キリスト教に改宗することを誓った。事実、彼はただちに妻と息子とともに改宗し、デンマークはキリスト教国となった。デンマークは三つの司教区に分けられ、ハンブルクの大司教区の管轄下におかれることになった、と。[21]

オットー一世は、キリスト教をヨーロッパ北部に広めようとした点でも特筆に値する。いずれにせよ、バルト海西岸にデンマークというキリスト教国が十世紀の中頃に成立したことは重要である。デンマークは、ドイツやポーランドなどとともに、バルト海沿岸の異教地域にキリスト教国としてしばしば干渉し、侵略したからである。

ヴェンデ人

デンマークおよびザクセンの東方、エルベ・ザーレ川とオーデル・ナイセ川の間に、北はバルト海から南はシュプレー川を経てマイセンのあたりにいたるまで、異教徒である多数のスラブ人が住んでいた。彼らが先述のバルト・スラブ人で、エルベ・スラブ人とも呼ばれる。その東方、つまりオーデル川からバルト海に沿った東には、ポメラニア（ポンメルン）人、プロイセン人、リトアニア人、ラトヴィア人、エストニア人が暮らし、それぞれの地域を支配していた。

「ヨーロッパ」がまず接触し、戦い、征服したのは、オーデル・ナイセ川以西に住むバルト・スラブ人であった。それゆえ、私もまた、北のフロンティアの「ヨーロッパ」化の歴史をこの地域から始めることにしよう。

この地域一帯には様々な種族が住みついていたが、その総称は、いま紹介したように、バルト・スラブ人である。しかし、この種族は、一般的には、ヴェンデ人と呼ばれた。当時のドイツ人たちが彼らをそう呼んだからである。ヴェンデ人は、おそらくかつてこの地を襲撃し、そのまま残留したヴァンダル族の一部がスラブ化したもので、その名称もヴァンダルに由来するといわれる。[22] この地域のヴェンデ人は、大きく三つの種族から構成されていた。

① デンマークおよびザクセンと接しつつ、バルト海に面した一帯に住んでいたオボトリート族。

② 北東部からシュプレー川下流にいたる地域に住んでいたウィルツェ族（リュティツィ族）。

③ その南部に住んでいたソルビア（ゾルベ）族。

オットー一世は、このヴェンデ人を破り、服従させることに成功した。皇帝は彼らを支配するために、九三七年頃に二人の辺境伯を任命した。オボトリート人の領域の辺境伯に任命されたのは、ヘルマン・ビリングという人物である。また、中間地帯のウィルツェ族を支配したのがゲロであった。ソルビア族に関しては不明である。後に、このヘルマン・ビリングの子孫がザクセン大公となる[23]。

さらに、オットー一世は、ヴェンデ人をキリスト教徒に改宗させる事業にも積極的に関与した。彼は、まず九四八年にウィルツェ族のために、ブランデンブルクとハーフェルベルクに二つの司教区を設置した。ついで、九六八年、オボトリート族のためにホルシュタイン東方のワグリアにオルデンブルク司教区、ソルビア族のためにメルセブルク、ツァイツ、マイセン司教区が設置された。

オルデンブルクはハンブルク・ブレーメン大司教区に属した。しかし、他の五つの司教区を統括するために、新たにエルベ河畔に布教の拠点となる大司教座がやはり九六八年に建設された。マグデブルクである。この大司教座の設置にともなって、アーダルベルトという人物がその初代の大司教に任命された。

スラブ人の大蜂起

アーダルベルトは、北の異教徒たちを改宗させるために懸命に努力し、皇帝の後援のもとに布教活動を続けた。これは、オボトリート族については一定の成果が上がった。その族長をはじめとして、少なからぬ人びとがキリスト教徒となったからである。族長は代々、ナコン家から出、その支族を統合した。彼らは、ザクセン大公の上級支配権を認め、その力を自己の政治的支配のために利用しようとした。しかし、その他のヴェンデ人諸部族については、改宗の事業は困難をきわめた。皇帝の威光が及ばなくなると、スラブ人たちはただちに反乱を起こしたからである。

皇帝オットー二世が九八二年、コトローネでサラセン軍に決定的に敗れ、翌年ローマで死亡した直後の九八三年、スラブ人の第一回目の大蜂起が始まった。ブランデンブルクでは司教は逃亡し、捕らえられた聖職者たちは奴隷とされたという。また、教会の財産は奪われ、司教の墓も荒らされた。九八〇年頃には、すでにブランデンブルクの司教ドディロが窒息死させられていた。メルセブルク司教区は破壊され、他の司教区も司教が身の危険を覚えて連続して滞在できなかったほど、治安はよくなかった。

九八三年の大蜂起については、『ハンブルク大司教史』とともに、この時代の北ヨーロッパの歴史を伝えてくれる貴重な資料である『スラブ人年代記』（一一七一年頃）に興味深い記録が残されている。著者は、神聖ローマ皇帝フリードリヒ一世バルバロッサ（在位一一五二～一一九〇年）の時代の聖職者で、ボーザウのヘルモルト（?～一一七七年以降）という。彼自身は、この出来事を次の時代の事件と混同しながら記述しているが、これは第一次大蜂起に関するものと考えられている。

犬

ヘルモルトは、この反乱の首謀者、ヴェンデ人の王ミスチヴォイ（在位九六七～九九五年頃）がかつて息子ムスティスラフのためにザクセンのベルンハルト大公（一世。在位九七三

～一〇一一年）の姪《めい》に求婚したことを反乱の発端とみなして、こう伝えている。

ザクセン大公は、その申込を受け入れる約束をした。そこで、ヴェンデ人の王は、息子が婚約するに値する人物であることを示すために、千名の騎兵をその息子とともにベルンハルトに従わせて、イタリアに派遣した。

けっきょく騎兵のほとんどすべては戦死してしまった。ミスチヴォイはムスティスラフが帰国してから、結婚の約束を実現するように要求した。しかし、ノルトマルク辺境伯、ディートリヒがこれに反対した。彼は、「ザクセン大公の親族の娘を犬にあたえてはならない」と叫んだという。

ザクセン人はヴェンデ人のことをしばしば犬と呼んで軽蔑していたというが、ヴェンデ人の王が息子をあからさまに犬と蔑《さげす》まれたことに怒りを覚えたことはいうまでもない。彼は、約束の履行を伝えるために駆けつけてきたザクセン大公の使者に次のような言葉を投げつけたという。「偉大な君侯の高貴な姪が高い地位の男と結婚すべきであって、まさしく犬などにあたえられてはならない、というのは実にそのとおりだ。われわれが大公にしてあげたことに対して、大公は大きなお礼をしてくれた。われわれを人間ではなく犬とみなしてくれたのだから。よろしい、その犬が元気であれば、激しく嚙みつくだろう(24)」と。王は、スラブ人たちに決起を促した。

反乱の炎はヴェンデ人の領域一帯を包みこんだ。

殉死

ヴェンデ人は容易に兵士を集め、まず火と刀で全ノルダルビンギアを荒らした。それから、その他の地域を回り、すべての教会を燃やし、破壊した。彼らは聖職者やその他の教会関係者を拷問にかけて殺害し、エルベ川の向こう側にはキリスト教の痕跡を一切残さなかった。

ヘルモルトによれば、「ハンブルクでは、その後、多数の聖職者と市民が捕らえられ、それよりももっと多くの人びとがキリスト教への憎しみから殺害された。この野蛮人たちのすべての行為を記憶しているスラブ人の古老は、その時までオルデンブルクはキリスト教徒がもっとも多い都市であった、と伝えている。そこでは、六十人の聖職者が嘲りのために捕らえられ、その他の者たちは家畜のように殺されてしまった。その中での最年長者はオッダルといって、オルデンブルクの長であった。彼とその他のものは、こうして殉死した」。おそらく、九九〇年を過ぎたころのことである。

この反乱とそれに続くザクセン大公ベルンハルト二世（在位一〇一一～一〇五九年）期のスラブ人蜂起（一〇一八年の蜂起）の結果について、ヘルモルトはこう慨嘆するのだった。

エルベ川とオーデル川の間に住んでいた、そして七十年以上もの間つまりオットー諸帝の全統治期にわたってキリスト教を実践してきた全スラブ人が、このようにして一体化していたキリストと教会から身を解き放ったのである。(25)

ザクセン大公と辺境伯がミスチヴォイやヴェンデ人に対して示した態度とそれに対するスラブ人の反発という図式は、バルト・スラブ人の領域で繰り返されることになる。ここに見られるのは宗教だけの問題ではない。進んだ(と考えられる)文明が遅れた(と思われる)文明を劣等視し、これに対して不遜な態度を取り、それにたいして遅れた側が進んだ文明を受容しつつ反発するという屈折した態度を示すことは、歴史的にも至るところで見られる現象である[26]。

とくに、中世社会においては、宗教は文明のもっとも重要な一構成要素であった。聖職者たちは、武力を背景としたより高い文明の支配の一翼を担っていたから、低い文明の反乱の際には、襲撃され殺害された。したがって、キリスト教はなかなか浸透しなかった。

アーダルベルト

このような状況のなかから登場したのが、マグデブルクの大司教と同名のハンブルク・ブレーメン大司教アーダルベルト(一〇〇〇頃～一〇七二年)である。彼は、神聖ローマ皇帝ハインリヒ三世(在位一〇三九～一〇五六年)によって、一〇四三年にハンブルク・ブレーメン大司教に任命され、スラブ人のキリスト教化の使命をあたえられた。『大司教史』の著者アーダムは第三巻の全体でこの人物を称賛し、その伝道活動を伝えている。

その記述によれば、アーダルベルトは「高貴で美男、賢明で弁がたち、上品で穏健であった」。しかも、「ハンブルクの教会の第一の義務である異教徒への伝道に関して、彼ほど精力的な人物はいなかった」。その登場がこのようにあまりにも鮮やかだったので、その最後が失敗だったかのようでさえある、とアーダムはいう。事実、それはアーダムがどう評価しようとも、失敗であった。

彼はハインリヒ三世の信頼が厚く、ともにハンガリー、スラヴィア、イタリア、フランドル遠征に加わったほどである。彼は、皇帝の威光を背景に、グリーンランドからバルト海東岸にいたる北欧総大司教区を建設するという雄大な構想をもち、その実現に着手した（ちなみに、グリーンランド島が文献に登場するのは、このころからである）。(27)

ヴェンデ人の住む地域のキリスト教化もまた有力な協力者を得て、順調に進んでいった。その協力者は、ハンブルクを破壊したあのムスティスラフの孫にあたるゴトシャルク（在位一〇四四頃～一〇六六年）である。大司教アーダルベルトは、このゴトシャルクに援助を求め、その協力を得ることに成功する。二人は「親友」と称されるまでになった。(28)

ハンブルクの教会は平和を享有し、バルト・スラブ人の間にキリスト教が根付きはじめたかにみえた。ゴトシャルクのもとで、改宗者があいつぎ、リューベク、オルデンブルク、レンツェン、ラッツェブルク、メクレンブルクには修道院が建設された。事績録の著者アーダムは、ゴトシャルクがいま少し生命を長らえていたならば、エルベ川とオーデル川をはさむ一帯がキリスト教化されていたかもしれない、とすら記している。

強欲

しかし、「復讐の神は自由に振る舞う」(詩篇九三―1／2)。この頃、オーデル河畔から中部にかけて分布していたウィルツェ人の間で内乱が始まった。ウィルツェ人は大きく四つの部族から構成されていた。この四つの部族が互いに抗争したのである。

劣勢のレダリイ族とトレンツィ族は、デンマーク国王スウェインとザクセン大公ベルンハルトならびにオボトリート侯ゴトシャルクに援助を求めた。彼らはそれぞれの兵士をひきいてこれに干渉し、七週間にわたってシルシパニ族とキッシニ族を攻撃した。勝敗の帰趨《きすう》は明らかだった。

アーダムによれば、この戦いで、「数千人の異教徒たちが殺され、それよりももっと多くの者たちが捕虜とされた」。ツィルツィパニ族は勇敢に戦ったが、ついに和平を申し込み、一万五千ターレルの支払を申し出た。「われわれの軍隊は勝利のうちに凱旋《がいせん》していった」。「しかし」、と彼はこう続けている。「キリスト教については何も語られなかった。勝者は戦利品にしか関心がなかったのである」。それだけではない、と彼は怒りを抑えつつ、さらに次のような話を伝えている。

私は、デーン人の最も正直な国王がこの問題について語っていた会話のなかで、スラブの諸部族はザクセン人の強欲さがなければ、ずっと前に容易にキリスト教にまちがいなく改宗していたであろう、と述べているのを聞いたことがある。「彼らは」と彼はいった。

「異教徒の改宗よりも貢納の支払の方に関心があるのだ」。この邪悪な人々は、自分たちがどれほど危険なことをしているか分かっていない。彼らは、その強欲の償いをしなければならなくなるだろう。彼らは、その貪欲のためにまずスラブ人地区のキリスト教信仰を混乱させ、次に彼らの残酷な行為によって彼らの服従者を反乱に追い込む。いまこうして金だけを望むことで、キリスト教を信仰しようとする人々の救済を侮辱するのである。(29)

アーダムは、ザクセンの上級支配権者たちが、キリスト教の伝道よりも、戦争からあがる利益とヴェンデ人に対して課される租税にしか関心を示さないことを非難している。

一〇六六年の大反乱

予言的ともいえるこの発言は、その後のスラブ人の反乱によって証明されたといえるかもしれない。一〇五九年にザクセンのベルンハルト二世が死んだ後の、一〇六六年六月、異教徒のスラブ人に改宗を勧めていたゴトシャルクが、そのスラブ人によって殺害されたのである。一〇六六年の大反乱はこうして始まった。(30)

アーダムによれば「わがマカベア族はレンツェンで、司教のイッポとともに六月七日にこの災厄にあった。イッポは祭壇のうえで生贄《いけにえ》とされた。聖職者も俗人も、その他多くの人々がいたるところでキリストのために様々な拷問をうけた。修道士のアンスヴェルや他の者たちはラッツェブルクで石投げによって殺された(31)」。

メクレンブルクでは、イングランドからやってきた老司祭のジョンが他のキリスト教徒とともに捕らえられ、棍棒で殴られ、スラブ人たちの街で次々と晒《さら》しものにされ、ついには足と手を切り離され、胴体を路上に放置された。その頭は槍にさされ、勝利を顕彰して彼らの神レディガストに捧げられた。これは、彼らの都市レスラで一一月に起きたことである(32)。

すべてのスラブ人は再びキリスト教を放逐《ほうちく》した。「スラブ人のこの反乱は、主の御公現から一〇六六年目の年……のことであった」。以来、オルデンブルクの司教座は数十年ものあいだ空席となった。

ゴトシャルクの子ブチュエもまた、スラブ人の反乱派の頭目となったクルトに殺害され、この地のザクセン人は彼に服従するか、移住するかのいずれかを余儀なくされた。このような状況のもとで、一〇七二年、ついに大司教アーダルベルトもこの世を去った。北方に半ば独立したキリスト教圏を作り上げようとした彼の壮大な構想はついに実らなかったのである(33)。

アーダルベルトの失敗が暗示しているように、アーダムが嘆いたザクセンの上級支配者たちの貪欲さは事実であった。彼は下級の聖職者であり、それだけにかえって信仰と伝道に忠実であったのかもしれない。しかし、実はこの優れた年代記作家は時代と社会の新しい雰囲気を察知していた、ともいえる。続く十二世紀のキリスト教世界はもはやそのようなレヴェルでの「貪欲」を認めようとはしなかったからである。それは、新しい、ある意味でもっと「貪欲」な行動を取った。

マグデブルクの訴え

十二世紀になると、エルベ川のフロンティアでは植民が見違えるほど活発化した。森を切り開き、荒れ地を耕し、教会と修道院が建てられた。聖職者たちは、スラブ人たちを改宗させる任務に従事した。

しかし、多くのキリスト教徒たちがフロンティアに植民することによって、軋轢《あつれき》もまた増大した。キリスト教徒であるザクセンの大公や伯たちも、租税と引換えにスラブ人異教徒を放置しておくことは許されなくなってきた。彼らに対して、何らかのキリスト教的対応が望まれるようになりつつあった。

このような知的・物質的環境の変化を象徴的に示す文書が一一〇八年に現われる。いわゆる「マグデブルクの訴え」である。

これは、マグデブルク大司教区の司教たちと東ザクセンの君侯たちによって表明された訴えである。この訴えは、匿名の文書であり、おそらくフランドルの一聖職者によって起草されたものといわれる。しかし、これは、ヨーロッパの全キリスト教徒に向けられており、その公的な性格については疑問符がふされるとしても、エルベ川流域のフロンティアをめぐる人々の意識構造の変化をはっきりと示している「真正な文書」である。

「訴え」は、ヴェンデ人の支配する地域を「われわれのエルサレム」と呼び、それは「かつて自由であったが、いまや異教徒によって勝ち誇られる召使いとなってしまった」と主張し、こう続ける。

その強い腕によって最西の地から遠い東方へと向かったフランク人に勝利をもたらされた主よ。キリストと教会を愛するすべての者たちに、われわれの隣人である怪物のような異教徒たちを征服する意思と力をあたえたまえ。(34)

聖地エルサレムを解放せねばならないのと同様に、バルト・エルベ地域も、マカベア族に比せられる勇者によって取り戻されねばならない。なぜなら、その地は主がイスラエルの子孫にあたえたものだからである。

もし汝らが望むなら……

「訴え」はさらにいう。「戦争を準備せよ。勇士をふるい立たせよ（ヨエル書三・九）。フランク人のごとくエルサレムを解放する準備をせよ」と。しかも、この地は、出エジプト記（三・八）でパレスティナについていわれたように「乳と蜜の流れる地」にほかならない。

異教徒は最も悪しき人びとである。しかし、彼らの土地は、もし耕されるならば、肉、蜜、麦粉で満ちあふれている。さあ、汝らザクセン人、フランク人、ロートリンゲン人、フランドル人よ、もっとも著名な世界の征服者たちよ、汝らは汝らの魂を救うことができ

る。そして、もし汝らが望むなら、汝らは住むべき最善の地を獲得するであろう。(35)

これは、北の異教徒の土地へと人びとを引きつけるものは何かを端的に語っている。むろん、この世俗的な利害だけが人びとを動かしたとは思われない。「訴え」は、「住むべき最善の地」の前に「魂」の「救い」を参戦への報酬として挙げている。次章で見るように、この神のための戦いに参加することによって得られる霊的な報酬は中世のキリスト教徒にとって決定的に大きな魅力であったろう。しかし、ここで重要なことは、マグデブルクの訴えによって、単に異教徒と戦うだけでなく、異教徒の土地をキリスト教徒の土地とすることが強く意識された、ということである。異教徒から租税を得ることでは満足せず、彼らの住む大地そのものをキリスト教化すること、そのために実力によって征服し、植民することが神の意思にかなうこととされたのである。

清貧?

歴代のザクセン大公や貴族たちは、たしかにアーダムが断罪したように、「貪欲」だったかもしれない。しかし、この手の世俗的な利害に囚われた貪欲よりも、宗教家の潔癖な「清貧」の方がはるかに「貪欲」なこともある。アーダムは北の異教徒たちをキリスト教徒に改宗させることを何よりも大事と考えていた。彼らの大地をキリスト教化しようとしていた。これが、どうして「貪欲」ではないといえるであろうか。まして、そのために武力が用いられるとすれば、これこそが「貪欲」というものではないだろうか。

マグデブルクの訴えは、そのような「貪欲」さをヴェンデ人に対して向けることを公言し、近隣のキリスト教徒たちに行動を起こすように訴えたものであった。しかし、この訴えはすぐには反応を引きおこさなかった。それを引きおこすには、より大きな衝撃が必要だった。その衝撃は、東方への第二回十字軍とそのイデオローグである清貧な一修道士によってあたえられた。

その修道士とは、十二世紀ヨーロッパの偉大な「蜜の流れる博士」、シトー派のクレルヴォー修道院の院長ベルナール（一〇九〇〜一一五三年）である。彼は生前に七十以上もの修道院を建設し、禁欲的な日常生活と鮮やかな文章と弁舌で高い名声を博していた。彼は、そのみごとな宗教家としての人生のためにカトリック教会によって最後の教父とすらみなされている。(36)

しかし、彼はただの宗教家ではなかった。彼は十字軍の熱心な勧説者でもあった。第二回十字軍が実現に移されたのも彼の尽力によるところが大きかったといわれる。彼は、世俗権力のみならず、キリスト教に身を捧げた「新しい騎士たち」つまり騎士修道士の武力行使を積極的に認め、推進する。しかも、彼は、それを北の異教徒たちに対して向けることについても大きな役割を果たした。

バルト海沿岸の風景は、ベルナールの登場とともに大きく変わることになる。

第二章　ヴェンデ十字軍

1　「聖戦」の思想

得体の知れない怪物――十字軍

ベルナールについて論ずる前に、十字軍に少し触れておかねばならない。というのも、ベルナールの登場と「北の十字軍」の開始、両者の関係とその意味を理解するには、どうしても十字軍一般、あるいは第一回十字軍についてある程度のことは知っておく必要があるからである。

私の率直な感想をいわせてもらえば、十字軍というのは得体の知れない怪物のようなものである。それは宗教的情熱の産物であると同時に、政治・経済的利害の創造物であった。また、その初期においては、私戦（フェーデ）と盗賊、掠奪行為の跋扈《ばっこ》する中世ヨーロッパにキリストの名において平和と秩序をもたらそうとする「神の平和」運動の一翼を担うものであった、と考えることも可能である。

というのも、十字軍はキリスト者相互の争いと殺し合いのエネルギーを外部に振り向け、ヨーロッパに平和をもたらす側面を有していたからである。さらに、軍事力を背景とした植民という側面を顧慮するならば、これをキリスト教ヨーロッパ拡大の決定的運動とみなすこともできるであろう[1]。

いずれにせよ、そういったものの背後には、さまざまなタイプの人間が控えていた。まず、政治家たるローマ教皇や大司教、敬虔な聖職者や名誉心と野望に燃え他方でまたあの世での業火《ごうか》に密かに恐れを抱いていた皇帝や国王たちがいる。身分的誇りと掠奪への意欲から冒険の旅に出かけた騎士たち、とくに自分で生計を立てねばならなかったその二男・三男、またこの壮大な人の流れのなかで莫大な利益を獲得しようとした大小の商人がこれに続く。

一般のイメージからすると意外なことに、騎士たちの夫人をはじめとする女性たちも多数、参加している。むろん、巡礼に向かう多くの老若男女がいる。そして、おのれの罪の贖《しょく》罪《ざい》と強奪のために参加したいわばならず者たちの存在も忘れることはできない。複雑でこみいった、さまざまな要因と人間関係、多様で落差の激しい人間の群れが十字軍を作りだし、突き動かしたのである[2]。

「聖戦」のための軍事的「巡礼」

しかし、あえてごく単純化して十字軍の特質を規定するなら、それは盛期中世のキリスト教的「聖戦」であった。

カール・エルトマンの名著『十字軍思想の成立』によれば、十字軍運動において大きな役割を果たした精神的要素は、「巡礼の思想」と「聖戦の思想」である。言い換えると、「聖戦」のための軍事的「巡礼」が十字軍であった[3]。このことは、当時のラテン語で巡礼を意味する「ペレグリナチオ」という用語が十字軍の意味でも用いられたことからも明らかであろう。ただし、エルトマンはとくに聖戦の思想を重視した。歴史的影響力という観点から見て、エルトマンは正しい、と私は考える。

経済的問題や政治的問題を踏まえつつも、異教徒の攻撃からキリスト教とキリスト教徒を守り、キリスト教世界を純化し拡大する、という宗教的な課題を武力に訴えても実行する。これが、十字軍の精神であった。十字軍とはなによりも異教徒に対する宗教戦争であり、排他的なキリスト教ヨーロッパを防衛するための軍事的な運動であった。つまり、それは、キリスト教的「聖戦」なのである。

「聖戦」といえば、イスラムのジハードが有名であるが、これは十字軍とは異なった性格を有していた。イスラムにおいては、たしかにジハードはイスラム共同体の拡大をめざす戦いである。しかし、それは、異教徒の改宗を求めるためのものではなかった。異教徒に対して求められたのは、政治的な服従と租税の支払であった。異教徒が征服されてイスラム教徒になることがあったとしても、それは結果であって、ジハードの目的そのものではない[4]。

しかし、十字軍の「聖戦」思想は、より徹底してキリスト教世界の純化と拡大を求めたように思われる。このことを確認するには、やはり第一回十字軍に目を向けておくべきであろう。

我等の大地から絶滅せよ――クレルモン

十字軍は、一〇九五年にウルバヌス二世（在位一〇八八～一〇九九年）がクレルモンで行った有名な演説とともに始まる。この演説には五つの伝承がある。どれが彼の真の言葉に近いかは依然として謎とされているが、一般にもっとも信憑性の高いとされているのは、実際に集会に参加したシャルトルのフーシェの『年代記　フランク人のエルサレム遠征記』である。

フーシェが伝えるところによれば、ウルバヌスは、キリスト教の信仰がすべての人びとによって破壊されつつあるのを憂えて教会会議を召集したという。彼は、君侯たちが互いに争い、平和を乱していることを嘆き、アナトリアへのイスラム教徒の攻撃によってビザンツ帝国の内部までが支配されつつある、という話に危機感を覚えたのである。フーシェのおそらく誇張のある報告では、この集会に参加した聖職者たちは三百十名にのぼる。

一〇九五年十一月二十七日、ウルバヌスは、参加者たちが『悪魔の仕業』に打ち勝ち、聖なる教会を回復せんと努めるように勧めて、演説を行った。彼はまず、キリスト者相互の間で「平和」を守ることを求め、多数の参加者の同意を得たうえで、さらに「緊急の課題」を解決するために熱弁をふるった。彼は、人びとに対して、「東方に住んでいる汝らの兄弟たちを救うために急がねばならない(5)」と強調した。

なぜなら、トルコ人やペルシア人がキリスト教徒である「兄弟たちを襲い、ローマの支配地や聖ゲオルギウスの腕と呼ばれている地中海地方の奥深くにまで進出した」からである。教皇はいう。「彼らは、ますますキリスト教徒の土地を奪取し、多数の人々を殺害するか捕虜とし、教会を破壊し、神の国を荒らしている。もし彼らをこのまま放置しておくならば、彼らはますます広範に神の信仰篤《あつ》き民人を征服するであろう」。それゆえ、近日中に「この卑しむべき種族を我等の大地から絶滅（exterminandum）」せねばならない、と。

罪の赦免

こうして、ウルバヌス二世は、集会の参加者およびその他の全キリスト教徒にエルサレムに向かい、彼らと戦うように求めて、こう約束した。

かの地に向かうすべての者たちがもし陸か海で、あるいは異教徒と戦うなかで、この世での生を終えるならば、彼らに対して罪の赦免（remissio peccatorum）があたえられるであろう。余は、神からその権限を授けられたので、かの地に向かう者たちに罪の赦免をあたえる。(6)

教皇ウルバヌスは、イスラム教徒がキリスト教世界を攻撃し、教会とキリスト教徒に多くの危険をもたらしているがゆえに、「我等の大地から絶滅」すべきことを訴えている。しかし、この過激な言葉も、全世界から異教徒を根絶すべし、と主張しているわけではない。

「我等の大地」つまりキリスト教徒の土地から異教徒たる侵略者を撃退するのであるから、これは防衛戦争にほかならない。「異教徒と戦うなかで」死亡したものたちに対して「罪の赦免」をあたえることを約束したのも、あくまで防衛戦争の範囲内でのことである。

たとえ、十字軍がイスラム教徒の支配するエルサレムに向けられるものであったとしても、この聖戦が防衛的なものであることにいささかの変わりもない。なぜなら、聖地はもともとキリスト教徒の土地であり、いまそこに邪悪な異教徒が現実の支配権を行使しているとしても、それは依然としてキリスト教徒のものだからである。

乳と蜜の流れる大地

このような認識は、フーシェの記録に次いで重視されることの多い、修道士ロベールの『エルサレム年代記』にも見いだされる。彼が伝えているところでは、ウルバヌスは、次のように人びとに十字軍に参加するように勧誘している。

汝らが暮らしている土地は周りを海に閉ざされ、多くの峰に囲まれており、汝らの人口を養うには狭すぎる。この地は、富に満ちていないし、耕す者たちに十分な食料をあたえることもない。汝らが相互にいがみあい、滅ぼしあうのも、戦争を行うのも、そして互いに傷つけあって多くの人々を殺すのも、そのためである。だから、汝ら相互の間から憎しみを取り除き、争いを終わらせ、戦争を止めよ。紛争に由来する不和をすべて眠らせよ。

聖墓への道をとれ。邪悪な種族から、かの土地を奪い取り、汝らの支配下におけ。かの土地は、『聖書』がいうように、『乳と蜜の流れる』土地である。そもそもこの土地は、イスラエルの子孫の所有のために神によってあたえられたものだったのだから。(7)

ウルバヌスの言葉は「そこにいたすべての人々の諸々の欲望を一つの目的へと導いたので、人々は『神の御意志だ！　神の御意志だ！』と叫んだ」という。ここには、「『乳と蜜の流れる』土地」を好餌とし、人々を戦わせるだけでなく、植民させること、つまりキリスト教国を作り上げようとする思想が読み取られる。異教徒を排除し、キリスト教世界を拡充することが求められ、熱狂的に同意されているのである。

奪回・防衛から攻撃・征服へ

この弁舌が、あの「マグデブルクの訴え」と非常に近い論理構造を示していることは明らかであろう。「訴え」の作者がウルバヌスの説教を模倣して、「ヨーロッパ」のキリスト教徒たちに異教世界に進出するように文書を作ったものと思われる。

しかし、ウルバヌスの最後の言葉に明らかなように、少なくともキリスト教徒の主観では、エルサレムとその近辺は「イスラエルの子孫の所有のために神によってあたえられたもの」であった。それゆえ、エルサレムを中心とする「乳と蜜の流れる」土地に攻め込むのは、攻撃や征服ではなく、あくまで奪回であり防衛である。

実は、ウルバヌス二世は、第一回十字軍に際して、スペインのタラゴナに兵を向けることを求め、エルサレムへのそれと同一の贖宥状《しょくゆうじょう》を発行している。これも論理的には同一である。もともとキリスト教徒の土地であったスペインを攻撃し、そこから侵略者であるイスラム教徒を追放することは、防衛的行為とみなされた(8)。

この論理がある限り、「聖戦」は限定的なものにとどまり、せいぜいキリスト教徒の旧支配地の回復を求めるものにとどまったに違いない。ヨーロッパの拡大をアメリカ大陸にいたるまで倫理的かつ法的に可能にするためには、より攻撃的な聖戦論が必要であった。それを満たしたのが、第二回十字軍の際に出現した「北の十字軍」とそのイデオローグ聖ベルナールである。

2　蜜の流れる博士――クレルヴォーのベルナール

エデッサ陥落――教皇エウゲニウスの訴え

教皇の都ローマで、キリスト教世界の東方の要塞エデッサの陥落が人びとの口の端にのぼり始めたのは、一一四五年の夏頃のことであった。エルサレムから帰ってきた多数の巡礼や旅人が、つぎつぎにこの悲報を伝えたという。

また、そのころ、ローマ教会との結びつきを求めてやってきたアルメニアの司教たちも、教皇エウゲニウス三世（在位一一四五～一一五三年）に同様の、より確かな情報をもたらしていた。フライジングの司教オットー（在位一一三八〜一一五八年）の『年代記』によれば、アンティオキアのジャバラの司教フーゴーが一一四五年の十一月に教皇のもとにやってきて、「エデッサの陥落の後には海を隔てた教会が危機に陥ると涙ながらに嘆き悲しみ、それゆえローマ人とフランス人の国王にアルプスを越えるように望んだ」(9)という。

騒然とする雰囲気のなかで、一一四五年十二月一日、エウゲニウスは教勅「クァントゥム・プレデケッソレス」を公布して、とくにフランス国王ルイ七世とフランスの封建諸侯にエルサレムへと向かうように訴えた。第二回十字軍の準備が始まったのはこの時から、といってよいであろう(10)。

エウゲニウスはその訴えのなかで、ウルバヌスなどの先任者たちのおかげで、東方が解放されたにもかかわらず、「われわれや民衆自身の罪のゆえに」、エデッサが「キリストの十字架の敵によって占領されてしまった」ことを明らかにする。大司教、聖職者、その他の多数のキリスト教徒たちもそこで殺された。聖遺物《せいいぶつ》も、異教徒が自由に踏みつけるところとなった。

エウゲニウスはそこで、ヨーロッパのキリスト教徒が一体となることを願いつつ、こう訴えた。

余はまた、罪の赦免をもって次のことを命ずる。神に属する者たち、とりわけ諸侯や貴族たちは男らしく軍備を整え、ほとんど常に我々に勝利したことを誇る多数の異教徒たちを攻撃し、すでに述べたように汝らの父祖たちの実に多くの血によって異教徒たちの専制から解放された東方の教会を防衛し、捕らえられた何千人もの我々の同胞を敵の手から奪還すべく努めよ。そして、キリストの名の威厳をこの時代にいや増し、全世界で称賛されている汝らの勇敢さを損なうことも失うこともないようにせよ[11]。

教皇は、この教勅で、十字軍参加者に対して「罪の赦免」をあたえ、また彼らに相応《ふさわ》しい特権をあたえた。彼はいう。「しかして、余は……かくも神聖で必然的な行動と労苦を献身の念から企て、成就せんと決意した者たちに、前述の先駆者、教皇ウルバヌスが始めた、かの罪の赦免（peccatorum remissio）を、神によって余に委ねられた権限に基づき、あたえかつ確認するものである」と。さらに、彼は、十字軍参加者の「妻や息子たち、また財産と土地を聖なる教会、すなわち余および大司教、司教、その他高位の聖職者たちの神の教会の保護のもとに置くことを定める[12]」と続けている。

霊的な利益

エウゲニウスがあたえようとした保護はこれに尽きない。彼は、十字軍に出かけている者が帰還するかその死が確認されるかするまでは、その者に対する訴訟は認められないことや、負債の利息の支払義務を免除すること、そして「親族や封主が金を貸すことを望まなかったりできなかったりする場合」には、自己の土地や財産を教会や教会関係者その他信心ぶかい人たちに自由になんの咎《とが》めもなく質入れすることを許した。

エウゲニウスがここで示した保護と特権は、その後の十字軍参加者に対するそれのひな型となった。しかも、彼は、「このように神聖な行軍（十字軍）を敬虔に始め成就した者、あるいはその時に死んでしまう者が、悔恨した謙虚な心をもって告白をしたであろうそのすべての罪からの赦《ゆる》し（absolutio）を得、あらゆる事象の報償者から永遠の報酬を享受しうるように、余は……かかる罪の赦免と赦しをあたえるものである」と明記し、ウルバヌスよりも、さらに具体的に「罪の赦免」つまり贖宥状をあたえることを約束している。(13)

十字軍は、より高い程度において、「聖戦」となった。その参加者は、軍に加わって戦うことにより、あるいはそこで死ぬことによって「永遠の報酬」を得ることになったからである。ジェームズ・ブランデージによれば、厳密な意味での「聖戦」とは、「霊的な利益」を参加者に宗教的権威が保証する戦争のことである。この「霊的な利益」とは、要するに教皇が発布する「贖宥状」にほかならない。(14)

ベルナール

しかも、この教勅は、十字軍のために出された最初の教勅であった。ウルバヌスは、クレルモンで人びとにエルサレムへ向かうよう訴えかけたにすぎず、一般的な十字軍のための教勅を発したわけではない。それゆえ、後の十字軍に（教会）法的な正当性と魅力をあたえたのは、このエウゲニウスの教勅であった。

しかし、このような教勅が出されたからといって、ただちに十字軍への参加者が集まったわけではない。騎士たちを危険な遠征へと駆り立てるには、彼らの心をつき動かすだけの感動をあたえることが必要であった。

エウゲニウスは、この点で幸運だった。彼には、教皇以上に著名で尊敬され、雄弁で影響力をもち、しかも戦闘的で情熱的な協力者をあてにすることができたからである。その協力者こそが、十二世紀の偉大な霊的権威、「蜜の流れる博士」聖ベルナールであった。

エウゲニウスは、彼に十字軍のための勧誘を求め、ベルナールはただちにそれに着手した。彼は、フランス、フランドル、ドイツへと勧誘の旅に出かけた。この旅と説教のなかで、彼は聖戦を防衛的なものから、伝道の思想と結合した攻撃的なものへと変えていく。

奇跡

北はバルト海に面し、東西はエルベ川とオーデル川の間に住む西スラブ人、いわゆるヴェンデ人の歴史を記した、『スラブ人年代記』という十二世紀後半の著作がある。既述したようにこの地方で始まっていた困難な伝道活動とキリスト教徒の武力攻撃の現実を伝えている、当時の第一級の資料である。そこに、ベルナールの起こした奇跡の話がでてくる。少し長いが、興味ぶかいので次に引用しておこう。

その当時、不可思議で世界中を驚かせた出来事がいくつも発生した。というのも、聖エウゲニウスが教皇位に、コンラート三世が国王の地位にあった時、クレルヴォーの修道院長、聖ベルナールが活躍したからである。ベルナールの名は奇跡の噂で広く知れ渡っていた。多くの人々が、ベルナールによって行われる奇跡を見ようと、各地から彼のもとに集まってきた。ベルナールもまた、ドイツに出かけ、フランクフルトのクリスマス国会に現われた。その時、図らずもドイツ国王コンラートが祝賀の雰囲気のなか全諸侯を引き連れて国会にやってきていた。そこで、教会にあった聖ベルナールは、主の名のもとに病んだ者を治癒しようとして、国王と高位の諸侯の面前に立った。大勢の群衆がいたので、誰が何を患い誰がたまたま救われるのか、一人として分からなかった。我がザクセン（のホルシュタイン）伯アドルフもそこにいて、神の働きを見てその人間の徳についてより確かな知識を得ようとしていた。そうこうするうちに、ベルナールの前に一人の少年が引き出された。少年は目が見えず、足を引きずっていた。彼が障害をもっているのは、疑いえないものだった。非常に賢明な人物が、ベルナールに対してこの少年に彼の聖性を示すことができるかどうか、巧みに迫ることにしたわけである。その不信を神によって教えられたかのように、ベルナールは、神の救いを予見して、その少年を彼の前に連れてくるように命じた。これは彼のやり方に反するものだった。彼は他の者たちをただ言葉で祝福しただけだったからである。ベルナールは差し出された少年の手をとって、注意深くその目をこすった。少年は視力を回復した。それからベルナールは、少年の萎《な》えた膝を真っ直ぐにして、少年に階段まで走っていくように語った。少年の目と足がともに癒されたことを証拠だてて明らかにするためである。[15]

これは、かつてクレルヴォーの修道士で第二回十字軍の発案者である教皇エウゲニウス三世によって勧誘を委嘱されたベルナールが、十字軍への参加を求めるために、自らドイツの帝国議会に現われた時の話である。[16]

ベルナールの十字軍への勧誘はフランスでは容易に成功したが、ドイツ国王は当初、参加を渋ったという。それゆえベルナールは、ただちにドイツ国王コンラート三世（在位一一三八～一一五二年）の説得をめざした。その時の様子と奇跡による成功を描いたのがこの『スラブ人年代記』の叙述である。

豚に真珠

ベルナールがその時、何を述べたかはわからない。記録がないからである。しかし、ベルナールが同じころ、イングランドやフランス、ケルンやバイエルンなどに送った同一内容の書簡がある。それによって、彼の思想を探ってみよう。

彼は、十字軍に加わることをキリスト教徒にとって「救済」の絶好の機会とみなしていた。「いまは、受容の時である。いまこそ豊かな救済の時代なのだ」と、彼は記す。なぜか。

この世はいま揺れ動いている。主が人びとの前に現われた土地、つまり聖地が失われつつある。「いま、われわれの罪のゆえに、十字架の敵がかの地でその瀆神《とくしん》の頭をもたげ始めている。彼らは、その武器によってあの祝福の地、あの約束の地を荒廃させている」。「犬ども」にこの神聖な地を、「豚」に「真珠」をあたえるのか。神は汝を試されている。神が試されるのは、われわれの救済を企図されているからである。殺人者、窃盗、姦通者、偽誓者は神のために戦うことによって救いを得るであろう。躊躇《ちゅうちょ》してはならない。もし神が罰する気であれば、このような機会をあたえてはくれない。「もしあなたが武器をとるなら」、神は「あなたの罪の赦免と永遠の名誉によってあなたに報いるであろう」(17)。

ベルナールがいわば犯罪者たちにすら呼びかけていることはたいへん興味ぶかい。救済という概念が彼の呼びかけの根底にあることが知られるからである。

異教徒を殺害し、放逐することは、救済の絶好の機会であった。人を殺しても許されるという消極的な意味で贖罪が語られるのではない。殺すことが「罪の赦免と永遠の名誉」を得るために積極的に求められたのである。

むろん、キリスト者がむやみに武器をとり、血を流してよいわけではない。キリスト教徒の騎士たちが互いに私戦を行うことは、「戦争」ではなく、「愚行」である。それは、肉体のみならず、魂すら危機にさらす。

しかし、いまや勇敢な兵士たち、もののふたちよ、あなたたちはその魂を危険にさらすことなく戦いうる原因を有している。その原因のうちに征服することは名誉であり、死ぬことは得ることである(18)。

しかも、これほど有利な取引はない。「十字の印を身につけなさい。そうすれば、あなたは、卑しく告白したすべての罪に対する赦免を見いだすであろう。費用はわずかであるが、報酬は大きい」。

新しい騎士たちを称えて

ベルナールの十字軍に対する熱望、異教徒を信仰のために殺害することへの確信は、すでに一一三〇年に記された著作のなかで公にされていた。『新しい騎士たちを称えて――テンプル騎士修道会について』がそれである。この著作は、ユーグ・ド・パイヤンが一一一八年に仲間とともにエルサレムへの巡礼を守るために創設した騎士たちの団体を称えるために記されたものである。

パイヤンが仲間を募ったのは、「山賊、強盗などの輩が天下の大道をのし歩き、巡礼者に襲いかかって、多勢から金品を剝ぎ奪い、大量の虐殺をほしいままにしていた[19]」からである。彼らは、やがて騎士として生涯をキリストに捧げることを誓い、修道士として結社を構成した。彼らは、騎士であると同時に神に仕える者であった。プロローグでも記したように、そのために、彼らの結社は騎士修道会と呼ばれる。

パイヤンらの献身的で勇敢な活動は人びとを感動させた。エルサレム王ボードワン二世は、彼らのためにかつてソロモン王が用いたとされている神殿（テンプル）をあたえた。そのために、この騎士たちからなる修道会は、「神殿（テンプル）騎士修道会」と呼ばれるようになった[20]。

この修道会は、一一二八年にトロワの教会会議で正式に認可された。いわば人を殺すことを職業とする騎士がその身分のまま修道士となり、修道会を結成することが、キリスト教会によって公認されたのである。

二重の武装

ベルナールは、このパイヤンの騎士修道会を「新しい騎士たち」の誕生として積極的に受け入れようとした。彼は、その著作の第一章で、神が「いま、その僕《しもべ》ダビデの家にわれわれのために救いの角を再び立て、その民に贖《あがな》いをもたらされている」と記し、「これが新しい種類の騎士たち」だという。

それは、「過去において知られていなかったもの」であり、「人間に対する戦いと天上にいる悪の霊に対する戦いの二重の戦いを休むことなく行う」。もし、「何者かが肉体の強さだけを頼りとして生身の敵に強く抵抗するとしても」、それは注目に値するほどのことではない。そのようなことは、まったく普通のことだからである。

また、「戦いが霊的な強さによって悪徳もしくは悪魔に対して行われるとしても、それは称賛に価するとはいえ」、「格別のこととは思われない。「なぜなら、この世は修道士に満ちているからである」。「しかし」、と彼は続ける。

一つの武器を力強くもち、礼帯を高貴に十字で印すものがあれば、これまでそのような者がいなかったことを思えば、まさしく驚嘆に価するのではないだろうか。彼こそ真に恐れを知らない騎士である。彼は、あらゆる面で安全である。なぜなら、彼の肉体は鋼鉄の甲冑で、彼の魂は信仰の鎧で守られるからである。彼は、二重に武装しており、悪魔も人間も恐れる必要はない。といって、彼は死を恐れはしない。むしろ、死を望む。彼は生きることも死ぬことも恐れない。彼にとって、生きることはキリストの生であり、死ぬことは得ることである。それゆえ、汝ら騎士たちよ、自信をもって進め。勇気をもってキリストの十字架の敵を追い払え。死も生も、イエス・キリストのうちにある神の愛から汝を切り離しはしないことを知れ。危険があれば繰り返せ。「生きるにせよ、死ぬにせよ、われわれは主のものである」と。そのような戦いから勝利のうちに帰還することはなんと名誉あることか。殉教者として戦いのうちに死ぬことはなんと祝福されることか。勇敢な闘士よ。汝が主のうちにあって勝利するならば、喜べ。しかし、汝が死に主と結びつくならば、いよいよそれを誇り、歓喜に満ちよ。たしかに生は実り多く勝利は栄誉あるが、聖的な死はそのいずれよりも重要である。主のもとで死する者が祝福されるのなら、主のために死ぬ者はさらに祝福されずにはおかれまい(21)。

ベルナールにとって、主のために戦って死ぬことは「殉死」であり、神の「祝福」に値する。たとえ異教徒であっても人を殺すことは罪ではないのか、という疑問、逡巡《しゅんじゅん》は彼にはない。

キリストのために殺し、キリストのために死ぬ

むろん、普通の古い騎士たちが、「恐ろしいほど良心に欠け」、「理由もなくすぐに怒り」、「空虚な名誉」と、「この世の富を渇望して」戦い、互いに争うことをベルナールは嫌悪していた。「そのような原因から殺したり殺されたりすることは、明らかに安全ではない」。「しかし、キリストの騎士たちは、敵を殺すことで罪を犯すとか、自身の死によって危険がもたらされるということを危惧することなく、主のための戦いを安心して行うことができる」。なぜなら、と彼はいう。

キリストのために殺すか死ぬかすることは罪ではなく、最も名誉あることだからである。殺すのはキリストのためであり、死ぬのはキリストをうることである。キリストは、当然のこととしてかつ喜んで、敵を罰するために彼らの死を受け入れた。彼は、さらに快く、死した騎士の慰めに専心する。私はいいたい。キリストの騎士は恐れることなく殺し、さらに安んじて死ぬ、と。キリストのために殺し、キリストのために死ぬのであれば、ますます良い。キリストの騎士は理由もなく刀を帯びているのではない。彼は、悪行を罰し、善を誉め称えるための神の使いなのだ。悪行者を殺害しても、彼はまさしく殺人

者ではなく、もしそういえるとすれば、悪殺者（malicida）である。キリストの騎士は、明らかに、悪しき者の処罰者、キリスト教の守護者とみなされる。たとえ自らが死したとしても、彼は死滅したのではなく、天に到達したことを知る。それゆえ、彼が科する死はキリストの利益であり、彼が引き受ける死は彼の利益である。異教徒の死はキリスト者の名誉である。なぜなら、それはキリストの栄光を称えるものだからである。[22]

ベルナールは、テンプル騎士修道会のためにその規則を書き上げる労すら厭《いと》わなかった。それゆえ、この騎士修道会は、ある意味でベルナールの精神そのものにほかならない。それは、いわば常備十字軍であった。この信仰篤い騎士集団は、異教徒からキリスト教とキリスト教徒を守るために、常に武装し戦うことをめざした。

しかも、この集団は、キリスト教を守るだけでなく、それを拡大するための最強の手段となった。もっとも、「入るように強制」することは、異なった地で実行に移された。その地とは、バルト海沿岸一帯に広がる異教世界である。

3　方向転換

エルサレムまで出かけるよりも……

一一四六年十二月のクリスマスのドイツ帝国議会に話を戻そう[23]。ベルナールは、すでに述べたような論理を駆使して、ドイツ国王コンラート三世、後に皇帝となりバルバロッサと呼ばれることになるシュヴァーベンのフリードリヒ、その他バイエルンやオーストリアの大公、ブレーメン大司教など多数のドイツ人諸侯および貴族、司教、聖職者に十字を帯びさせることに成功した。ベルナールはこの出来事を「奇跡のなかの奇跡」と呼んだ。民衆は熱狂し、国王コンラートみずから小柄で虚弱なベルナールを抱えて、教会から脱出せざるをえなかった、という。

しかし、ドイツ北部のザクセンの諸侯がなお参加を拒否していた。『スラブ人年代記』の著者は、この事実にはまったく触れていない。だが、これは十字軍の性格を聖地の防衛から非キリスト教的異教世界への攻撃を含むものへと転換させることになる、非常に重大な出来事であった。

一一四七年三月、ベルナールはフランクフルトで開催された帝国議会で再度、エルサレム十字軍への参加を説得した。しかし、ザクセンを中心とするドイツ北部の諸侯はなおこれに従おうとはしない。彼らは、むしろ彼らのフロンティアに暮らす北のスラブ人たちを攻撃することに関心を示した。

この態度が単なる口実にすぎなかったか、それとも真意だったのかは、わからない。しかし、ザクセン大公とその諸侯たちが、隣接するフロンティアに住むヴェンデ人たちと繰り返し戦い、彼らを支配しようとしてきたことは確かである。エルサレムまで出かけるよりも、自分たちの利害と直結するヴェンデ人のもとに十字軍として出かけるほうが、はるかに合理的であった。問題は、それが十字軍たりうるか、否かである。

第三の十字軍

ベルナールは、この事実を察知して、ただちに説得の方向を変えた。彼は、エルサレムに固執しなかった。重要なことは、この世のどこであれ異教徒の支配を排除し、彼らをキリスト教徒とするか根絶することによって、人類の救済に到達することである。

ここで、かの「奇跡」のあと、彼が訴えたことを記しておこう。ヘルモルトはこう伝えている。

それから、どのような神のお告げによるのかは私には分からないが、この聖人は、居並ぶ諸侯やその他の信心深い民衆に対してエルサレムへと向かうように鼓舞し始めた。東方の野蛮な種族たち（nationes）を粉砕し、キリストの律法に従わせるためである。彼は、すべての異教徒たち（gentiles）が神の王国に入らねばならず、全イスラエルが救われる時が近づいている、と述べた。ベルナールの言葉を聞いてただちに、信じられぬほど多数の人々がこの道をとることに身を捧げた。彼らの中で、第一位にあるのはコンラート国王、後に国王となるシュヴァーベンのフリードリヒ公そしてヴェルフ公であった。彼らに続いたのが、司教と諸侯、大変な数の貴族、平民、民衆の軍隊であった。ドイツ人兵士たちとともに、パリ人たちの国王、ルイ（七世）とフランス人たちの全兵士もまた同じ目的をもって集まっていた。これほどの軍隊が最近集まったという話を私は知らない。それどころか、これは、歴史始まって以来のことである。なんと巨大な軍隊であることか。彼らは、その衣服と武器に十字の印をつけて参加した。しかしながら、遠征の発起人たちは、この軍隊の一部を東方に、他の部分をスペインに、第三の部分を我々に隣接して暮らしているスラブ人に対して向けようと考えていた。[24]

ベルナールによってパウロの「ローマ人への手紙」の言葉が終末論的に語られたとき、キリスト者は、その武力の矛先を「東方の野蛮な異教徒たち」から「すべての異教徒たち」へと向ける確固たる根拠を獲得した。人類の救済を考えるのであれば、キリストの律法に従わせるのは、東方のイスラム教徒に限定される理由は何もない。事実、「遠征の発起人たちは、この軍隊の一部を東方に、他の部分をスペインに、第三の部分を我々に隣接して暮らしているスラブ人に対して向け」た。

これを決定したのはベルナールであった。彼は、ザクセン大公たちの希望を受け入れて、彼らの軍勢をバルト・スラブ人、つまりヴェンデ人に向け、これを討伐することに同意し、独自の判断のもとに、この北へ向かう兵士たちにも「罪の赦免」をあたえた。つまり、彼はこれを十字軍に仕立てあげたのである。

改宗か、根絶か

ベルナールは、むろん、ただちにこれをエウゲニウス三世に報告しているが、「すべての信者に対して」あたえた書簡でヴェンデ人への十字軍を明確に正当化している。

彼はいう。いまの世は「神が異教徒に復讐し、彼らをキリスト教徒の土地から一掃するように、国王や君侯を鼓舞した」時代である。まことに、神の慈悲は正しく偉大である。そのおかげで、いまやすべての異教徒が神の王国に入り、改宗しつつある。全イスラエルもまた救われるであろう。しかし、悪魔はこの動きとそれに由来する打撃に恐怖を覚えた。全イスラエルが救済を見いだしつつあるとすれば、いっそうその恐怖はつのる。悪魔は、何としても「そのような偉大な善」に敵対しようとした。「悪魔は、邪悪な種子、不正な異教徒の子孫を育て上げた」。

キリスト教徒は、目を閉じて、この子孫たちの存在に長いこと耐えてきた。彼らの毒に満ちた頭を破壊して、自らの支配のもとにおこうとはしなかった。しかし、準備を怠れば破滅を招く。「この異教の民たちの誇りをただちに貶め、彼らの存在のゆえにエルサレムへの道が閉ざされることがないように」しなければならない。ベルナールがここでいう「不正な異教徒の子孫」、「異教の民たち」とは、要するに北の異教徒つまりヴェンデ人のことである。

ベルナールは続ける。人類の救済を妨害するために悪魔によって産み出された「不正な異教徒の子孫」と戦うことは、それゆえエルサレムで異教徒と戦うことと同一であり、そのための戦いは同じく十字軍たりうる。こうして、フランクフルトの国会に集結した国王、司教、諸侯は、キリスト教徒を武装させ、「かの異教徒たちを完全に根絶するか、確実に改宗させるために」、「救済の印」である十字を身につけることに決した。これに対して、余は、「自らの権威によって、彼らにエルサレムへと出発した人々が得るのと同じ霊的な特権を彼らに約束した」。「多くの者たちが即座に十字をつけた」。余はさらに、「他の者たちにも十字をつけるように説得した」と。

ベルナールの思想は、北の異教徒たちに「改宗」か「根絶」かを突きつけた。

妥協の禁止

ヴェンデ十字軍は、キリスト教世界の防衛または回復のための軍隊ではなく、キリスト教伝道のための、キリスト教世界拡大のための切っ先となった。なぜなら、エルベ川とオーデル川に挟まれたバルト海沿岸地帯は、昔から異教徒である西スラブ人たちだけが住み、自ら支配してきた領域だったからである。むろん、主としてザクセンの権力者たちは、スラブ人たちと接触し、しばしば彼らの自由と引換えに、貢納を要求していた。しかし、それは伝道ともキリスト教化とも無縁の「貪欲」(ヘルモルト)に由来するものにすぎなかった。

しかし、ベルナールは違う。彼は、北に派遣される十字軍を伝道つまりキリスト教世界拡大のための、神の戦士たちととらえていた。それゆえ、彼は、「霊的な特権」をあたえるに際して、きわめて重要な「禁止」事項を付け加えた。彼はいう。

私は、いかなる理由からであれ、これらの異教徒と休戦することを全面的に禁止する。

神の御加護によって、宗教そのものか、異教徒が根絶されるかするまでは、金のために、あるいは貢納のために、彼らと休戦協定を取り交わしてはならない。すべてのキリスト教徒、大司教および司教の方々に強くお願いしたい。全力を尽くしてそのような休戦計画に反対していただきたい。できるだけ注意深くこれを見張ってほしい。このことが男らしく守られるように監視し続ける熱意を示してもらいたい。あなたたちは、神にしたがう、キリストの僕《しもべ》なのだ㉕。

この戦いでは、物質的利益による妥協は許されない。

「神の熟慮によりて」

エウゲニウス三世もベルナールの報告を受けて、一一四七年四月十三日、ただちに教勅「デヴィニ・デスペンサチオーネ（神の熟慮によりて）」を発布し、ヴェンデ人への十字軍を認めた。彼もまた、第一に伝道と改宗を要求し、金銭による妥協を厳しく否定した。

何人も、キリスト教の信仰に服させることの可能な異教徒から、金銭もしくはその他の贖いを受け取り、彼らが異教のうちに留まることを許してはならない。これは、破門によって禁止される㉖。

一一四七年七月中旬、マグデブルクを発してアルツレンブルクに結集したヴェンデ十字軍は、「スラブ人の土地を攻撃し、彼らの不正を罰するために」、北上を開始した。率いたのは、ザクセンのハインリヒ獅子公（在位一一三九〜一一八〇年）、ブレーメン大司教アーダルベルト、ツェーリンゲン伯コンラート、ブランデンブルク辺境伯領の開祖ザルツヴェーデルのアルブレヒト熊公（在位一一三四〜一一七〇年）などであった。『スラブ人年代記』によれば、その総数は四万人であったという。

エウゲニウス三世の「神の熟慮によりて」は、異教徒との妥協を否定することを主たる目的として記されたわけではない。その主目的は、北ヨーロッパのキリスト教徒に対して、エルサレムに代えて、バルト・スラブ人を攻撃するように伝えることにあった。そのために、教勅はさらに、ヴェンデ十字軍に対して、聖地への十字軍と同一の霊的報酬つまり罪の赦免をあたえることすら約束した。

スペインとの違い

エルサレム以外に十字軍が派遣されるのは、これが最初ではない。実は、スペインについては、すでに罪の赦免があたえられる例があった。第一回十字軍の時にはやくもスペインのタラゴナの奪取のために、ウルバヌス二世によってタラゴナの攻撃参加者に対してエルサレムに向かう者たちと同一の赦免があたえられることが約束されていた。

エウゲニウス三世もまた、一一四六年にカスティーリャのアルフォンソ七世にアルメリアのイスラム教徒を攻撃することを許し、これに十字軍と同一の効果をあたえている。

　しかし、スペインに派遣される十字軍は、聖地へのそれと同様にイスラム教徒に対するものであった。また、スペインは、かつてキリスト教徒が現実に住み、支配していた所である。イベリア半島におけるキリスト教徒の戦争行為がレコンキスタ（再征服）と呼ばれるのもそのためである。それゆえ、エルサレムとスペインの十字軍は、いわば反イスラムの領土回復運動という点で共通項をもっていた。

　しかし、北のスラブ人に対する十字軍は、それとは違う。この先住民たちはそもそもイスラム教徒ではなかったし、バルト海西岸地方は、カール大帝あるいはオットー大帝以来、キリスト教徒の宗主権のもとにあったとはいえ、彼らが直接支配したわけでも、キリスト教徒の住民が多数を占めたことがあったわけでもない。そこでは、スラブ人によるスラブ人の支配が行われていた。バルト・スラブ人に向けられる十字軍は、その意味で領土回復運動ではありえない。

三つの理由

　それゆえバルト・スラブ人に対して十字軍が派遣される理由は、おそらく三つしか考えられない。

　一つは、彼らがキリスト教徒を攻撃するので、これに対して防衛せざるをえない、というものである。いわば「自衛」の論理である。いま一つは、彼らが異教徒であり、彼らに対する戦いはそのものとして正当な戦い、すなわち「聖戦」にほかならない、というものである。第三の論理は、異教徒が平和的な伝道を妨害するので、これを実力によって排除し、強制的に信仰を求めるというものである。

実際は、この三つのことがらはしばしば同時に語られ、キリスト教側が積極的に攻撃する場合ですら、「防衛」が僭称《せんしょう》されることが多かったように思われる。ベルナールでさえ「防衛」を一つの理由として語っていた。しかし、北の十字軍に関していえば、第二、第三の理由が大きいことはいうまでもない。

この点で、エウゲニウス三世はウルバヌス二世よりも明快だった。彼は、ベルナールと同じように、フロンティアの異教徒を実力によってキリスト教化することをめざした。彼にとって、それが北に十字軍を派遣する目的にほかならなかった。

それゆえ、彼は、十字軍に参加する者たちの一部が「北方に住んでいるスラブおよびその他の異教徒たちに対して行軍し、神の加護のもとに彼らをキリスト教に服せしめようとした」ことを許し、エルサレムへの十字軍士と同じ「罪の赦免」を彼らにあたえることを約束した。同時に、これまでのように世俗的利益のために妥協することを厳しく拒絶した。

教皇は、しかし、これでも安心できなかった。彼は、「十字軍参加者たちの平和と平安」を配慮し、「その一致を守り」、「キリスト教を拡大することを思い出させるために」、教皇の代理人としてハーフェルベルクの司教アンセルムを派遣した。

ニクロート

さて、繰り返し述べてきたように、ベルナールとエウゲニウス三世によって推進された十字軍は、三方に分かれて出発した。

第一の最大の十字軍は、ドイツ国王コンラート、フランス国王ルイおよびこの二国の諸侯たちからなり、エルサレムへと進んだ。第二のそれは、ケルン、ライン川沿いの諸都市ならびにヴェーザー川沿いの諸都市から進発したスペインへの十字軍である。これはリスボンに上陸している。そして、「第三の十字軍は、スラブ民族、すなわちザクセンと境界を接しているオボトリート族とリュティツィ族に対して向かい、キリスト教徒とりわけデーン人に彼らが行った殺人と追放に復讐」することをめざした。

ヴェンデ人の討伐へと向かった十字軍の指揮者たちは、既述したように、ハンブルク大司教、ザクセンのすべての司教、ザクセンのハインリヒ獅子公、ツェーリンゲン伯コンラート、ブランデンブルク辺境伯アルブレヒト熊公、後にザクセンの支配家門となったヴェッティン家のコンラートなどであった。これを迎え撃ったのは、ヴェンデ人の首長ニクロートである。

この当時、ホルシュタイン伯アドルフ（二世。在位一一二六～一一六四年）は、ヴェンデ人との関係を親密にすることに成功しつつあった。彼は、ドイツ人の植民者を受け入れ、リューベクをみごとに再建し、多くの教会を復活させていた。ヴェンデ人の指導者である、オボトリート侯ニクロート（?～一一六〇年）とも親密な同盟関係を結んでいた。ニクロートは、キリスト教徒の攻撃が避けられないとの情報を得て、ホルシュタイン伯と同盟の延長すら望んでいた。だが、伯は十字軍に反逆できなかったので、この同盟関係は消滅した。

ニクロートは、覚悟を決めて、ヴェンデ人民衆の避難所としてドビンに要塞を建設し、密かに軍船を準備した。準備を整えた彼は、ザクセン人の兵士たちがやって来る前にワグリア地方を占拠しようとして、トラーベ川の河口に彼の船団を派遣した。一一四七年六月二十六日、ちょうどヨハネとパウロの殉教を祝う日の朝、船団は河口に到達した。

この船団を発見したリューベクの市民は、市内の市民たちにこう伝えたという。「大きな叫び声が聞こえてきた。まるで大勢の人たちがやってくるかのようだ。しかし、それが何かはわからない」。発見者たちは市内に向かい、市場に駆け込んで危険が迫っていることを叫び伝えた。しかし、大多数の市民は酒に酔って、家のベッドからも荷物を満載していた船からも出ようとはしなかった。

そうこうするうちに、ニクロートの船団は市民たちの船を包囲し、火を放った。こうして、ヘルモルトの伝えるところでは、この日、三百人以上の男たちが殺された。

ズューゼル襲撃

ニクロートの騎兵は、ワグリア地方の全域を荒らし回った。ヴェストファーレンやホラントからきた人びとやその他の住人が住むトラーベ川付近一帯の地区は炎に包まれた。彼らに抵抗しようとした勇敢な男たちは殺され、彼らの妻子は捕虜とされた。

やがて、彼らは、フリージア人が植民したズューゼルを襲ったが、残っていた少数の住民は要塞に立てこもり、三千人ものスラブ人の攻撃に頑強に抵抗した。スラブ人は一計を案じて、立てこもる住民にたいして生命と身体の安全を保証するのと引きかえに、武器を放棄して要塞を出るように要請した。この言葉に心を動かされる者も出たが、一人の聖職者が彼らを厳しく批判し、こう訴えた。

> 男たちよ、お前たちは何をしようとしているのか。降伏することで、生命を贖おうとするのか。野蛮人たちが彼らの言葉を守るとでも思っているのか。我が同胞よ。汝らが期待していることは間違っている。この地にやって来た者たちの中で、われわれフリージア人ほどスラブ人に嫌悪されている種族はないではないか。われわれの香は彼らには悪臭である。何ゆえに汝らはかくも死に急ぐのか。[27]

こう述べて、このもっとも勇敢な聖職者は、もう一人の男とともにスラブ人のなかに突進し、奮戦の後に戦死した。この行動に感激して、要塞の人びとは勇敢に要塞を防御しつづけた。彼らの果敢な防衛は無駄ではなかった。その間に、この近辺の支配者アドルフ伯が兵を集め、彼らの救援に向かうことができたからである。

アドルフ伯来襲の噂を聞いて、ヴェンデ人たちは船へと退却を始めた。彼らは、ワグリア人たちの地で掠奪した多くの捕虜と戦利品を積んで引き上げていった。

デミーン包囲

その間に、ザクセンとヴェストファーレン全域に、ヴェンデ人が襲撃してきたという噂が広まった。ヘルモルトの記述するところでは、それゆえ、「十字の印をつけた全軍は、スラブ人の土地を攻撃し、彼らの不正を罰するために」バルト北西部へと急いだ。集結地のアルツレンブルクを出発したのは一一四七年七月の半ばのことであった。その数は、これもすでに述べたように、およそ四万人と伝えられている。

彼らは軍を二手に分け、エルベ川下流を横切って、ドビンとデミーンの要塞を包囲、攻撃した。「彼らは、敵に対して『多くの道具を設置した』。デーン人の軍もやってきてドビンを包囲する軍に加わり、包囲はさらに強化された」。しかし、ヘルモルトによれば、デーン人は国内での内戦では勇敢だが、国外では「非戦闘的」であった。スラブ人たちは、突然、彼らを攻撃して、その多くを殺害し、傷つけ、捕虜とした。

十字軍はこれに怒りを覚えて、包囲をさらに強化した。ヴェンデ人の同盟者ラニ人もデンマークの船舶を襲い、火を放った。デンマーク人たちも海岸線沿いの住民を襲って、これに報復した。戦闘は華々しかった。

厭戦気分

しかし、包囲軍はやがて戦意を失いはじめる。というのも、戦士たちがこの戦いに疑問を抱きはじめたからである。ヘルモルトは次のような逸話を伝えている。

ザクセン大公ハインリヒと辺境伯アルブレヒトの諸侯たちとは、しかしながら、互いにこう語り合った。「われわれが破壊している土地はわれわれの土地ではないのか。われわれが攻撃している民はわれわれの民ではないのか。われわれは、何ゆえにわれわれ自身の敵となり、われわれの収入の破壊者となるのか。このような破壊行為はわれわれの主人たちのもとに跳ね返っていくのではないか」と。(28)

その時から、戦争に対する確信は薄れ、封建契約に基づいて従軍した騎士や十字軍に参加する誓いを果たすために参加した者たち、とりわけ指導者層の多くは帰国することを望みはじめた。デーン人たちは、捕虜となった仲間たちの身請けにのみ熱心になるありさまであった。

厭戦気分に囚われた包囲軍はヴェンデ人と交渉を行い、ついに両者は休戦協定を取り交わすに至った。その内容は、ヴェンデ人が偶像崇拝を放棄して、キリスト教信仰を受け入れること、捕虜となったデーン人を解放することであった。

それゆえ、スラブ人たちの多くは偽って洗礼を受け、老齢で役に立たない捕虜だけをすべて解放した。彼らは、より頑強で数年は労働に従事しうる者たちを残した。こうして、かの大遠征は、取るに足りない成果しかあげないまま終了してしまった。スラブ人たちは、その後すぐに、前よりももっと悪くなってしまった。彼らは、洗礼を守り続けず、デーン人たちから掠奪することを止めようとしなかったのである。[29]

ヘルモルトは、いささか苦々しげに、こう記している。

もうひとつの十字軍

もうひとつの十字軍は、教皇の代理人であるハーフェルベルクのアンセルムをはじめとする、マインツやブランデンブルクの司教たち、また辺境伯コンラートやアルブレヒトなどを中心とするものであった。しかし、このマグデブルクから出発した十字軍も数こそ八万人とヘルモルトによって記されているが、ほぼ同様の結果に終わった。

彼らは、エルベ川をわたって付近を荒らしたが、住民はすでに立ち去った後で、敵軍や住民と戦うことはできなかった。その一部はドビンに向かい、包囲戦を開始した。しかし、彼らはヴェンデ人に対してそれほど敵対意識をもたず、厳しく戦う意欲に乏しかった。

九月になると、彼らもまた、包囲を解いて帰国する。また、その一部はシュテッティンの攻撃に着手しようとしたが、シュテッティンはすでにキリスト教化されていた都市であった（それゆえ、この攻撃は、アルブレヒト熊公の領土欲に由来するといわれる）。しかも、シュテッティンの住民は城壁に多くの十字を立て、包囲軍と和平の交渉を行った。ポメラニアの司教と伯が説明にあたった。真実を知った十字軍は彼らと和平を締結して、戦士たちはそれぞれ祖国に帰還した。

突破口

ヴェンデ十字軍そのものは、このようにして特段の成果をあげることなく終わった。オボトリート人の君侯であるニクロートは、依然としてリューベクの東部を支配下におきつづけた。偶像や異教徒の寺院、それに彼らの聖域は残り、一片の土地もキリスト教世界のものとはならなかった。キリスト教徒相互の不信と対立もあらわになった。しかし、この遠征はまったく無意味なものではなかった。

ベルナールが望んだことはたしかに実現しなかった。けれども、キリスト教徒たちは曲がりなりにもキリスト教のために協力して戦い、その実力を遺憾なく発揮した。戦力の差は、すでに歴然としつつあった。たとえ、表面的とはいえ、オボトリートの戦士たちが洗礼の水につかったのも事実である。

ヴェンデ十字軍は、思想的にも行動の面でも、バルト海沿岸部にある異教世界を実力によってキリスト教化するための突破口となったのである。

4　さらなる拡大

余燼さめやらず

北のフロンティアをキリスト教化しようとする熱気は、ヴェンデ十字軍があいまいな形で終わったあとも残っていた。

一一四八年、ザクセンの諸侯たちは、司教アンセルムのためにハーフェルベルクの古い司教座を再建する手助けをした。一一四九年の春になると、教皇エウゲニウスは、オボトリート人の支配地区の内部にあるハンブルク・ブレーメン大司教の補佐のために、この地区に多くの司教をふたたび配置するように指令を下した。

同年、ハルトヴィヒ（一世）がハンブルク・ブレーメン大司教に任命された。彼は、オットー大帝によって設置され、その後「人々の罪のゆえにバルト・スラブ地域で絶滅されることが神によって許され」「八十四年間空白だった」、オルデンブルク、メクレンブルク、ラッツェブルクの司教を任命して、キリスト教会の再建を図った。シトー会の修道院もこの辺り一帯に広がっていった。修道士やその仲間たちは、異教徒に対して戦争を行うことはキリスト教徒の第一の使命である、と信じて疑わなかった。

ハインリヒ獅子公

しかし、ザクセン大公ハインリヒは、ヘルモルトによれば、キリスト教の布教よりも自己の野心の方に忠実だった[30]。彼は、ヴェンデ人と勇敢に戦ったが、その遠征の際に「キリスト教についてはまったく語らず、金にしか関心を示さなかった。スラブ人たちは、依然として悪魔どもに犠牲を捧げ、デンマーク人の領土に海賊のように突進した」。

しかも、一一五二年には、ハインリヒの従兄弟で友人でもあるホーエンシュタウフェンのフリードリヒ一世が神聖ローマ皇帝に選出された。赤髯王（バルバロッサ）と呼ばれたこの皇帝は、一一九〇年に歿するまで帝国の強化のために戦い続け、その不死すら信じられた偉大な政治家であり、また軍人であった[31]。

イタリアの諸都市に課税することによって帝国の維持、強化を図ろうとした皇帝、フリードリヒ・バルバロッサは、強大なザクセンのハインリヒ大公と協力関係にたつことにした。皇帝はイタリア政策への援助をハインリヒから得、ハインリヒはドイツの北部について行動の自由を認められた。

ハインリヒは、一一五四年にフリードリヒ一世から司教の叙任権すら委託された。彼は直ちにこの権利を行使して、ラッツェブルクの司教を任命した。ハインリヒはさらに、リューベクをホルシュタイン伯アドルフから奪い、自身の直轄地とした。彼は、リューベクに独自の法を有することを許し、さらに一一六〇年には司教座をオルデンブルクからリューベクに移した。後のハンザ同盟の中心都市、リューベク繁栄の基礎がここに築かれた。

プリビスラフの改宗

リューベクに司教座を移すように助言したのは、一一五六年にオルデンブルク司教となったゲロルトである。彼は、ザクセンの著名な聖職者であった。彼は、ただちに積極的に活動し、スラブ人の教化に従事した。

なかでも有名なのは、彼がヴェンデ人たちを改宗させようとした一一五六年一月の話である。ヘルモルトによれば、そのとき、彼はリューベクの市場（マーケット）にヴェンデ人たちを呼び集め、偶像を捨て、天にある唯一神を信じ、洗礼を受けるように熱心に説いたという。これに対して、オボトリートの首長ニクロートの息子であるプリビスラフは、こう反論したという。

あなたにわれわれの苦痛を理解してもらうために、どうか私のいうことをしばし聞いてください。……われわれの封主たちは、貢納や非常に重い労役を課し、そのために生きているよりも死んだほうがましなほど、厳しくわれわれに対処しています。今年は、大公に千マルク支払い、そのほかに侯に何百マルクかを献じました。だから、いま、われわれは出し抜かれ、奪い尽くされて死ぬほどまでになっています。日々、逃げ出すことを考えているわれわれが、どうしてこの新しい宗教のために、教会を建て、洗礼を受ける気になれるでしょうか。

これを聞いて、ゲロルトはひるむどころか、実に巧みにスラブ人たちを次のように洗礼へと誘った。

われわれの君侯たちがこれまであなたの民たちを不当に取り扱ってきたのは驚くに値しません。なぜなら、君侯たちは偶像崇拝者たちや神なしに生きている人々に対しては、しばしば（何をしても）犯罪を犯すことにはならない、と考えているからです。むしろ、あなたたちはキリスト教の典礼に戻りなさい。この世を支える人々に配慮される創造者に服しなさい。そして、キリスト教徒の名を有するザクセン人とその他の部族の者たちが、自身の行為の合法性に満足して、平安のうちに暮らすことがないようにさせなさい。実際、あなたたちだけがすべての人々の祭祀とは異なっているので、すべての者たちの掠奪に苦しむのです。(32)

プリビスラフは、キリスト教徒の「合法的」な掠奪によほど弱っていたのであろう。彼は、あっさりとこの誘いに乗ることにした。

もしわれわれが祭祀について（アドルフ）伯と同じ態度をとり、ザクセン公とあなたが喜び、われわれに地所と収入におけるザクセン人たちの権利を与えるのであれば、われわれは喜んでキリスト教徒となり、教会を建て、十分の一税を納めることにしよう。(33)

こうして、オボトリート人は、キリスト教に改宗する。ゲロルトの仲介によって、ハインリヒ獅子公とニクロートがアルツレンブルクで会い、洗礼を受けることを誓った(34)。

木立を切り倒し……

ゲロルトは、彼の事業をさらに推進するために、ファルデラからブルーノという聖職者を呼んだ。ブルーノは、オルデンブルクに到着するや、ただちにスラブ人たちを呼び集めて改宗を迫り、精霊が住むとされる「木立を切り倒し、冒瀆《ぼうとく》的な儀式を廃止した」。これを見て、多くのスラブ人たちが去っていったので、そこにザクセン人たちが入植してきた。

オルデンブルクには新たに教会が建てられ、「不正で非道な種族の直中《ただなか》で」、神の家の祭祀が回復された。教会は、アドルフ伯とその妻マティルダの面前で、司教ゲロルトの手でバプテスマのヨハネを祭った。アドルフ伯は、「スラブ人たちに、彼らの死者を埋葬する際には教会の墓地に運び込むように、そして祭日には神の言葉を聴くために教会に集まるように命じた」。

また、ブルーノは、スラブ人の言葉を用いて、スラブ人に対して神の言葉を伝えた。「スラブ人たちは、さらに、木の下や泉のほとり、石のかたわらで誓うことを禁止され、犯罪を犯して訴えられた者を熱鉄もしくは鋤《すき》の刃で審問するように司祭に委ねることを余儀なくされた」。スラブ人は、信仰だけでなく、神判というキリスト教徒たちの訴訟方法すら強制されたのである。

スヴァンテウィト破壊――リューゲン島の征服

ところで、この前後にデンマークはヴァルデマール一世のもとで、戦力を高め、レンガ造りの城や塔で身を守ることに成功し、スラブ人たちの海賊的襲撃を撃退しつつあった。新しい軍船は性能の点でスラブ人の船を圧倒し、彼らを容易に駆逐した。

一一六八年、ヴァルデマールは大軍と軍船を集めて、デンマークに近いスラブ人の一大拠点、リューゲン島を襲った。彼は、バルト海南岸部一帯の支配者になろうという野心に燃えていた。彼にとって、スラブ人は「悪しき支配者、良き召使い」である。しかし、彼は、同時にキリスト教のために戦うということを信じてもいた。

ヴァルデマール一世は、宰相でロスキレの司教（在位一一五八～一一九二年）でもあったアブサロンとともに、リューゲン島征服を決定した。アブサロンはコペンハーゲンの礎石を築き、サクソ・グラマティクスに偉大な『デンマーク史』を書かせたことでも有名である。[35]

ヴァルデマール一世は、この戦いでスラブ人だけでなく、悪魔とも戦う決意に満ちあふれていた。ハインリヒ獅子公もまた、ポメラニアのカージミールやオボトリートのプリビスラフに従軍するように命じた。これは、ある意味で、「ヨーロッパ」拡大の象徴的な戦いであった。なぜなら、リューゲン島は、ヴェンデ人たちの信仰の中心地ともいえたからである。ここには彼らの主神ともいえるスヴァンテウィトが祭られていた。

ヴェンデ人たちは、良い神と悪い神の存在を信じていた。悪い神は、彼らの言葉でディアボルつまり黒神と呼ばれた。これに対して、多くの良い神のなかで最善の神は、リューゲン族の神、四つの頭をもったスヴァンテウィトであった。彼らは、毎年、この神の生贄として一人のキリスト教徒を捧げた、と伝えられている。

多くの犠牲をこの神に捧げるために、スラブ人たちは各地から多額の献金を行うのを常とした。このような事情もあって、リューゲン族はバルト西岸のスラブ人のなかで最強であると自負していた。事実、デンマークにもっとも大きな被害をあたえつづけたのは、彼らであった。

リューゲン島をめぐる攻防は厳しいものだったといわれるが、その経過についてはあまり知られていない。分かっているのは結果だけで、要するにヴァルデマールの完全な勝利に終わった。彼は、ヴェンデ人の神を破壊した。ヘルモルトは、その様子をこう伝えている。

デンマーク国王は、リューゲン族の土地をその支配下においた。リューゲン族は、彼らの身請けのために国王が要求するものをすべて彼に捧げた。国王は、スラブ人のすべての種族によって崇拝されていたスヴァンテウィトの最も古い像を引き出し、ロープをその首の周りに巻きつけるように命令を下した。それから、彼はその像をスラブ人たちの目の前で戦士たちのなかに引きずりおろし、それを粉々にして火のなかに放り込むように命じた。国王は、リューゲン族の神殿をその様々な神器とともに破壊し、豊かな財宝を掠奪した。彼は、スラブ人たちに対して、生来の誤りを放棄し、真の神を崇拝するように指令した。彼は、教会を建築するための資材を提供した。こうして、リューゲン族の領土に十二の教会が建立された[36]。

この事態を見て、リューゲン族の首長であるヤレマルスはカトリックに改宗し、その態度を一変させた。「彼は、あるいは説教によって、あるいは脅迫によって、獣のように狂う、粗野で残虐な民衆を改宗させ、生まれつきの粗暴さから新しい交わりである宗教へと彼らを向けた」。

こうして、ヴェンデ人たちの信仰の要《かなめ》をなし、隆盛を誇っていたリューゲン島もデンマーク国王の支配下に入り、キリスト教化されることになった。

天上の炎

リューゲン島陥落の知らせを聞いて、時の教皇アレクサンデル三世（在位一一五九～一一八一年）はアブサロンにつぎのような書簡を送った。ヴァルデマール国王は、と彼はいう。

天上の炎に鼓舞され、キリストの腕によって強められ、信仰という盾で武装され、神の御加護によって守られている。国王は、彼の強力な軍隊の力によって、あの冷酷な連中に勝利された。そして、彼らをその極めて破廉恥な大罪からキリストの信仰と律法へと呼び戻し、また彼らを神の支配の下におかれた(37)。

この書簡によって、ローマ教皇は、リューゲン島をルンド大司教座のロスキレ司教区に組み込むことを命じた。むろん、その司教はアブサロンである。司教と聖職者たちは、異教の神の祭祀者たちによって所有されていた土地をあたえられた。しかし、リューゲン族の首長ヤレマルスと貴族たちは、彼らの土地を保有しつづける。ヤレマルスはリューゲン侯となった。デンマーク国王は、キリスト教に改宗するという条件のもとにスラブ人支配者を懐柔する方針を立てていた(38)。

ヴェンデ十字軍に象徴されるキリスト教ヨーロッパの拡大は明らかであった。スラブ人首長と貴族、そして一般の農民たちは無差別に殺されたわけでも、土地を奪われたわけでもなかった。彼らは、自分たちの故郷に平和に暮らしつづけることが許された。しかし、その前に決定的に重要な態度決定を迫られていた。キリスト教に改宗することである。

この時代、キリスト教への改宗の効果は、単に信仰の次元に限定されるものではなかった。それは、キリスト教的生活様式、法と文化を総体として受け入れることを意味した。キリスト教徒の神判すら求められたことを思いおこしてもらいたい。

四十七歳の農民の悲しみ

こうしてキリスト教化とドイツ化が至るところで進展した。ドイツ人の植民も進んだ。

らは、その進んだ農業技術のゆえに、スラブ人の支配者によって歓迎すらされている。ヴェンデ人たちの信仰と文化は急速に解体していった。

ベルナールは「異教徒たちが改宗するか、一掃されるか」を求めていた。たしかに、実態は彼が期待していたものとはかけ離れていたかもしれない。だが、とにかくヴェンデ十字軍以降の歴史的経過のなかで、多くのヴェンデ人たちが改宗し、政治的・文化的な意味での独立した種族としてのヴェンデ人は「一掃」されることになった。これは、歴史が証明している。

ヴェンデ人は戦いに敗れ、改宗してドイツ人化するか、隷属または逃亡するか、さもなくば追放されるかせざるを得なかった。彼らは、独立した集団としての誇りと存在、固有の宗教、慣習、法、言語を奪われてしまった。[39]ヴェンデ人はその意味でいわば独立した種族（ネイション nation）としては「根絶」してしまった。

バルト語に属するヴェンデ語もまた、中世後期にはほぼ消滅した。「ハノーヴァーのヴェンデ地区」に住んでいた農民、ヨハネス・パルム・シュルツェは一七二五年にこう記している。「私は四十七歳である。この村の私と他の三人が死んでしまえば、ヴェンデ語で犬を何と呼ぶか正確に知っているものはいなくなるであろう[40]」。

目は東バルトに

聖職者たちも世俗の君侯たちも、バルト海南西部沿岸地方のキリスト教化によって多くの恩恵をうけた。ロスキレの司教はリューゲンのキリスト教徒から毎年十分の一税として、七十トンもの小麦を受け取ったという。新しい修道院や教会がたてられ、植民も積極的に受け入れられた。リューベクを範として、ヴィスマル、ロストク、シュトラールズント、グライフスヴァルトなどの都市が建設された。人びとと物の交流が盛んになり、宗教・経済活動は活況を呈した。

人びとはこのめざましい効果に目を見張った。聖職者も世俗のドイツ人やデンマーク人、そして改宗したスラブ人もまた、新しい「異教のフロンティア」を求めはじめた。最初に注目されたのは、バルト海東岸のリヴォニアとエストニアであった。

この地域に対する「改宗戦争」は、アレクサンデル三世がすでに試みている。ボローニア大学でロランドス・バンディネッリとして教会法の教授をしていたことのあるこの教皇は、異教徒に対する戦争に関心をもち、リューゲン島を征服したデンマークのヴァルデマール一世を「十字軍戦士」として誉めたたえ、キリスト教世界を拡大することを夢見ていた。彼は、その夢をかなえようとして、一一七一（二）年にエストニア人およびフィン人にたいする戦争を聖地への十字軍と同一のものとする教勅を発布した。

それゆえ、余は、その異教徒たちに対して力と勇気をもって戦う人々に、彼らが告白し償うべき罪について、神の御慈悲と使徒ペテロとパウロの功業を信じて、余が通例主の柩を訪れる者たちにあたえるのと同一の、一年間の赦免をあたえることを許すものである。

もし戦いのうちに死ぬ者が贖罪を果たしている場合であれば、その者にはあらゆる罪の赦免をあたえることとする。[41]

バルト海東岸部への侵略と「改宗戦争」がローマ教皇によってこのように正当化され、準備された。しかし、北の世俗の権力者たちは、ただちにこの教勅に反応しなかった。というより、できなかった。デンマークがポメラニアのスラブ人を決定的に服属させた一一八五年になって初めてその余裕が生まれ、デンマーク人、ドイツ人、そしてキリスト教化されたヴェンデ人たちは東へと向かった。

一二〇〇年を前後する頃、北の異教徒とキリスト教徒との戦いの主戦場は、バルト海の南岸地帯からバルト海東部のリヴォニアとエストニアに移った。これまでにない新戦力も登場し、異教徒たちの討伐に決定的な役割を果たすことになった。それは、聖ベルナールが誉めたたえた「新しい騎士たち」、すなわち騎士修道会である。

第三章　リヴォニアからエストニアへ

1　司教アルベルトの野望

バルト海東岸

バルト海のほぼ中央部に位置するグダンスク（ダンツィヒ）湾に流れこむヴィスワ川（ヴァイクセル川）は、ポーランドの草原地帯を流れ、ワルシャワやクラクフをつなぐ大河川である。すでに記述したように、このヴィスワ川を境として、西側にヴェンデ人やポメラニア人がいた。

一連のヴェンデ十字軍は、ヴィスワ川西部のスラブ人異教徒に対する、キリスト教徒の攻撃、征服運動であった。その過程はおおむね十二世紀後半には終了し、ヴィスワ川の西側一帯はほぼキリスト教化された、といってよいであろう。しかし、その東部は、依然としてカトリック・ヨーロッパとは異質の異教世界であった。

この東バルト世界には、ヴィスワ川下流域からリーガ湾・フィンランド湾あたりにいたるまでおおむね次のような種族が、長いものでは三千年ほど暮らしていた。

① ヴィスワ川からネムナス川（ネマン川）西部下流域に暮らしていたプロイセン人（古語でプルーセン人）。
② ネムナス川の東部から内陸部を支配していたリトアニア人。西のサモギティア人と東・東南のアウクシュタイティヤ人からなっていた。
③ リーガ湾にそってバルト海につきでた（現在はラトヴィアに属している）半島部に居住していたクール人。
④ ダウガワ川（西ドヴィナ川）下流域一帯に存在したラトヴィア人。レット（ラトガリア）人や南方のセミガリア人、セロニア人からなっている（北にはリーヴ人がいたが、これは人種的には次のエストニア人と同様にフィン系である）。
⑤ ダウガワ川のさらに北方に暮らしたエストニア人。①から④の種族がすべて印欧語族であるのに対して、エストニア人はマジャール人やフィン人と同じフィノ・ウゴール語系に属する非印欧語族である。東は（東）スラブ族との境界地チュード湖と北はフィンランド湾を挟んでフィンランドに接している。

西のバルト・スラブ人地域を征服し、「ヨーロッパ」に組み込むことに成功したキリスト教徒たちの次の目標は、このバルト人（プロイセン人、リトアニア人、ラトヴィア人）やエストニア人たちの支配地域の攻略であった。

この地域は、経済的にみても非常に魅力的であった。このあたり一帯は、当時ドイツやフランス、ホラントやフランドルが必要とした食料品や種々の原料の豊富な産地であり、とりわけドイツ人商人がひんぱんに往来していた所である。この地を支配下に収めることは、北の権力者たちにとっても、ローマ教会にとっても豊かな利潤をもたらすはずであった。

とりわけ、キリスト教会にとって、東バルトの「ヨーロッパ」化はきわめて重要であった。なぜなら、世俗の権力者はバルト人から貢納を獲得すればそれでよかったが、教会は伝道と改宗を使命とする機関であり、その地をキリスト教化することによって、はじめてその意義をまっとうし、十分の一税をはじめとする世俗的利益を得ることができたからである。

インノケンティウス三世

十三世紀のローマ教皇は、東バルト世界に対して深い関心を示しつづけた。(1) なかでも、教皇庁の東バルトへの関与を決定的なものとしたのは、最盛期の教皇とされる、貴族出身のインノケンティウス三世(在位一一九八〜一二一六年)であろう。なみいる教皇のなかでも、この人物の政治行動は傑出している。

彼は、神聖ローマ皇帝オットー四世を破門し、自身が後見したフリードリヒ二世を神聖ローマ皇帝とし、フランス国王フィリップ二世に対しては離婚を禁止し、マグナ・カルタで有名なイングランドのジョン王に対しては破門、廃位を命じて臣下の礼をとらせた。さらに、彼は、ドミニコ修道会とフランチェスコ修道会を認めると同時に、異端撲滅《ぼくめつ》に乗り出し、フ

リヴォニアとエストニア

ランス南部のカタリ派を絶滅するためにフランス国王にアルビジョア十字軍を派遣させて、数十万もの人びとの命を奪っている。そして、一二一五年、第四回ラテラーノ公会議を開催して、多くの重要問題を処理し、ローマ教皇を中心とするカトリック・ヨーロッパの充実と拡大を図った。

彼は精力的だった。異端のみならず、異教徒の問題にも積極的にかかわった。彼にとって、これは単に教義の問題にとどまらない。カトリック世界を拡大することは、教皇の本来の使命であると同時に、その権力基盤を広げるための「政治」的案件でもあった。そのためには、武力を用いることもまた恐れてはならない。

この偉大な「政治家」、インノケンティウス三世は、教皇位についたその年に「北の十字軍」をただちに認め、翌一一九九年には「ザクセンとヴェストファーレンに住むすべてのキリスト教徒」に教書を送った[2]。教皇は、彼の先任者たちと同様に、キリスト教徒と「改宗した」キリスト教徒を守るために再び十字軍を北に派遣すること、それに参加した者たちには「罪の赦免」をあたえること、そしてすでにエルサレムへの十字軍に参加することを誓った者たちについては、リヴォニアへと向かうことを「誓約の交換[3]」として許し、エルサレムへの十字軍と同一の効果をあたえることを認めた。

ちなみに、教皇がここで用いている「リヴォニア」という名称は、リーヴ人たちの住む海岸地帯についてドイツ人が用いていた言葉「リーヴ」に由来する。この言葉は、ただちにラトヴィアの他の地域にまで拡大され、エストニアとリトアニアの中間地帯をさす言葉として用いられるようになった。

リヴォニアへの伝道と異教徒の改宗を始めたのは、インノケンティウス三世の書簡では、ただM．とのみ記されているマインハルトである。彼は、一連のリヴォニア十字軍の最善の記録、聖職者であるリヴォニアのハインリヒ（一一八八〜？）の『リヴォニア年代記』（一二二七年頃）の冒頭に登場する。しばらく、この年代記によりながら、この間の事情を伝えることにしよう。

尊敬すべき白髪の人物――マインハルト

セゲベルクの修道院に「尊敬すべき白髪の人物」で「聖アウグスティヌス修道会の聖職者」がいた。彼の名をマインハルトという。

彼は、ある日、ダウガワ川を遡行《そこう》して交易に訪れていた商人たちとともにリヴォニアに出かけようと決心した。彼にはなんの世俗的関心もなかった。あるのは、伝道への熱い思いだけである。彼は、「ただキリストと説教のため」に危険を冒して、異教徒たちのもとへと伝道に出かけた。

マインハルトはリヴォニアに到来し、さっそくユクスキュル（現イクシュチレ）に教会をたて、説教をはじめた。すでにこの地にやってきていたギリシア正教会の聖職者たちともめることを恐れて、彼は彼らの後援者である（現在のベラルーシにある）ポロツクの公（クニャージ）に、リーヴ人に伝道する権利と引換えになにがしかの金額を支払った。

その上で、彼はここに石造りの要塞を建築した。そして、このころ、隣国のリトアニア人に襲撃を受けていたリーヴ人に、改宗するならば石造りの要塞のたてかたを教えよう、と約束した。そこで、リーヴ人は、偽りの改宗をし、洗礼をうけ、多くの要塞をたてることに成功した。マインハルトは、一一八六年にブレーメンの大司教によって、ユクスキュルの司教に任命された。リーヴ人の支配者と考えていた南方のセミガリア人がユクスキュルの要塞を襲ってきたが、ドイツ人の守備隊が弓でこれを撃退した。

しかし、リーヴ人はその後、マインハルトを欺き、彼を軟禁状態においた。彼の協力者で、エストニアの伝道に出掛けて逮捕・拘禁されていたことのあるテオーデリヒを介して、この報を受けた時の教皇、ケレスティヌス三世（在位一一九一〜一一九八年）は、リーヴ人をこのまま放置せず、「彼らが自由に約束した信仰に従うように強制することを命じる」ことにした。「実際、彼は、十字をつけ、新たに設立された教会を再建するために出かけようとした者たち全員に、すべての罪からの救済をあたえた」。

一一九一年にケレスティヌス三世はすでに、エストニア人とクール人に十字軍を派遣していたが、スウェーデンのヤルル・ビルガー公は、彼らから貢納をうることで矛を収めていた。そして、このリーヴ人への十字軍も成功せず、マインハルトはやがて死の床につき、一一九六年に他界した。

八つ裂きにされた司教――シトー会のベルトルト

マインハルトの後任は、ロクムの修道院長、シトー会のベルトルトという人物である。ベルトルトは、一一九七年にユクスキュルの司教に任命されたが、あえて軍隊をともなわずに、平和のうちに伝道の仕事を継続しようとした。しかし、ホルメ（現サラスピルス）でリーヴ人はベルトルトを殺害しようとした。

ベルトルトは密かにザクセンに逃れ、教皇にリヴォニアの教会が廃墟と化していることを伝えた。一一九八年、ケレスティヌス三世は再び、十字の印をつけてリーヴ人と戦う者たちに罪の赦免をあたえることを約束した。一一九八年七月、リューベクやヴィスビーから数隻の船にのって、主にザクセン人からなる兵士たちがユクスキュルに到着した。

ベルトルトは兵士たちとともにリヴォニアに戻った。彼は十字軍とともにリーガに進む。リーヴ人たちも結集し、彼になぜ軍隊とともに戻ったか尋ねた。ベルトルトは答えた。「犬が汚物に戻るように、汝らが信仰から異教に戻るからだ」と。

リーヴ人たちはこれに対してこう訴えた。

> われわれはこの理由を取り除くことにしよう。もしあなたが軍隊を戻すなら、あなたはあなたの仲間たちとともに平和のうちにあなたの司教区に戻ることができるだろう。そして、信仰を受け入れた者たちにそれを守るように強制してもよい。そのほかの者たちに信仰を受け入れるように迫ってもよい。しかし、笞《むち》によってではなく、言葉によって、そうしてほしい[4]。

しかし、ハインリヒによれば、この提案は時間を稼ぐためのものにすぎなかった。双方は慣習にしたがって槍を交換して、和平を誓った。しかし、その間にもリーヴ人はドイツ人の殺害を続けた。司教は槍を返還して、ふたたび戦いが始まった。

七月二十四日、戦闘の口火が切られた。やがて装備に勝るザクセンの側が優位にたち、リーヴ人たちは逃走をはじめた。司教はこれを追撃したが、馬の制御に失敗して逃走兵の真っ直中に突っ込んでしまうという致命的な失敗を犯した。リーヴ人たちは、彼を槍でつきさし、四肢をばらばらに引き裂いた。

ダウガワ川の水

指揮官を失った追撃のザクセン人たちは、いっそう荒れ狂い、火と剣でリーヴ人たちを追撃し、彼らの穀物を破壊した。リーヴ人はこれを恐れて、ふたたび和平協定を取り交わし、ホルメで五十名が、翌日ユクスキュルで百名が洗礼を受けた。新しい司教を受け入れ、彼に租税を支払うことを約した。ドイツ人兵士たちは立ち去った。

しかし、リーヴ人たちはこの条約を守る気など最初からなかったらしい。洗礼を受けた者たちは、すぐにダウガワ川の水をひたしたふろおけに入り、そこから飛び出してきて、こう語った。「われわれは、ダウガワ川の水で、洗礼の水とキリストをとりさった。キリスト教をこすり落としたので、われわれはそれを撤退していくザクセン人たちに送り返してやる」(5)。

彼らは残ったキリスト教徒たちを圧迫し、聖職者たちはユクスキュルからホルメに逃れた。

一一九九年三月、全リヴォニア人たちの集会が開かれ、イースター（四月十九日）以降リヴォニアに残っているすべてのキリスト教聖職者を殺害することが決定された。キリスト教徒の商人も同じく殺されることになったが、商人たちは長老たちに贈り物を送って、ことなきを得た。

ブクスヘーフデンのアルベルト

一一九九年、殺害されたベルトルトにかわって、ユクスキュルの司教に任命されたのは、ブレーメン大司教の甥で大聖堂参事会会員、ブクスヘーフデンのアルベルト（一一六五頃～一二二九年）である。

この司教こそ、バルト海地域のキリスト教化のために、きわめて効果的な組織原理と方法を取り入れた人物にほかならない。その原理と方法とは、恒常的十字軍としての騎士修道会の設立と武力によるキリスト教化の徹底である。

ベルナールの属したシトー会の下にあったアルベルトが最初にしたことは、教皇インノケンティウス三世に十字軍の許可を求めることとゴトランドに出かけて兵士を集めることであった。準備を整えて、彼は五百名の兵士とともに出発し、デンマークを抜けてクリスマスのマグデブルクで多数の兵士たちに十字をあたえた。

その時、ホーエンシュタウフェン家のフィリップがマグデブルクで加冠され、ドイツ王となっている。国王の面前で、リヴォニアへの十字軍に参加する者の財産は、エルサレムへのそれと同様に、教皇の保護のもとにおかれるか否かが問われた。すでにインノケンティウス三世によってその確認を得ていたアルベルトは、自信をもってこれに答えている。「しかり」、と。

リーガ

一二〇〇年、司教は主としてヴェストファーレン人からなる五百名の十字軍兵士を乗せた二十三隻の船とともにリヴォニアへと出発した。彼は、リーヴ人とただちに和平条約を結び、ユクスキュルに進み、紆余曲折《うよきょくせつ》をへてさらにそこからリーガへと向かった。アルベルトは一二〇〇年三月にリーガに到着した。彼は、リーヴ人とここでも和平をただちに取り交わしたが、彼らを信じていなかったので、彼らから人質をとり、自身の在所をユクスキュルからより安全なリーガに移すことにした。

アルベルトは、リーヴ人の長老たちを宴会に事寄せてリーガに呼び寄せ、彼らを一軒の家に閉じこめた。彼らはドイツに連れさられることを恐れて、三十名の少年の人質を差し出すことに同意した。アルベルトは、さらにリーヴ人たちを使って、聖堂、聖職者のための家、兵舎、石造の貯水場を造り、全体を壁と堀で取り囲み、要塞を堅固なものとした。

こうして、彼は、一二〇一年、リヴォニアの司教座をユクスキュルからリーガへと移し、聖母マリアを祀《まつ》ることにした。リーガは司教都市となり、一二五三年には大司教座もおかれて、バルト地方の教会の中心地となった。

それだけでない。リーガはダウガワ川河口に位置し、良港を有していた。多くの船が停泊し、ドイツ人商人街も完成した。リーガは一二八二年にハンザ同盟に加入し、その主要都市として繁栄し、リヴォニアの中核都市、ラトヴィアの政治・経済・信仰の首都でありつづけることになる。(6)「金の犬が吠えている」と後に民謡のなかで唄われることになる魅力的な都市、リーガがここに誕生したのである。

「赤い剣」の印——刀剣騎士修道会

おそらく、一二〇二年のことだといわれている。この年、アルベルトはリーガへの司教座の移転と同じくらい重大な決定を下した。彼は、武力を背景とした伝道を成功させるべく「リヴォニアのキリスト騎士修道会（Fratres Militie Christi de Livonia）」、いわゆる「刀剣騎士修道会」を設置したのである。

この修道会自体は、小規模なものであり、リヴォニアの平定を単独で実行しうるものではなかった。しかし、十字軍の間隙を埋めることによって武力による伝道を成功させることには大いに貢献した。というのも、十字軍の兵士は誓約の期間がすぎるとすぐに帰国してしまうために、継続的にその兵力を期待することはできなかったからである。騎士修道会は、常駐の兵力として、その弱点を補った。

司教アルベルトは、少数の騎士たちに対して、その十字軍の誓約をさらに騎士修道士となるための誓いにまで拡大し、リーガに常駐の守備隊として永遠にとどまるように説得した。彼は、説得に成功した。

騎士たちは、他の騎士修道会と同じように、清貧、独身、服従の誓約を行い、武力によって異教徒を改宗させ、教会を守ることを神聖な義務とした。騎士修道会の構成員は、エルサレムのテンプル騎士修道会と同様に、三種類あった。貴族出身の騎士、聖職者、平兵士・職人である(7)。

アルベルトは、一二二四年まで毎年、十字軍の兵士を勧誘するためにザクセンへと帰ったが、その間リーガを守ったのは刀剣騎士修道会であった。リヴォニアの聖職者たちの活動を日常的に守ったのも彼らである。キリスト教の勢力範囲が拡大したときに、その地域を新たに守る役割も彼らが担った。この修道会は教皇の承認を直ちに獲得した。

ハインリヒの『年代記』はいう。「教皇インノケンティウスは、この修道会にテンプル騎士修道会の規則をあたえた。教皇はまた、彼らに彼らの衣服につける記章として、一つの剣と一つの十字をあたえた。そして、彼は、修道会が彼らの司教に服従するように命じた(8)」。

こうして、刀剣騎士修道会のメンバーは、テンプル騎士修道会士と同様に白いマントを着用し、左肩の部分に赤い剣と小さな十字のエンブレムをつけた。この「赤い剣」の印にちなんでリヴォニア騎士修道会は、一般に刀剣騎士修道会と呼ばれることになった。

三つの違い

この修道会はパレスティナの修道会とは、三つの違いをもっていた。第一に、これは、独立的でなく、司教の支配下にあった。第二に、刀剣騎士修道会は、独自の財政的基盤として十分な領土を所有しなかった。第三に、それは、聖地の解放ではなく、異教徒の改宗を使命とした。こうして、異教徒を改宗させるための、宗教的かつ恒常的な軍事力がバルト海域に出現した。

刀剣騎士修道会の構成員は必ずしも騎士出身の者たちだけではなかったらしい。この騎士修道会に敵対的態度をとったある年代記（『修道士アルベルトの三つの泉の年代記』）によれば、彼らは「犯罪のゆえにザクセンから追放され、法律や国土なしに自分たちだけで生きていきたいと考えた、富裕な商人たち(9)」であったという。

しかし、少なくとも中心になったのは、司教アルベルトと血のつながりをもつ高貴な騎士たちである。初代の総長はヴェンノーという。二代目は北ヘッセンのナウムブルク伯の子とされるフォークウィンである。

フォークウィンは、ゾースト出身の騎士によって斧でヴェンノーが殺された後に、後継の総長となった。騎士修道会の精神は、敬虔な修道士というよりは粗野で好戦的な戦士たちのそれであった。彼らの辿《たど》る運命については、後にまた触れることになるだろう。

一二〇六年の反乱

キリスト教徒にとって、リーヴ人は「背信の民」であった。彼らは、洗礼を受けたかと思うと、それを水に流して再び異教に戻ることを恥としなかったからである。むろん、リーヴ人の側からすると、それは当然のことに違いない。彼らは、キリスト教徒の力によって改宗を余儀なくされていたのであるから、キリスト教徒の側の力が弱まれば自分たちの本来の信仰に戻るのは当然であった(10)。

大規模な戦いは一二〇六年に勃発した。

同年、司教アルベルトは、隣接するポロツクの公ウラディミーリと友好を深めるために修道院長テオーデリヒを派遣した。彼が到着すると、ポロツクにはすでにリーヴ人長老が密かに送りこんだ使者がいて、ウラディミーリ公に、リヴォニアにやってきたドイツ人の不当な支配や信仰の強制を訴えていた。

公はこの言葉に心を動かされ、リーガに軍隊を送る準備を進めていた。公は事が発覚することを恐れて、ドイツ人の使節を客室に閉じ込めたが、修道院長はこの事態を手紙でリーガに伝えた。

いままさに帰国の途につかんとしていた十字軍兵士たちは、この報を聞いてリーガにとどまることにした。このことを知ったウラディミーリは一計を案じて、リーヴ人とドイツ人の調停を装《よそお》うことにした。彼は、ユクスキュルから十キロメートルほど上流の地点に会場を設け、五月三十日に集合するように双方に伝えた。

公はリーヴ人とレット人に武器をもって集会に参加するように連絡した。リーヴ人はキリスト教徒を倒すためにやってきた。ポロツクに貢納していたレット人は、むしろキリスト教徒側に好意をもち、この陰謀に加わらなかった。

司教に対しても、集会に出かけてくるように使者がたてられたが、司教はこれを拒否した。やがて、リーヴ人は結集して、リーガにもっとも近い要塞のホルメに向かった。ホルメはただちに彼らの手に落ちた。

アコの戦死

司教アルベルトはこの報《しら》せをうけて、刀剣騎士修道会、市民や十字軍兵士を集めて、ホルメへと船で遡行させた。その数は百五十に満たなかったという。

リーヴ人は上陸を阻止しようとしたが、優勢な武器のまえに敗れ去り、ある者は殺害され、ある者は川で溺れ、ある者は砦《とりで》に逃げ去っていった。この戦闘でリーヴ人側の首領のアコが戦死した。彼は、この戦いの陰謀の作者であり、反キリスト教の煽動者であった。その首は、ただちにリーガにいた司教のもとに騎士修道会員の手で届けられた。

その間に、キリスト教徒たちはホルメの要塞を襲い、壁に火を放ち、投石機で火と石を要塞のなかに放りこんだ。彼らの弩《いしゆみ》は多数のリーヴ人を殺し、抵抗はもはや不可能だった。

リーヴ人は降伏し、長老は鎖をつけられてリーガに連行された。彼らは後にドイツに連れていかれ、そこでキリスト教を学ぶように強制された。一方、要塞に残ったリーヴ人たちは、ハインリヒによれば、もとのキリスト教に戻るということだけで、すべて許され、食料もあたえられたという。

難を逃れたリーヴ人は、ポロックのウラディミーリに助けを求めた。ウラディミーリ公は、自国だけでなく、近隣の友邦からも兵士を糾合し、ダウガワ川を船で下った。途中でユクスキュルの要塞に接し、守備していたドイツ兵の弩によって何人かが重傷を負ったが、ホルメへと向かい、要塞を取り囲んだ。

要塞の弩兵《どへい》は土塁によじ登り、多数を傷つけた。ロシア人たちは、弩のことを知らず、弓しか用いなかったが、戦いが続くうちに一計を案じ、薪を集めて砦を焼き払おうとした。しかし、弩によってその仕事は妨害され、多数の兵士が殺された。

帰順

ウラディミーリは、リーヴ人のなかのトライデン（現トゥライダ）族やレット人、その他の異教徒たちにリーガと戦うために集合するように使者を送った。

トライデン族はただちに参集した。レット人は何の反応も示さなかった。ロシア人は、ドイツ人の模倣をして簡単な投石機を作ったが、使い方が分からず、かえって味方に被害をあたえた。

十一日間、攻撃が続いたが、要塞は落ちない。その間に十字軍兵士を乗せた船が救援にやってきたという報告を聞いて、ウラディミーリはついに帰国する。リヴォニアからキリスト教勢力を追放しようとしたロシア人の公の試みは、ここに完全に失敗した。

その時、船で到着したのはデンマークの国王とその軍隊、そしてルンドの大司教である。

大司教は、異教徒に報復をする者たちに罪の赦免をあたえるために、十字を配付していた。敵がいないのを見届けて、国王は帰国したが、大司教はリーガに立ち寄り、歓迎を受けた。

一方、ロシア人が立ち去ったのをみて、トライデン族も恐怖を覚え、和平を求めて、洗礼を受け、宣教を求めた。彼らの下にはアラブラントという名の司祭が送られ、クレモンに教会が建築された。

また、ユクスキュル上流のレンネヴァルデンにも聖職者が送られ、多数のレット人が洗礼を受けることになった。また、トライデンの北に住むヴェンデン族も洗礼を受け、イドゥメールでもダニエルの手によって多くのリーヴ人やレット人が改宗した。事業は大きく前進した。

リトアニア人との戦闘

リーヴ人やレット人が改宗したのは、キリスト教徒の戦力に恐れを抱いたからである。しかし、それだけではない。彼らは、隣接するリトアニア人によって常に襲撃を受けてきた。ドイツ人と協力関係に立つことは、彼らに対抗しうることを意味する。改宗はその最高の手段ともいえた。

一例をあげよう。一二〇七年十二月、リトアニア人がトライデンに侵攻し、ガウヤ川を渡り、近隣のリーヴ人やレット人を多数殺し、捕虜とする事件が勃発した。リトアニア人は教会に立ち寄り、近隣一帯を破壊し、掠奪しつづけた。クリスマスの朝、彼らは、多数の女性や子どもを捕らえ、掠奪品とともに立ち去った。

リーヴ人は事の次第をリーガに伝えた。これを知ったアルベルトは、十字軍兵士、刀剣騎士修道会士、商人、彼の従属者たちすべてに、罪の赦免のために教会を守り、敵と戦うように要請した。キリスト教徒たちはこれにしたがい、すべてのリーヴ人およびレット人を「キリスト教徒の軍隊に参加しない者は、誰であれ三マルクの罰金によって処罰される」と、脅迫した。彼らはこれを聞いて、リーガの人びととダウガワ川の土手で落ち合う。

リトアニア人は、多数の捕虜と捕獲品とともに、夜のうちに凍ったダウガワ川を渡っていた。リーガの軍隊はこれを知って、ダウガワ川を渡り、三時間にわたって敵を探索し、ついにアシェラーデン（現アイズクラウクレ）近郊で彼らを発見する。

リトアニア軍は、ただちに大声をあげ、全軍をあげて結集し、キリスト教徒たちと戦う態勢をとった。リーガの軍隊は、敵の大声と数に圧倒されることなく、旗をおしたて、敵に突進していった。互いに激しく戦い、戦況は一進一退だった。

リトアニア人は他の異教徒たちよりもさらに迅速で残酷であった。彼らは勇敢に戦いつづけた。しかし、彼らもついに撤退をはじめ、多数の捕虜と掠奪品を残して、ある者は森へ、ある者は街道へと逃亡を始めた。キリスト教徒の軍隊は彼らをまる一日追跡し、その多くを殺害した。

真の平和を求めるならば

この後、リーガの軍隊は改宗者たちの女性や子どもたち、その他の捕虜を鎖から解き放った。改宗したリーヴ人やレット人と一緒になって、兵士たちは戦利品を配分し、解放された捕虜を友人たちのもとに戻した。

この後、アルベルトは、リトアニア人の侵攻拠点である、ダウガワ川左岸のセルブルク（現セールピルス）を攻撃することにした。彼は、リヴォニアとラトヴィアの改宗したキリスト教徒に呼びかけ、軍を構成し、これを修道院長テオーデリヒに委ねた。テオーデリヒは、彼自身の兵士、十字軍兵士、騎士修道会士とともに、この軍を構成した。彼らは、セルブルクをめざした。到着した彼らは、要塞を包囲、攻撃した。城壁は弓矢で傷つけられた城塞の兵士で埋まり、村に住む住人の多数が捕虜とされ、殺害された。攻撃側は運んできた丸太で火を放った。セロネス族の人びとはこれに恐怖を覚え、和平を求めた。キリスト教徒たちはこれにこう答えた。

もしあなたたちが真の平和を求めるならば、偶像崇拝を放棄し、真に平和をもたらすキリストをあなたたちの陣営のなかに受け入れなさい。洗礼を受け、キリストの名の敵であるリトアニア人をあなたたちの陣営から追放しなさい。(11)

セロネス族はこれに従い、洗礼を受けることを約束し、人質を差し出した。テオーデリヒは和平を締結したのち、要塞に入り、聖水で内部を清め、そこに聖母マリアの旗をおしたてた。彼らは、異教徒の改宗を喜び、神を褒め称え、リーヴ人やレット人とともにリーガへと帰還した。

聖界諸侯となったアルベルト

アルベルトの宗教的、軍事的かつ外交的成功は明らかだった。この成果を背景に、彼は政治的力も獲得した。一二〇七年、彼は、ドイツに帰国して、国王フィリップによって辺境伯の地位をあたえられ、リヴォニア司教区を帝国の封土と承認された。彼は、神聖ローマ帝国の第九十四番めの聖界諸侯となった。

彼の野心はさらに拡大した。リヴォニアの次に、どの異教世界をキリスト教化し、彼の支配下におくべきか。政治地図からいえば、進むべき道は明らかだった。リヴォニアと隣接していた、北方のエストニアである。

リヴォニア南方のセミガリア族は、リトアニアと敵対し、リーガと同盟関係にたつことを望んでいた。その実績もあった。同じく南方のセロニアはすでにキリスト教化への一歩を踏み出していた。リーヴ人もレット人も多数が洗礼を受け、キリスト教化が急速に進行しつつあった。きわめて強力で、キリスト教に敵対的なリトアニアへの抑えも一応できていた。つまり、北のエストニアへと向かう環境は整っていた。

一二〇八年、改宗したレット人の長老とヴェンデン（現ツェースィス）地方の騎士修道会がウガウニアのエストニア人に使者を送り出した。彼らがキリスト教徒にあたえていた損害の賠償を求めるためである。

リーガのエストニアへの侵攻は、この時から始まる。

2　エストニア侵攻

発端

リヴォニアとラトヴィア全域で洗礼が押し進められ、新キリスト教徒たちは、建前としてはドイツ人たちと同一の「平和と裁判」を享受することになった。バルト海の異教徒地帯の一角が、新たにキリスト教世界に組み込まれ、ヨーロッパ化されたのである。このヨーロッパ化の波は、さらに北のエストニアへと進んだ。

前節の終わりでも触れたように、その波は一二〇八年、ラトヴィアの長老ルシンやワリドーテ、ラトヴィア北部のヴェンデン地方の刀剣騎士修道会のベルトルトが、ウガウニア地方に住むエストニア人のもとに使者を送った時に、大きくエストニアを呑み込むことになった。

彼らが、リヴォニアに隣接するウガウニアに使者を送ったのは、エストニア人たちがレット人たちにあたえていた損害を賠償するように求めるためである。しかし、エストニア人はその要求に応じず、和平への動きを示そうとしなかった。『リヴォニア年代記』の著者ハインリヒは、エストニア人の傲慢さを伝えているが、これはむしろキリスト教徒側が侵略を正当化するために行った儀式のようなものと考えるべきであろう。

エストニア人の態度を知った長老のワリドーテは、ただちにリーガに使者を送り、救援を要請した。リーガの人びとは、これに応えて、騎士修道会の戦士、司教の兄弟であるテオーデリヒや商人たちとともにトライデンに結集した。

さらに、リヴォニアやラトヴィアからも兵士たちが集まる。彼らは、ウガウニアに出かけ、その中心的な要塞であるオデンペー（現オテパー。「熊の頭」という意味）を包囲し、火を放った。その四日後に、彼らはラトヴィアに帰った。要塞を固めて、エストニア人の反撃をまつためである。

サッカリア攻撃――殺害と掠奪

エストニア人はただちに反撃した。レット人の要塞ヴェバリンを襲い、包囲した。この時、要塞のなかにいた司祭が、敵を恐れず、土塁に上がり、楽器を使って神のために賛美歌を歌いはじめた。はじめて楽器の音を聞いたエストニア人は、その甘美さに思わず攻撃を忘れてしまったという。

彼らは立ち止まり、「かくも快楽をあたえる理由」について問いただした。レット人たちはこう答えている。「神を讃えるため」、それというのも「神は、彼らが洗礼を受け入れたが故に、彼らを守護してくれるからだ」と。

これをきいて、エストニア人は和平の締結を求めた。しかし、レット人たちは、エストニア人が洗礼を受けない限り、和平はあり得ない、と答えたため、戦闘が再開された。レット人は、ヴェンデンにあった騎士修道会の総長、ヴェンノーに使者をたて、援助を要請した。ヴェンノーはただちに救援に向かい、包囲軍は退却した。

今度は、レット人長老のルシンとワリドーテが、集結した多数の兵力とともに、エストニアの領土を攻撃することに決した。彼らは、サッカリア地方を攻撃した。『リヴォニア年代記』は、その時の厳しい攻撃の様子をこう伝えている。

彼らは、この地方のあらゆる村や場所で、家のなかに潜む男たち、女たち、子どもたちを発見し、朝から夜になるまで発見された人々を殺し続けた。この地方の選良であり指導者である三百名の男たちとともに女たちや子どもも殺された。殺された無名の男たちの数は計りしれない。あまりにも多くの人々を殺し続けたために、彼らの手と腕が疲れて動かなくなるまで、殺戮は続いた。全村落が異教徒たちの血にそまった翌日、彼らは帰還した。ありとあらゆる村から戦利品を掻き集め、彼らは、多くの荷駄獣や家畜、できるだけ多くの少女たちを連れさった。というのも、この辺り一帯では、少女たちだけはその生命を救うのが習わしだからである。(12)

彼らは、国境のブルトネックゼー(現ブルトニアク)で戦利品を配分し、ヴェバリンの要塞に戻った。そこで、彼らは、ベルトルトや彼らの司祭に戦利品の中から贈り物をした。すべての人々が神を讃えた。「なぜなら」とハインリヒはなんの非難めいた調子もなしに伝えている。「主が、新しい改宗者たちを使って、他の異教徒たちに対しても、このように復讐されたからである」。

レット人たちの行動は、当時の慣習に照らしても、神の異教徒に対する「復讐」という観点からも、自明のことであった。この戦いは、それゆえ異教徒たちがキリスト教徒になるまで続くことになるであろう。

もっとも、レット人たちの成功に嫉妬を覚えたリーヴ人がエストニア人との和平を求め、司教アルベルトが帰還するまで、一年間の休戦が取り交わされることになった。しかし、それはつかの間の平和にすぎない。

フェリーン（ヴィリャンディ）攻防

それ以降も、両者の軋轢《あつれき》は続いた。休戦期間の過ぎた一二一一年、ドイツ人、リーヴ人、レット人は大規模な軍隊を構成し、サッカリアの強力な要塞フェリーン（現ヴィリャンディ）に侵略、これを攻撃した。攻撃軍は、近隣のエストニア人を殺害し、捕虜とした。指揮をとっていたベルトルトは、要塞のなかの人々に降伏をこう勧告した。

もしお前たちが、お前たちの誤った神々を崇拝することを止め、われわれとともに真の神の存在を信ずるならば、この捕虜たちを生きたままお前たちに帰そう。われわれは、われわれの友愛のうちにお前たちを受け入れよう。そして、お前たちを平和の固い絆のなかに加えよう(13)。

要塞のエストニア人たちは闘う覚悟を決めていた。彼らは、ベルトルトを嘲笑した。これに対して、攻撃軍は、捕虜を連れてきて、彼らを殺害し、堀のなかに投げ込み、要塞の中の人々に同じことをすると脅した。その上で攻撃が始まった。

キリスト教徒たちはまず矢を射かけ、攻城機を造り、堀を埋めた。攻城機が運びこまれ、そこから弩で要塞の内部に無数の矢が放たれた。守備する兵士たちは、これでその多くが殺され傷ついたが、なおひるむことなく多数の火を台車に投げ、攻城機を燃やそうとした。レット人たちは、雪と氷を運んで火を消し、これに対抗した。

ドイツ人たちは「機械（マシン）」つまり投石機を造った。日夜、石を投げ込み、防備された場所を破壊し、人と多数の荷駄獣を殺した。エストニア人たちはかつてそのような「機械」をみたことがなかったので、その備えをまったくしていなかった。そのため、彼らの家は投石機の打撃に耐えることができなかった。リーヴ人たちは薪を運びこみ、要塞に火を放った。要塞の中のエストニア人たちは必死に防火に努め、ようやく翌日、火を消すことに成功した。しかし、多数の者が死に、傷つき、人々は疲れはてた。水も欠乏した。

年代記の著者ハインリヒによれば、攻撃の六日目に、ドイツ人が声をかけた。「お前たちはまだ抵抗し、われわれの創造者を拒絶するのか」。エストニア人は、こう答えたという。

「われわれは、お前たちの神が、われわれの神々よりも偉大であることが分かった。お前たちの神は、われわれに打ち勝ったので、われわれの心はそれを崇拝することに傾いてしまった。だから、われわれはお願いする。お前たちがわれわれの命を救い、お前たちがリーヴ人やレット人たちにしたように、キリスト教の軛《くびき》をわれわれに慈悲深くかけるように(14)」と。

そこで、ドイツ人たちは、要塞からエストニア人の指導者たちを呼んで、キリスト教のすべての法と兄弟愛と友愛を教え、司祭を要塞に入れた。司祭は家や人々に聖水をかけたが、要塞の中は血にまみれていたので、洗礼はただちには行われなかった。しかし、事態はもはや決定的だったので、兵士たちはリヴォニアに帰還した。

エストニア人の反撃と敗北

しかし、これは戦いの序幕でしかなかった。キリスト教徒側は、その後再びサッカリアを襲い、これに対してサッカリアのエストニア人は、リヴォニアに進撃して反撃を開始した。サッカリアの指導者、レムビトとメームのもとに、サッカリアとウガウニアの戦士たちが次々と結集し、ミッツェポールとロディガーを攻撃した。彼らは、森や沼地、野原に隠れたリーヴ人たちを追撃し、殺し、女たちを捕らえ、馬や羊その他の物を掠奪した。エストニアのエーゼル人たちは海賊船に乗ってガウヤ川に入り、そこからトライデンに進撃した。彼らはそのあたり一帯を破壊し、住人を殺し、捕虜とした。わずかに逃れることに成功した人びとはリーガへと逃れ、援助を求めた。

司教アルベルトは、その年ローマにあって、教皇から「罪の赦免」をあたえる権限、つまり独自に十字軍を派遣する権限をあたえられていた。彼は、ドイツで集めた「多数の十字軍兵士」とともにリーガに帰り、エストニア人の襲撃に対処した。

一方、エストニアの千人を越える騎兵や兵士はリヴォニアに進出した。彼らはトライデンに進み、海からもガウヤ川に進出しようとする兵が続いた。リーヴ人の首長カウポの要塞が包囲され、その間に選り抜きのエストニア人兵士は各地に散っていった。彼らは村や教会を焼き、リヴォニアの住民を殺し、捕虜とし、多くの物や動物を捕獲した。

司教アルベルトは、騎士と十字軍兵士と人びとに「罪の赦免のために」エストニア人と戦い、彼らに復讐するように訴えた。こうして、強力なキリスト教徒の軍隊が形成された。キリスト教徒たちは、ガウヤ川を抜けて、トライデン北方のヴェンクルに通ずる街道を慎重に進撃し、ついにエストニア軍を発見した。アルベルトの軍隊は、敵をただちに攻撃、撃滅した⑮。

リヴォニアの司教アルベルトは、ローマ教皇によって新たにキリスト教化された土地に司教を任命する権限をあたえられていたので、エストニア司教区の司教にシトー会の修道院長、アルベルトの血縁であるテオーデリヒを任命した。しかし、サッカリアとウガウニアのエストニア人たちはなお戦う能力をもっていた。彼らは支配されず、キリスト教徒ともならなかった。両勢力は、一二一二年に三年間の平和協定を結んだ。

殺戮――ロターリア遠征

エストニア人との和平期間が終了した一二一五年、リーガのアルベルトは、全聖職者、騎士、リーヴ人の長老たちを集めて、エストニアへの遠征を決定した。理由は、エストニア人が新たに和平の協定にこないばかりか、リヴォニアの教会を破壊しようとしている、というものであった。

彼は、リヴォニアとラトヴィアの全要塞に出動の命令を発し、十字軍兵士と商人、刀剣騎士修道会の騎士たちをガウヤ川河口のアーミュンドゥンクに集めた。司教の祝福を受けて、全軍がエストニア西北部のロターリアへと進んだ。ロターリアのエストニア人たちは、リーガから遠く離れていたため、キリスト教徒を侮り、彼らと和平を結ぼうとしなかったからである。

ハインリヒの伝える数字によれば、この時のドイツ人戦闘員の数は三千、リーヴ人とラトヴィア人も同じく三千であった。大軍である。彼らは凍った海を抜けてロターリアに到達した。ロターリアでは、一方的な殺戮が繰り広げられた。ここでは、多少の誇張はあるにしても、ハインリヒの生々しい描写を伝えるのが最善であろう。

ロターリアに到着して、軍はすべての道路、すべての村に展開した。彼らは村で男たち、女たち、子どもたち、大きな者も小さな者もすべて発見した。いかなる噂も、キリスト教徒の軍隊の到来について警告を発していなかったからである。怒りに燃えて兵士たちは彼らを攻撃し、男たちをみな殺しにした。リーヴ人とレット人は、他の種族よりも残酷で、福音の僕（マタイによる福音書第十八章二三以下）のように慈悲をあたえる術を知らなかった。彼らは無数の人々を殺し、幾らかの女たちや子どもたちを虐殺した。彼らは、野原や村にひそむ者たちの命を一つも救おうとは思わなかった。街路が、そしてあらゆる地点が異教徒の血で濡れた。リーヴ人とレット人は、異教徒たちをロテルヴィークやロターリアと呼ばれる海岸線一帯の地方に追い詰めた。かれらは、捕らえた異教徒たちをただちに殺し、彼らの持ち物やすべての物を奪い取った。……全軍が三日間にわたって逃走するエストニア人たちを追跡した。エストニア人と彼らの馬がすべてなくなるまで、彼らはエストニア人たちを至るところで殺し続けた。最後に、その四日目に、彼らは全戦利品をもって一箇所に集まった。馬や多数の家畜を追い立て、女たち、子どもたちや少女たちそして多くの戦利品を伴って、彼らは大いなる喜びのうちにリヴォニアへと帰還した。異教徒たちに復讐された主を讃えつつ……。[16]

ハインリヒの筆致は、リーヴ人たちの行為に対して、批判的な調子をなにがしか含んでいるように思われる。これは、たしかに戦争というよりも、殺戮であった。

神の「復讐」

ハインリヒの記述から推察すると、ロターリアのエストニア人たちはまったく戦闘の準備をしていなかったようである。十分な装備をしてきたキリスト教徒たちが突然現れ、襲撃し、殺戮し、奪い、女たちや子ども、とくに少女を捕虜とした。

もしその行為が許されるとすれば、それは、異教徒たちに対する神の「復讐」でしかありえないであろう。異教徒はキリスト教に改宗していればよかったのである。だから、ハインリヒも、キリスト教徒や十字軍兵士たちの行為を批判していない。ただ「主を讃える」だけである。だが、ロターリア遠征の記述がこう終わっていることは紹介しておくことにしよう。彼はいう。

エストニア人たちはうろたえ、多くの涙を流し、嘆き悲しんだ。エストニアもまた、その息子たちのために泣いた。子どもたちを失ったので、いまも将来も、慰められることはできなかった。彼女がとりわけ悲しんだのは、数えることができないほど多くの者たちが虐殺されたためである。(17)

同年、フェリーンの要塞を背後にもつサッカラも攻撃された。ここにはレオーレ（現ロハヴェレ）と呼ばれた、サッカラの長老レムビトの要塞があった。要塞を包囲したキリスト教徒の兵士たちは、火を放った。これに恐れをなしたエストニア人たちは賠償金をはらう約束をしたが、ドイツ人は「彼らが洗礼を受け、真の平和創造者に従い、現世とあの世での真の兄弟になる」ことだけを望む、と答えた。彼らは、これにしたがうことに決め、レムビト自身も洗礼を受けた。

ロシア人の介入

一二二五年、エストニア人は密かに集まって、ふたたび反撃することに決し、エーゼル（サーレマー）族はリーガを、ロターリア族はトライデンを、サッカリア族とウガウニア族はレット人の全域を一斉に襲うことにした。

しかし、エーゼル族とロターリア族の攻撃はただちに退けられてしまった。一方サッカリア族はリヴォニアに侵入し、ヴェバリンの長老タリバルトを捕らえ、彼を生きたまま焼き殺した。タリバルトの二人の息子は復讐するためにエストニアに侵攻し、掠奪と破壊、殺害の限りを尽くした。息子たちは、エストニア人たちが洗礼を受けない限り、一掃されるまで戦う覚悟であった。これに恐れをなして、ウガウニアとサッカリアのエストニア人はリーガに使者を送り、洗礼を受けることを誓い、司教を受け入れることにした。

ウガウニア族がギリシア正教ではなくカトリック教を受け入れたことを知って、この地域にしばしば干渉していたノスコフのロシア人は激怒した。彼らは、ウガウニア族に対して、戦争の脅迫の下に租税を支払うよう要求した。ウガウニア族はこの事をリーガの司教と騎士修道会に相談し、援助をうることになった。

プスコフの新しい公ウラディミーリ・ムスティスラヴィッチは、大軍をひきいてウガウニアに侵攻した。彼はオデンペー山に陣をしき、そこから村や地方に兵士を派遣し、あたり一帯を荒し回った。リーガの司教は彼の兵士と騎士修道士たちをただちに派遣した。キリスト教徒たちは、リーヴ人やレット人を糾合してオデンペーに向かい、要塞に陣地を構築した。

プスコフ公ウラディミーリは全エストニアに使者を送り、ドイツ人に対して決起するように促した。これを聞いて、エーゼル族はいうまでもなく、洗礼を受けていたサッカリア族すらこれに合流した。サッカリア族はこの機会にキリスト教とドイツ人の軛を断ち切ろうとしたのである。

彼らはロシア人とともにオデンペーのキリスト教徒の要塞を襲った。しかし、要塞は頑強で、キリスト教徒の弩兵が反撃し、多数のロシア人が殺された。ロシア人たちは近隣に出かけて多くの人びとを殺し、その死体を山の麓の湖に捨てた。そのために、要塞の人びとはこの水を用いることができなくなった。ロシア人たちは、山上の要塞を奪取しようとして、要塞のドイツ人とエストニア人によって撃退された。

リーガはこの事態を知って、新たに三千人の兵士を救援に派遣した。刀剣騎士修道会総長フォークウィン、ヴェンデンのベルトルト、司教の兄弟テオーデリヒが、騎士修道会士やリーガの市民、リヴォニア人とレット人、そして十字軍兵士をひきいてオデンペーへと向かった。

レムビト死す

リーガの軍隊は、ロシア軍と出会い、戦ったが、ロシア軍は敵が強大であるのをみて、陣地に退いた。そこには、ロシア人とエーゼル族の二万人もの兵士がいた、とハインリヒは伝えている。

リーガの軍隊も要塞に入った。しかし、要塞の中は多数の人びとで一杯で、飢餓に陥っていた。ところが事態はロシア軍も同様であった。こうして、両者は本格的に戦うことなく、和平を取り交わすことになった。双方が軍を引いて、引き上げることで合意が成立した。

しかし、サッカリアのエストニア人は、ロシア軍の助けをえて、さらに戦う覚悟であった。その首長であるレムビトは、ノブゴロド公に援助を求め、その約束を得て、全国に反アルベルトの呼び掛けを行い、兵士を各地から集めた。これを知った司教は、ただちに軍を起こし、ロシア軍の到着以前に決着をつけるために、サッカリアへと急行した。

エストニア人の軍隊と出会った彼らは、三つに分かれて攻撃を開始した。中央をドイツ人が、右翼をリーヴ人が、左翼をレット人が構成した。

中央では、エストニア人の大軍があって、ドイツ人は苦戦を余儀なくされた。しかし、ドイツ軍は隊形を整えて徐々に敵を圧迫し、ついに中央を突破して、エストニア軍の戦線を崩すことに成功した。エストニア人兵士は逃走をはじめた。

左翼のレット人は、ドイツ人とともに敵を攻撃した。こちらには、サッカリアの首長であるレムビトと他の長老たちが軍を指揮していた。彼らは多数のレット人を殺し、傷つけ、長時間にわたって勇敢に戦いつづけた。しかし、さしもの彼らも、中央部で味方が敗走しはじめたのを見て、浮き足だち、ついに陣形を崩し、逃走をはじめた。レット人は彼らを追撃し、ついにレムビトを殺害した。

レムビトの衣服は奪われ、その首は切られた。後に、彼の首はリヴォニアに送られた。他の長老たちもこの時、殺害された。また、右翼のリーヴ人たちも追跡し、多数のエストニア人が殺された。その数は千名を越える、とハインリヒは伝えている。

この戦いによって、サッカリアのエストニア人はふたたびキリスト教徒となることを誓った。また、イェルヴェン族の人びともこの事態を見て、あらためて洗礼を受けることを要請して、受け入れられた。

一二一七年のこの戦いとレムビトの死によって、南エストニアの司教アルベルトへの服属は確定的なものとなった。リヴォニアとラトヴィアに続いて、エストニア南部もキリスト教ヨーロッパに組み込まれたのである。

3　征服か、伝道か

タリンの建設と伝道

しかし、エストニア北部は依然として自由であった。ロシアの諸侯もこれを支援していた。これに対抗するために、かつ独自の家門の利害を貫徹するために、司教アルベルトは、一二一八年、エストニア司教テオーデリヒ、同年セミガリアの司教に任命された修道院長ベルンハルトとともにデンマークへと航海し、国王ヴァルデマール二世（在位一二〇二～一二四一年）にエストニアに艦隊を派遣するように要請した。国王は、エストニアでの政治情勢をすでに知っており、翌年、「聖母マリアと罪の赦免のために」軍隊を引き連れて上陸することを約束した。

一二一九年、ヴァルデマール二世は、ルンド大司教アンドレアス、司教ニコラウス、国王の顧問で司教のペトルス、エストニアの司教でデンマーク国王のもとにあったテオーデリヒ、スラブ人のリューゲン侯ヤレマルスの後継者ヴィツラウとともに、大艦隊（おそらくは二千〜三千名）の軍勢をひきいて、エストニア北部のフィンランド湾に面したレーヴァル（タリン）地方に上陸した。

エストニア人の抵抗は頑強だった。ある伝承によれば、ヴァルデマール二世は、退却せざるをえないと判断したほどだが、その時、奇跡が起こったという。白い十字のついた赤い旗が上空から舞い降りてきたのである。デーン人たちは、これを神の援助の印と考えた。兵士は息を吹き返し、戦場で勇敢に戦った。こうして、勝利はついにデンマーク軍のものとなった。ちなみに、この時の旗のデザインが、そのままデンマークの国旗となり、今日にいたっている。

デンマーク軍はトーンペアの丘の上にあった古い要塞を破壊し、ただちに新しい要塞を構築した。近隣のエストニア人を敗走させて、要塞を確固たるものとした上で、国王は多数の兵士を残して、ひとまず帰国した。この要塞は、エストニア語で「デーン人の町、要塞」を意味するダーニーリーンと呼ばれることになった。今日のエストニアの首都タリンの名は、これに由来する。タリンは、ドイツ式にレーヴァルとも呼ばれ、後にハンザ同盟に加入し（一二八五年）、ロシアと西欧の中継港として大いに栄えることになる。[18]

一二二〇年、多少の平和が到来したので、リーガの司教は、エストニア人の改宗のためにフィンランド出身の司教ペトルス・カイケワルデとラトヴィアのハインリヒを伝道のために派遣した。

二人はドルパット（現タルトゥ）からその事業を始め、各地で多数のエストニア人たちに洗礼を施していった。北エストニアのヴィアランドでも伝道をおこなったが、ここで彼らはデンマークの司祭たちの活動とかち合うことになった。

二人は、タリンの要塞に出向き、エストニアはリーガの権力のもとにあり、伝道の権利もまたその支配下にあると主張した。しかし、ルンドの大司教アンドレアスは、全エストニアはデンマーク国王のものであり、これはリーガの司教たちによって認められたことだ、と二人の意見を退け、今後、この地に宣教師を派遣しないようにリーガに使者を送った。

司教アルベルトはこれに反論したが、デンマーク側はこれを無視し、実力でハリアやイェルウィアのエストニア人を改宗させていった。[19]

エーゼル島（サーレマー島）へ

一二二二年、デンマーク国王は大軍をひきいてエーゼル島に到着、ここに要塞を建築した。エーゼル族はこれを攻撃し、デンマーク軍は苦戦を強いられた。

この時、リーガのアルベルトは騎士修道会士やリーヴ人などとともに援軍をひきいてエーゼル島に駆けつけ、デンマーク軍の危機を救った。国王はこれに感謝して、リヴォニアに対する世俗的権利をすべてアルベルトに渡し、エストニア南部のサッカリアとウガウニアに対する霊的権利をアルベルトに譲ることを約束した。国王と司教はともに、ロシア人と異教徒との戦いで助け合うことを誓った。

この約束の後、司教はリーガに、国王はデンマークへと帰った。しかし、ヴァルデマール二世はその途中でザクセンのシュヴェリーン伯に捕らえられ、一二二三年から一二二七年まで活動を停止することを余儀なくされた。

要塞に残った兵士たちに対して、エーゼル族の兵士たちは投石機を模倣して造り、これを用いて攻撃を開始した。彼らは大石を五日間にわたって投げつづけ、要塞に大きな損害をあたえた。その上で降伏を勧告して、人質をとり、キリスト教徒たちを追放することに成功した。

彼らは要塞を破壊し、全エストニアにこの事態を伝えて、キリスト教徒たちに対する蜂起を促した。サッカリア族はただちに応じ、近隣に住む多くのキリスト教徒たちを殺した。彼らは、聖職者や指導者を生きたまま焼き殺し、鳥の餌食とした。

モナの要塞を包囲

一二二三年、エストニア人は余勢をかってリヴォニアに侵入、セッデに結集して、あたり一帯を襲い、多くの男を殺し、女たちを捕虜とし、多くのものを掠奪した。これに対して、ドイツ人、リーヴ人、レット人は彼らをセッデで倒し、敗走させた。

この間に、エストニア人はノブゴロド公に助けを求め、デンマーク人の要塞を襲った。しかし、ついに落としきれず、ロシア人は立ち去った。逆に、一二二四年、アルベルトの軍隊はドルパットの要塞を攻撃、陥落させた。さらに、デンマーク人を追い出し、反乱の発火点となったエーゼル族に対しても本格的な攻略を準備した。

一二二七年の一月、雪と氷がフィンランド湾のあたり一帯を覆い、エーゼル島への海の道ができあがった。キリスト教徒たちは、この機会にエーゼル島のエストニア人に洗礼を施そうと、「水の母」と呼ばれる川に結集した。司教アルベルトや刀剣騎士修道会総長フォークウィンを先頭に、ドイツ人、リーガの市民、リヴォニア人、レット人、エストニア人が集まり、エーゼル島に至る氷の道を進撃した。その総数は、およそ二千人という大軍である。

キリスト教徒の軍隊は、エーゼル島北東部にあったモナの要塞を包囲した。攻撃軍はまず壁によじ登って、要塞を攻略しようとしたが、石と槍で反撃され、多数の兵士が傷つき倒れた。そこで、彼らは、投石機を造って石を投げ込み、攻城機を組み立てて、そこから弩を射かけ、守備隊を攻めたてた。戦闘は激しくなり、六日めに、攻撃側は鉄製の鉤《かぎ》を要塞の壁を作っている大きな丸太にかけ、これを大地に倒すことに成功した。

キリスト教徒は主を讃え、守備軍は彼らの神タラピタの名を叫んで気勢をあげた。攻撃側の兵士は壁の頂上までよじ登ろうとしたが、撃退された。最初に登頂に成功した兵士は、敵の槍の攻撃を受けたが、楯で防御し、それに続いて第二、第三の攻撃兵が現れ死闘が繰り広げられた。ついに、キリスト教徒側がもっとも高い堡塁《ほうるい》を占拠した。しかし、そこから上に突撃することは困難だった。

エーゼル島陥落

丘は高く、凍っており、そこに聳える石の壁は氷のようにすべり、足場はまったくなかった。しかし、ある者は梯子《はしご》をかけ、ある者はロープでよじ登り、ついに全兵士がなだれ込んでいった。守備兵は背をみせて、逃亡を始めた。要塞は落ちた。ハインリヒはこの時の様子を次のように伝えている。

ドイツ人たちは要塞に入り、人々を殺した。彼らは、エーゼル族の異教徒たちを救おうとはしなかった。ある者は殺され、他のものは捕虜とされた。リヴォニア人とレット人は要塞を取り巻き、一人の脱出も許さなかった。敵が敗れたとき、勝利者は神を讃え、神のための讃歌を唄った。常にダビデをペリシテ人から守られた神がその民を解放し、彼らに勝利をもたらされた。彼らは町を奪い、戦利品を得、財物や高級品を掠奪し、馬や羊を駆り立て、残された物をすべて焼きつくした。火は、エーゼル族の要塞をのみつくしたが、キリスト教徒たちは喜び、戦利品をつかんで放さなかった。(20)

キリスト教徒の兵士たちは、さらにエーゼル島の中心にあるワルディアの要塞へと進んだ。要塞の大部分の住民は、投石機や弩の攻撃に耐えられず、モナでの出来事を知っていたので、ただちに投降して、洗礼を受けることを望んだ。攻撃軍は人質をとり、「狼」が「羊」となり、「キリスト教徒の迫害者」が「その兄弟」となったことを喜んだ。

リーガの司教は人質となった貴族の子弟たちに洗礼を施した。他の司祭たちは町に向かい、人びとに説教をして彼らの神タラピタを放棄させ、数千人のエストニア人に洗礼の水をあたえた。エーゼル島の他の町や集落の住民も平和と洗礼を求めてやってきた。

こうして、エーゼル島もまた完全に征服され、異教徒である住民もその神々を棄て、キリスト教徒となった。異教徒であるエストニア人の多くは、このようにしてキリスト教世界のなかに組み込まれることになった。エーゼル島での攻防の後、デーン人とリーガの勢力との話し合いの結果、デンマークは北エストニアの主要部を保有し、東南部および西部エストニアは司教アルベルトの支配下におかれることになった。

刀剣騎士修道会はエストニアの中央部を領有した。エストニアでの争いは、むろんこれで終了したわけではない。しかし、決着はついた。アルベルトが死んだのは、一二二九年のことである。

教皇特使・モーデナのウィリアム

ハインリヒが伝えるところによれば、そもそもエーゼル島への攻撃は、リヴォニアを訪れローマに帰還する途中のローマ教皇の特使、モーデナの司教ウィリアムがたまたま「エーゼル族の者たちがスウェーデンから戦利品と多数の捕虜を連れて帰る」ところを発見したことに端を発する。

その記述によれば、エーゼル族は捕虜となった若い婦人と処女を犯し、妻とすることを常としていた。彼らは、一人につき捕虜の中から二人から三人あるいはそれ以上の数の女たちを妻とするという「不法」を犯している。彼らはまた女たちをクール人やその他の異教徒に売ることすらした、と。ハインリヒはこう記し、さらにこう続けている。

　主の使者は、彼らがスウェーデンで行った悪事、教会を焼き、司祭を殺し、秘蹟を破壊し、その他同様の悪事をなしたことを知った。彼は、捕虜たちのことを悲しみ、この悪人たちに復讐が行われるように主に祈った。彼は、ゴトランドに到着して、主の言葉をひろめ、すべてのキリスト教徒に邪悪なエーゼル族に復讐するように、罪の救済のために聖なる十字の印を示した[21]。

だが、そもそもこの遠征のきっかけを作ったモーデナの司教であるウィリアムは、なぜこの時、リヴォニアに来ていたのであろうか。ローマ教皇は、なぜ特使を派遣したのであろうか。

モーデナの司教が教皇によってリヴォニアに派遣されたのは、一二二五年のことである。

彼が派遣されたのは、まずなによりも、リーガのアルベルトの要請によるものらしい。実は、ハインリヒの『リヴォニア年代記』そのものが、この教皇特使に読ませるために記された報告書であった、という。そして、これを書かせたのも、リーガの司教アルベルトだといわれている。

とすれば、教皇の特使は、デンマークの介入と主張に驚愕したアルベルトがその調査を求めたことに由来する、と考えられる。つまり、教皇特使は、デンマークとリーガさらに刀剣騎士修道会との間の、リヴォニアとエストニアをめぐる軋轢を調整するために派遣されたに違いない。アルベルトが特使を要請したのは、教皇の支持を得ることができる、と考えたからであろう。

しかし、教皇がただちに使者を派遣したのは、北のキリスト教徒たちの利害調整のためだけとは思われない。むしろ、ローマ教皇庁には独自の関心があったはずである。それは、教会を主軸とするキリスト教の伝道とカトリック勢力圏の拡大である。

ローマの不信

本来のエルサレムへの十字軍は、聖地への巡礼を確保し、聖地を回復するためのものであり、伝道を使命とするものではなかった。この点で、バルト海沿岸への十字軍は違う。それは、異教徒を改宗させ、支配し、その地域全体をカトリック・キリスト教化することをめざすものであった。北の異教徒たちをロシアとの競争のうちに獲得し、改宗させることは、カトリックの宗教的、政治的支配圏を拡大することを意味した。教皇庁がそれに深い関心を示したとしても不思議はない。

一二一五年にインノケンティウス三世によって開かれた第四回ラテラーノ公会議は、リヴォニアの司教区を「聖母マリアの地（テラ・マリアーナ）」と呼び、これを教皇の特別の保護の下におくことを決定している。[22]司教アルベルトは、その二年前にすでに教皇に直接、帰属し、したがってブレーメンその他の大司教の支配下におかれない独自の地位を獲得していた。

インノケンティウス三世の後継者であるホノリウス三世（在位一二一六～一二二七年）も同様の政策を引き継いだ。彼は、明らかにバルト海沿岸地帯のキリスト教化に深い関心を示していた。その限りでまた、彼は征服された異教徒たちの生活状況についても注視することを怠らなかった。なぜなら、この新しいキリスト教徒たちを真にキリスト教化させるには、彼らを被支配者としてではなく、兄弟として扱うことが必要だと考えられたからである。

この点で、ローマは、とりわけ刀剣騎士修道会の先住民族に対する対応について深い憂慮と不信を抱いていた。教皇の特使は、この問題を調査し、解決することを独自の課題としていた。騎士修道会はいつのまにかアルベルトの統制を離れて、自立した勢力として活動し、エストニア人はいうまでもなく、リーヴ人やレット人に対してもしばしば武力を行使し、彼らを搾取していた。

画期的な意味――独自の領土と財政基盤

刀剣騎士修道会は、リヴォニアの征服事業が進展するにつれて、司教アルベルトに対して、全リヴォニアおよびその周囲に住む今後改宗するであろう異教徒たちの土地の、それぞれ三分の一を要求しつづけた。彼らの数と活動が増加したので、その財産と所有物も増加すべきである、すなわち日々の重圧と戦争の熱気に耐えている者たちはその働きにふさわしい報酬を得るべきである、というのがその理由であった。

アルベルトは、「主の家の壁」として日夜、活動する騎士修道会のために、一二〇七年、リヴォニアの三分の一をあたえた。「アルベルトは、皇帝より、全支配権と法を含めてリヴォニアを受け取っていたから、すべての法と支配権を含めてこの土地の三分の一を彼らに譲った」[23]。

今後、獲得するであろう土地については、アルベルトは「持っていないものを与えることはできない」という理由で、これを拒絶した。しかし、リヴォニアの騎士修道会は、執拗にその三分の一を求めた。この紛争はローマ教皇の耳にも入った。そこで、インノケンティウス三世は、この争いに介入して、「未だ獲得していない地域を神に委ねた」。

刀剣騎士修道会は、既述したように、エストニアへの遠征でも独自の領土を獲得した。この騎士修道会が得たこの成果は、バルト海中・東部沿岸地帯の征服とキリスト教化の歴史にとって、画期的な意味をもった。というのも、独自の政治的・財政的基盤をもった、異教徒と戦うための騎士修道会国家、つまり恒常的な「十字軍国家」がここに成立したからである。この組織形態は、十三、十四世紀におけるバルト海沿岸地帯のキリスト教化の中心的担い手となったプロイセン騎士修道会でもとられることになった。

搾取

しかし、この組織は、異教徒の征服と支配を使命とするものであり、そのためにキリスト教の伝道と内面化という、ローマ教会本来の作業と矛盾することがあった。刀剣騎士修道会の、搾取ともいえる被征服民に対する支配は、かえって北の先住民たちの反乱を引さ起こした。また、新キリスト教徒を兄弟として尊重するように求めたローマ教皇の願いも、いとも容易に無視された。ローマ教皇の特使ウィリアムの目的の一つは、まさに彼らの粗暴ともいえる行動を調査、制御することであった㉔。

しかし、騎士修道会は教皇の期待に応えようとはしなかった。一二二二年の大反乱もまた、騎士修道会に対する反発によるところが大きかったともいわれるほど、搾取は厳しいものだった。あまりのひどさに、ホノリウス三世が彼らを懲戒したほどである。しかも、リヴォニア騎士修道会は、特使の斡旋《あっせん》を無視して、エストニアのデンマークの要塞タリンを奪取し、リーガの司教の支配地にまで租税を課しはじめた。

刀剣騎士修道会に対する批判がローマまで届き、新たに特使ボールドウィンが派遣された。彼は、騎士修道会と厳しく対決し、彼らと戦ったが、敗北し、逆に捕らえられてしまう。彼は、後に身代金を払って解放され、刀剣騎士修道会をローマで訴えた。

書を通じて知ることもできなかった。……彼らは神のことも知らなかったので、誤ってどんな被造物でも神的なものとして崇拝した。太陽、月、星、雷、鳥、四足の動物、ひきがえるすら崇拝した。彼らは、いくつかの森、野原、河川・湖沼を神聖なものと見なし、そこで木を切ったり、畑を耕したり、あえて魚をとったりすることをしなかった。(1)

プロイセン地方に多大な関心をもっていたポーランドの貴族、とくにマソウィア(マゾフシェ)公やクヤウィア(クヤーヴィ)公の支援を得て、このようなプロイセン人に対する、クリスティアンの伝道活動は比較的順調に進んだ。

最初に改宗したのは、貴族たちである。改宗したプロイセンの貴族たちが洗礼を施してもらうためにローマに出向いた、という記録も残っている。クリスティアンは、その功績を讃えられて、インノケンティウス三世によってプロイセン司教に任命された。イングランドでマグナ・カルタが出されたのと同じ年の一二一五年のことである。

リヴォニアを範として

しかし、そのころになると、プロイセン人は、キリスト教の次にポーランド人があたかも支配者としてやってくることに気がつきはじめていた。

その結果、彼らは、ポーランドの支配につながるキリスト教の受容に否定的になり、クリスティアンの宣教活動を妨害しだしたのである。それが決定的になったのは、ポーランドや

第四章　ドイツ騎士修道会

1　戦う信仰集団

プロイセンのクリスティアン

リヴォニアでアルベルトが力による布教を実行していたころ、その西部にあたる、ポメラニアとリトアニアの中間地帯では、一人の人物が平和的な宣教活動に従事していた。ヴィスワ川とネムナス川に挟まれたこの地域、つまりプロイセンで伝道していたのは、クリスティアンという名の修道士、おそらくポーランドのウェクノ修道院の院長であった。

彼はシトー会に属し、一二〇六年に異教徒たちのために布教をはじめた。この当時のプロイセン人の信仰については、当時の最も重要な資料である、ドゥスブルクの『プロイセン年代記』（一三二六年）に次のような記録が残されている。

プロイセン人は、神について何も知らなかった。彼らは愚かだったので、理性によって神のことを理解することはできなかった。彼らは文字を知らなかったので、神のことを文遮断し、十字軍の部隊を道路の主要な地点で分断してしまったからである。

キリスト教徒たちはやむをえず、出口を求めて北へと向かったが、馬は沼に沈み、騎士は徒歩で戦った。包囲する大軍を前にして、戦力を発揮できなかった刀剣騎士修道会と十字軍の兵士たちは、『リヴォニア韻文年代記』の言葉を借りれば、「女たちのように切り倒されたのである」。(26)

ドイツ騎士修道会との合体

この戦闘で、フォークウィンとおよそ五十名の騎士たち、また五百名から六百名の修道会一般兵士、傭兵、そしてほぼ同数の十字軍兵士が戦死した。刀剣騎士修道会は、その勢力を大きくそがれることになった。

翌一二三七年、刀剣騎士修道会の残存者は、ドイツ騎士修道会の傘下に入ることになった。統合に政治力を発揮したドイツ騎士修道会総長ヘルマン・ザルツァ（第四章参照）は、プロイセン統治の最高責任者であるラント長官（ラントマイスター）、ヘルマン・バルクにリヴォニアの騎士修道会を委ねた。この時、プロイセンとリヴォニアおよびエストニアの一部を包括的に支配するドイツ騎士修道会が誕生したことになる。これ以降、北の異教徒たちのキリスト教化の主役となるのは、このドイツ騎士修道会である。(27)

私は、ここで、彼らの本拠地プロイセンにおけるその征服事業に目を移し、そこからさらにドイツ騎士修道会と「分離主義者」ロシアとの戦いへと考察を進めることにしよう。

は熱心だった。彼らは、この要請を受け入れてリトアニアに向かった。

およそ三千人と見積られる兵力を有した、刀剣騎士修道会と十字軍は、リトアニアでは破壊と掠奪に終始した。やがて各部隊は、それぞれの戦利品をもって、ザウレ（現シャウリャイ）に集結し、帰国の準備をはじめた。冬も近い九月半ばのことである。しかし、リトアニアはその間に大軍を集めていた。

一二三六年当時は、すでに英主ミンダウガス（第五章参照）がリトアニアの統一を推進していた時期であった。この時、リトアニアは三千人のリトアニア人兵士とセミガリア人の援軍を含む四千～五千人の傭兵《ようへい》をザウレへと送り込んだ。その指揮官はミンダウガスの叔父で、貴族のヴィキントである。

リトアニア軍は、道路の出口にあたる部分に大きな柵を張り巡らした。その回りには、沼状の多数の水路があった。沼があれば、馬の動きがとれず、キリスト教徒の騎士たちが十分に戦いえないことはあきらかであった。

この事態を察知したフォークウィンは、ただちに突撃して、敵の柵を突破することを主張した。だが、多数の騎士たちは、「もしわれわれが馬を失うなら、徒歩で戦わねばならないではないか」と反論した。フォークウィンは、「汝らは馬と頭を交換する気か」と嘆いたという。事実、この時点では、リトアニア軍はなおすべてが到着しておらず、突破は十分に可能であった。しかし、十字軍は、無策のまま野営をすることに決めた。勝機はこの時、完全に失われてしまった。その間に、リトアニアの主力部隊がつぎつぎに到着し、背後を完全に騎士修道会と同じ組織をつくり上げることにした。

クリスティアンは、ブルーノという人物を頭目として、もう十四人の騎士たちをこの修道会に加入させた。その本拠地がドブリン（現ドブジィン）におかれたので、これは「ドブリン騎士修道会」と呼ばれることになった。正式に設立されたのは、一二二八年のことといわれる。

しかし、この騎士修道会は、設立の時期が遅かったうえ、規模が小さく、リヴォニアで刀剣騎士修道会が果たしたような役割を果たすことはできなかった。[3] マソウィア公は、そこでドブリン騎士修道会の設立よりも前に、しかもより強力な既存の騎士修道会をこの地に呼び、これをもってプロイセン人に向かわせようとした。

ここに、プロイセンのドイツ化（ヨーロッパ化）の決定的推進力となり、ドイツの「東方運動（ドランク・ナッハ・オステン）」の開拓者として精神的には二十世紀の歴史にまで影響を及ぼすことになる「ドイツ騎士修道会」が登場することになる。[4]

エルサレムの聖母マリアドイツ病院兄弟団

ドイツ騎士修道会は、テンプル騎士修道会やヨハネ騎士修道会と並ぶ、強大な騎士修道会である。しかし、その前身は、十字軍に参加したドイツ人兵士たちのために、東方のアッコンに設立された病院団体であった。その設立者はブレーメンとリューベクの商人たちといわれている。

ポメラニアの侯爵たちの征服活動に対してプロイセン人が蜂起した一二一六年のことであった。

クリスティアンはこの事態に直面して、あっさりと方針を転換した。彼は、リヴォニアの司教アルベルトを模倣して、十字軍を呼び寄せ、また常備十字軍として独自の騎士修道会を設立しようとした。

翌一二一七年、教皇ホノリウス三世は、プロイセンに向かう十字軍兵士に対して、パレスティナに向かうそれと同様の「罪の赦免」をあたえることを公にした。これを受けて、主としてドイツとポーランドから、まず一二一八年に、次いで一二二一年から三年にかけて、十字軍が派遣された。

その結果、クルマーラント一帯を一時的に占領する成果もあがった。しかし、プロイセン人は頑強であった。十字軍はただちに反撃、放逐された。プロイセン人は、それどころかポーランドの領域にまで攻め込み、これを荒らしまわった[2]。

ドブリン騎士修道会

事態は切迫していた。プロイセン人の反撃に対抗するために、これと戦うことを使命とし、恒常的に戦闘体制をとりうる軍事集団が必要とされた。そこで、コンラートとクリスティアンは、「当時ラトヴィアにあって異教徒の国々を力ずくで服従させていた、白いマント、赤い剣と星の、いわゆるキリストの騎士修道会（fratres milites Cristi)」、つまり刀剣

彼らは、帰国にあたって、従軍司祭のコンラートと財務官のブルヒャルトという人物に病院を委託した。この二人は、とドイツ騎士修道会の公的な年代記『ナルラティオ』はいう。

世俗の栄華を放棄し、喜んで活動の道を辿り、自然に主の甘い軛に服し謙虚に誓いを立て、ヨハネ騎士団の規約をとり入れ、病院を聖母マリアの栄光のためにはじめた。彼らは最もすぐれた呼び名として hospitale sancte Marie Theutonicorum in Jerusalem（エルサレムの聖母マリアドイツ病院）を選んだ。これは聖地を取り戻したのちにキリスト信仰のためエルサレム市に首城と首長をおこうと期待したからである⑤。

一一九一年二月六日、クレメンス三世（在位一一八七〜一一九一年）がこれを公式に認め、その保護の下におくことを明らかにした。しかし、この病院兄弟団は、その後アッコンが陥落したために、自身の根拠地を失ってしまった。そのうえ、皇帝ハインリヒ六世の死去に伴ってドイツ人騎士が帰国することになったので、存立を続けるために、病院から戦闘集団としての騎士修道会に衣替えすることになった⑥。

これは、一一九八年三月のことであった。この時、ドイツ人のための病院兄弟団は、武力による伝道を使命とする騎士修道会となった。彼らは、テンプル騎士修道会と同様の、黒十字のついた白いマントを着用した。

翌一一九九年二月に、インノケンティウス三世は、この新しい騎士修道会の成立を認めた教勅を公布した。ただ信仰のために戦う集団として、ドイツ騎士修道会がここに正式に発足した。

十三世紀のビスマルク

ドイツ騎士修道会の最高責任者は、総長と呼ばれる。初代の総長はハインリヒ・ヴァルポト・フォン・バッセンハイム、二代目はオットー・フォン・ケルペン、三代目はハインリヒ・バルトという。しかしドイツ騎士修道会を一躍、飛躍させ、ヨーロッパそしてその根拠地としてのプロイセンに足場を築くのに功績があったのは、第四代総長ヘルマン・ザルツァ(在位一二一〇～一二三九年)であった。(7)

ヘルマンは、「十三世紀のビスマルク」とも「中世最大のドイツ人政治家」とも呼ばれる。傑出した外交感覚の持ち主であった。アッコンに生まれたドイツ騎士修道会がヨーロッパにはじめて登場したのは、彼が総長の時代である。困難な情勢のもとで、首尾よくプロイセンに進出しえたのも、彼の外交手腕の賜物《たまもの》といわれている。

ドイツ騎士修道会の進出は、ハンガリー国王アンドラーシュ二世による招聘《しょうへい》とともに始まった。一二一一年のことである。国王は、現在のルーマニアのトランシルヴァニア地方の一部(ブルツェンラント)をドイツ騎士修道会にあたえた。異教徒であるクマーン人(トルコ系ヨーロッパ人)による襲撃からハンガリーを守るためである。ヘルマンは、この招聘を受け入れ、騎士たちはヨーロッパのフロンティアを守り、拡大するための武装集団としてハンガリーに向かった。

ヘルマンは、リヴォニアでのアルベルトの活動とその成果を熟知していた。彼がそれを模範としたであろうことは想像に難くない。事実、ドイツ騎士修道会は、積極的に植民活動に従事しつつ、クマーン人に対する防衛から攻撃に転じ、その支配地を拡大していった。彼らの支配は、やがてより南部のワラキア地方にまで広まった。

ハンガリー追放

しかし、拡大したのは領域だけではない。ヘルマンは騎士修道会の自立性を高めようとした。彼は、ハンガリー国王の役人に対抗して自由に運営することのできる要塞を作り、ドイツ騎士修道会をブルツェンラントの司教の管轄を離れてローマ教皇直轄の自立した団体にしようとした。この自立化への動きは、騎士修道会一般の基本的特性であり、テンプル騎士修道会などがすでに試みたものであった。

こうして、ヘルマンは、一二二四年、ローマ教皇ホノリウス三世を説いて、ブルツェンラントを教皇の支配地とし、この地域をハンガリー国王の統治権から切り離そうとした。ドイツ騎士修道会総長は、ハンガリーのフロンティアの防衛に徹する気はなく、そこに独立したいわば修道会国家を作り上げようとしたのである。

ホノリウス三世はこれに応えて、その地域を教皇直轄の「聖ペテロの財産」とすることに同意した。ヘルマンは、ここに強力な後楯をもつことになった。しかし、彼の判断は甘かった。ローマ教皇は武力という点では頼りにならなかった。ハンガリーのアンドラーシュ二世は、教皇の決定に敬意を払うことなく、むしろ激怒した。彼は、ヘルマンの動きに対して断固たる態度をとる。

ハンガリー国王にとって、騎士修道会の自立化や教皇への接近、独自の貨幣鋳造や支配権の拡大は、許しがたいものであった。

アンドラーシュ二世は、一二二五年、ドイツ騎士修道会からその特権をすべて奪い、ただちにハンガリーを退くこと、さもなくば武力によって追放することを公にした。武力攻撃も辞さないというハンガリー国王の強硬な命令に対して、騎士修道会はなす術もなかった。

これに抗するだけの実力はまだなかった。教皇の具体的援助も期待できなかった。ドイツ騎士修道会は、ハンガリー入植後十四年めで、貴重な拠点を失う羽目に陥った。

プロイセンへ

しかし、ハンガリーからの撤退を余儀なくされたこの一二二五年は、ドイツ騎士修道会にとって、また新しい門出の年でもあった。

というのも、同年の冬に、騎士修道会は、ポーランドのマソウィア公コンラートから北の異教徒つまりプロイセン人に対する防衛のための招聘を受けたからである。コンラートは、プロイセン人の侵入に苦しみ、かつてハンガリー国王がしたように、ドイツ騎士修道会にそのフロンティアの防衛を委ねようとしていた。

修道会総長ヘルマンは、ハンガリーでの苦い体験を踏まえて、この招聘に慎重に対処した。彼の基本理念は、プロイセンにおいても異教徒と戦うための修道会国家を作ることにあった。彼は、そのための保証を確保することを何よりも重視した。むろん、マソヴィアのコンラートが修道会国家の設立を望まないであろうことは、火を見るよりも明らかである。教皇の後援が必ずしも有益でないことも、ハンガリーで証明ずみだった。

重要なのは、実力である。これが、ハンガリーでヘルマンの得た教訓だった。ヘルマンは、それゆえ、騎士修道会の武力を高めると同時に、世俗権力の後援を獲得することに精力を注いだ。その目標は、世俗世界の最高権力者、神聖ローマ皇帝である。

当時の皇帝は、シュタウフェン家最後の英傑、詩人にしてルネサンスの先駆者とされるフリードリヒ二世（一一九四〜一二五〇年）であった[8]。ヘルマン・ザルツァは、この試みに成功した。

リミニの黄金文書

総長ヘルマンは、そもそも終生にわたって皇帝の親密な助言者だった。彼に対する皇帝の信任は厚かった。

たとえば、当時、彼は、シュヴェリーン伯に捕らえられていたデンマーク国王ヴァルデマール二世の釈放期限を、北ドイツからの後退と引換えに交渉することを皇帝に委ねられていた。バルト海東地域での帝国の影響力を増し、デンマークの勢力を削《そ》ぐためである。また、一二二六年には、同じ目的からリューベクを帝国自由都市とするために活躍している。

とすれば、ヘルマンがプロイセンに進出することを皇帝が支援したとしても、なんら不思議はない。事実、彼は、ドイツ騎士修道会のプロイセンに対する特権を皇帝から引き出した。これは、リミニの黄金文書と呼ばれる。

この黄金文書は、一言でいえば、ドイツ騎士修道会に対して、マソウィア公コンラートが約束したとされる「クルムの全領域」にたいする権利を確認し、「真の神の名誉と栄光のためにプロイセン領を侵略し、その地を獲得しうる」ことを許したものである。皇帝フリードリヒ二世は、「総長に対して、修道会の兵士をもって……プロイセン人の領土を襲撃する権限を与え」た。その一節にこうある。

> 余は、神の思し召しにより、修道会がプロイセンにおいて征服するであろうすべての領土を、言わば山、平野、川、森、海における、帝国の古来のかつ正当な権利として〔所有することを〕、許しかつあたえるものである。それゆえ、この領土は、すべての隷属および徴税を免れ、不可侵権をもたねばならず、なんぴとに対しても義務を負うべきではない。(9)

ヘルマンは、しかし、バランス・オブ・パワーの感覚にあふれていた。彼は、皇帝にのみ支援を要請することを避け、他方でローマ教皇の権威を求める。彼の狙いが、独立した修道会国家の確立だったとすれば、それは正しい政策であった、といえるであろう。皇帝と競争関係にあった教皇もまた、ヘルマンとその修道会を味方につける必要があった。

プロイセン征服の許可

ヘルマンは個人的なつながりとヨーロッパの政治状況を巧みに利用して、ドイツ騎士修道会の基盤を確固たるものとすることに腐心した。こうして、一二三〇年九月十二日、時の教皇グレゴリウス九世（在位一二二七～一二四一年）は、ドイツ騎士修道会に対しプロイセンに進出することを正当化する教勅を発布した。

> 主は、その忠実なる僕《しもべ》たちに対する恩情を示すために、彼らのために敵を残された（主はその敵を倒すに言葉をもってするだけである）。忠実なる僕たちが神への愛から、その敵の近くに住んでいる多数の者たちを救いに出かけることができるように、そして神が彼らのためになされたことに応えて、彼らが神に報い、罪を贖《あがな》い救済をうることができるように、との思いからである。(10)

要するに、神は、騎士修道会のために異教徒たちを「敵」としてあたえたのであり、これを倒し、征服することは神の意に適《かな》っている、というのである。したがって、ドイツ騎士修道会は、ためらうことなく武力をもってプロイセン人を攻撃し、これを倒せ、ということになる。しかも、グレゴリウス九世は、同日の教勅で騎士修道会に対して、「クルムと呼ばれる砦およびそれに関連する部分」また「ドイツ騎士修道会が、異教徒たちの土地で獲得するであろうものすべて」を「完全な権利（libertas）」として「譲与する」ことを明らかにしていた。

ドイツ騎士修道会がプロイセンの征服に本格的に着手するのは、この一二三〇年、リヴォニアへの十字軍を指導したリーガ司教アルベルトの死後、一年めのことであった。

2　プロイセンのドイツ化

現実的利益

こうして、ドイツ騎士修道会がプロイセンの征服事業を担うことになった。むろん、彼らがその事業を単独で推進したわけではない。ドイツ騎士修道会は、リヴォニアの刀剣騎士修道会と同様に、彼ら以外に十字軍を必要とした。教皇がその願いを受け入れたのはいうまでもない。ドゥスブルクが記すように、「グレゴリウス九世と後にインノケンティウス四世は、プロイセンとリヴォニアを訪れる十字軍に、エルサレムに出かける者たちにあたえられる特権と贖宥状をあたえた」(11)。

十字軍には、北ドイツの貴族や市民が参加した。彼らを引きつけたものの一つが死後の救済だったのは、中世人の心情というものを考えれば、おそらく否定できないであろう。しかし、この十字軍参加者にとって、戦いはまた現実的利益とも固く結びついていた。リヴォニアと同様に、プロイセンには多くの鉱産物や生鮮食料品があった。また、バルト海沿岸地帯は生産の拠点であり、交易と商業の対象となる大きな可能性を秘めていた。信仰と政治・経済的利益が絡み合い、ヨーロッパという「文明」が「野蛮」のプロイセンを圧倒しようとしていた。

事実、これもリヴォニアと同じく、騎士修道会と十字軍は軍事的優位を保証する技術と戦略をもっていた。彼らは、強固な要塞と城を作り、これを拠点として進撃した。彼らは、優れた攻城機と投石機を有していた。たえまなく投入される十字軍は、人的にもプロイセン人を圧迫しつづけることになってゆく。

クルムの特権（ハンドフェステ）

ヘルマン・ザルツァは、一二三〇年、騎士修道会のプロイセンにおける最高責任者であるラント長官（ラントマイスター）にヘルマン・バルクを任命し、その征服事業を担わせることにした。バルクは、同年、フォーゲルザンクという地名の場所に要塞を設置して、プロイセン進出の足場を築いた。続いて、彼は、十字軍とともに、ヴィスワ川にそって一二三一年にトルンに進み、翌一二三二年にはクルム（現ヘウムノ）に要塞を構築した。

ヘルマン・ザルツァは一二三三年、クルムの特権（ハンドフェステ）を発布し、クルムに住み着く市民のための権利を規定し、都市を建設することにした(12)。ドイツから多数の市民が入植し、街は繁栄した。産業、商業、文化が栄え、「文明」が「野蛮」を制していった。

さて、同年、ドイツ騎士修道会はさらに北東へと進み、マリエンヴェルダー（現クフィズィン）に要塞を築き、都市を建設した。このとき、騎士と十字軍は、五千名以上のプロイセン人を戦闘で殺害した、とドゥスブルクは伝えている。

騎士修道会の征服活動は、いよいよ快調であった。それは、ポメサニア、ポゲサニア、ワルミア、バルタ、ナタンギアを落とし、その間にエルビング（一二三七年）やバルガ（一二三九年）など多数の要塞を構築した。この快進撃は、ほぼ一二四一年頃まで続く。

一二三七年、ドイツ騎士修道会はその規模をさらに拡大した。すでに記したように、ザウレでの刀剣騎士修道会の敗北を受けて、ドイツ騎士修道会はグレゴリウス九世の許可のもとにこれを併合した。

総長のヘルマン・ザルツァは、同年、プロイセンのラント長官であるヘルマン・バルクを「四十名の騎士と多数の武装した人びと」とともにリヴォニアに派遣した。これ以降、バルト海沿岸地帯でのドイツ騎士修道会は、プロイセンと刀剣騎士修道会が傘下に収めていたリヴォニアを包括する広大な地域を支配することになった。[13]

しかし、本当に厳しい戦いはこれからであった。

面倒と破滅の息子――スヴァントポルク

現在はポーランド北部の港町、グダンスクを中心とした地域は、当時ポメラニア（現ポモ

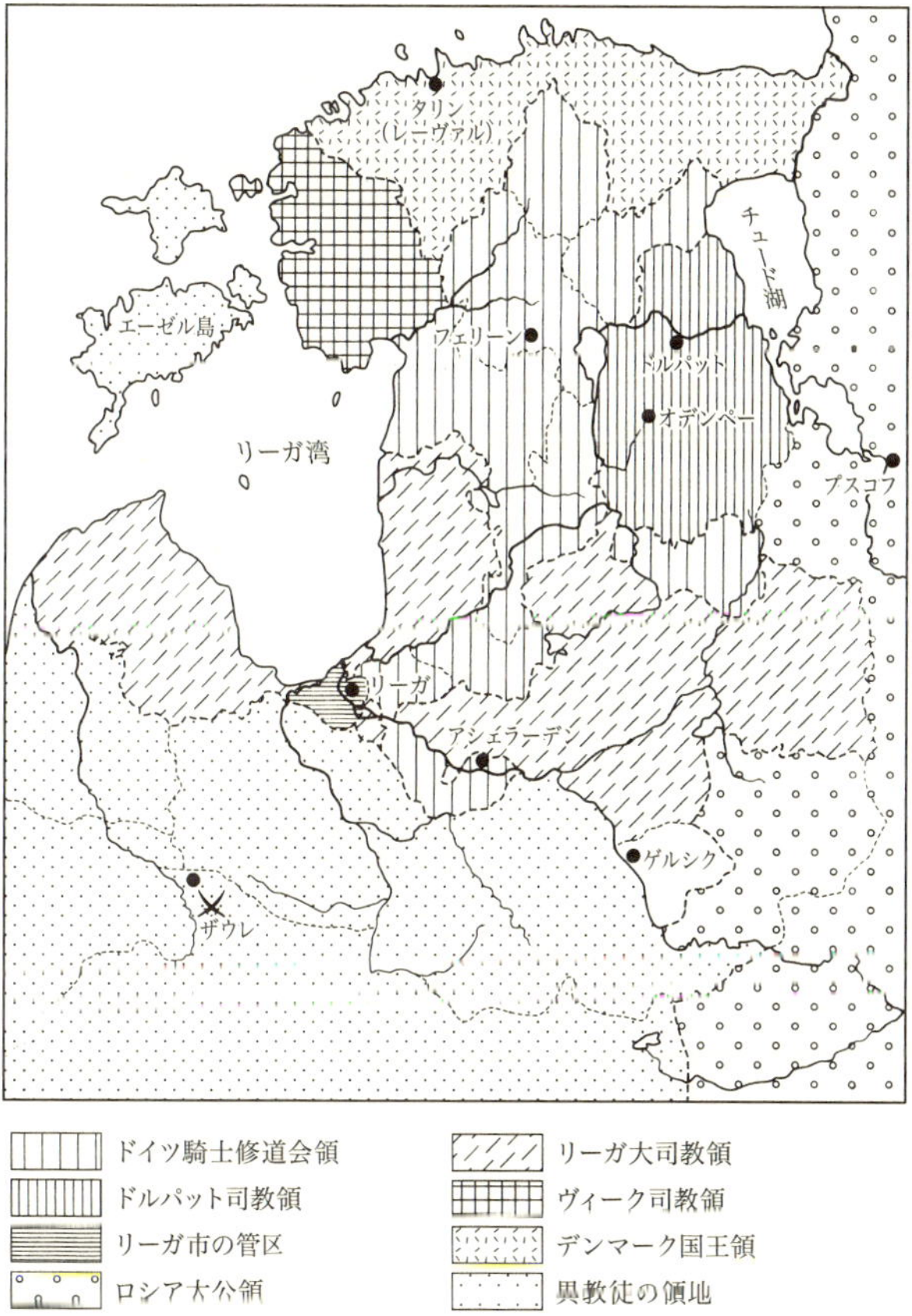

刀剣騎士修道会併合直後（1238）のリヴォニア・エストニアの勢力圏

ージェ）と呼ばれていた。一二四〇年代の初頭、ここに、一人の興味ぶかい支配者が登場する。彼の名をスヴァントポルクという。

ドゥスブルクによれば、彼は、「面倒と破滅の息子」であり、「欺瞞《ぎまん》と陰謀にみちた心」の持ち主であった。というのも、彼は、スヴァントポルクはキリスト教徒であり、当初は十字軍にすら参加していたが、後にプロイセン人たちと結託して、ドイツ騎士修道会に多大な打撃をあたえたからである。むろん、スヴァントポルク自身にしてみれば、それは、新興勢力である騎士修道会と修道会に続く入植者たちが彼にあたえた不信と脅威の結果であり、やむにやまれぬ選択であった。

理由はいくつか考えられる。まず、ドイツ騎士修道会と十字軍によって開拓されたトルン、マリエンヴェルダー、エルビング（現エルブロンク）のドイツ人入植者の商業活動が遠因として挙げられる。彼らの活動は、明らかにスヴァントポルクの商人たちを圧迫していた。彼は、その経済的基盤を守らねばならなかった。

しかし、それ以上に決定的だったのは、修道会がヴィスワ川河口での航行の統制権を彼から奪う決定を下したことであった。スヴァントポルクは、これに対抗するために、プロイセン人たちと同盟を結ぶことを決断し、これに成功した。一二四二年のことである。

決起

スヴァントポルクは、騎士修道会の近隣の要塞を攻撃し、これを落とし、多数のキリスト教徒を殺害した。これを見て、一二四三年、騎士修道会総長はローマ教皇に、「プロイセンにいま根をはりつつある信仰がスヴァントポルク公の圧政のもとで苦しんでいる」と訴えた。ローマ教皇は、リヴォニアやエストニアにも立ち寄った、あのモーデナのウィリアムを特使として派遣した。

到着したウィリアムが勧告したにもかかわらず、公は「ますます悪につかり、キリスト教徒たちを陸や海で圧迫した。要するに、なしうるかぎり、彼はある者たちからその財産を奪い、ある者たちを捕虜とし、その他の者たちを殺害した[14]」。

ウィリアムはこれを見て、公にまったく改善の跡がみられず、教会の教えに戻ろうともしないので、「この暴君とその配下の者たちがともに犯した悪を糺《ただ》すために、そのために定められた国や地方で教皇の権威によって十字軍とその参加を説き、十字軍士とドイツ騎士修道会士に対して……公の残酷で不正な迫害にさらされた、キリストの信仰とプロイセンの教会を彼らの力で今後守るように命じた」。

スヴァントポルクは、新たにキリスト教徒になった人びとを、ふたたび異教の世界に戻し、騎士修道会と戦うように命じた。プロイセン人は彼を指導者に祭り上げた。彼らは、「ドイツからプロイセンの援助のためにやって来ていた昔からのキリスト教徒たちをすべて殺害し、女や子どもたちを永遠の捕虜とした」。そして、「バルガとエルビング以外のすべての要塞を完全に破壊し、騎士修道会士とキリスト教徒たちを殺害した[15]」。

和平そして戦闘再開

これに対して、ポーランドのクヤウィア公カジミェシュやカリス公ボレスラフが反撃した。騎士修道会はその他の戦士たちとともに、逆にポメラニアを襲い、「その隅々にいたるまで勇敢にかつ厳しく攻撃した。火を放って焼きつくしうるものであればすべて焼き、多くの男たちを殺し、女や子どもたちを捕らえ、多くの戦利品をもって帰還した」。

この事態をみて、スヴァントポルクは和平を望み、その長男のメストウィンを人質に出したうえで、平和条約を締結した。一二四三年の春のことである。

しかし、同じ年の夏、スヴァントポルクは誓約を破り、ふたたび戦いをはじめた。初期の戦いに勝利を収めて、彼は、二千名の戦士を引き連れてクルムに侵攻し、「二日間にわたって夜も昼も、あるものすべてを掠奪し、壊し、燃やした」。

クルムの騎士修道会の騎士や貴族、市民はこれに反撃すべく結集し、両軍が正面から衝突し、騎士修道会側が勝利を収めた。スヴァントポルクは和平の構えをみせつつ、カジミェシュ公の領土クヤウィアを攻撃し、「火と掠奪で幾重にもこの地を荒らし、多くのキリスト教徒を捕らえ、殺し、大量の掠奪品をもって帰国した」。彼は、息子が返却されないかぎり、和平はありえない、と主張した。

屈伏

戦いは続く。一二四五年、教皇の使者、修道院長メッツァーノのオピッツォは、騎士修道会からの訴えをきいて、「暴君に対する十字軍の派遣を決定し、多くの国や地方で教皇の権威によって十字軍を召集するように命じた」。

オーストリア大公フリードリヒは、司厨長ドゥルズィゲルスを多数の騎士とともに派遣し、リヒテンシュタインのハインリヒも十字軍の戦士たちとともに、これに参加した。騎士修道会は、彼らやカジミエシュ公とともに、ポメラニアへと進んだ。彼らは、その地を荒らした。「掠奪と火で襲われなかった空間は一つもない」ほどであった。

これに対して、スヴァントポルクは大軍を集め、騎士修道会と十字軍を追跡した。敵に追いつき、数の点で勝ることを知って、彼は、兵士たちにこう檄《げき》を飛ばしたという。「明朝、われわれは、ポメラニア人とプロイセン人をドイツ人の軛から永遠に解き放つことになるだろう」と。

しかし、戦闘は十字軍側の勝利に終わった。ドゥスブルクの極めて一方的な記録によれば、スヴァントポルクの戦士たちは千五百人もの死者を出したのに、十字軍は一人の死者も出さなかったという。こうして、「修道会の騎士たちと十字軍の戦士たちは、敵の千六百頭の馬、驚くほどの戦利品、光栄ある勝利とともに帰還した」(16)。

その後、休戦と戦争が繰り返されたが、その経過についてはもはや記述するまでもない。一二五二年、ブランデンブルク辺境伯、メルセブルク司教などの十字軍側の支援をうけて、騎士修道会がスヴァントポルクの勢力を圧倒し、ローマ教皇の仲介を得て、一二五三年に平和条約が結ばれたことで、この反乱は落着する。その結果、プロイセンは、ほぼ全域にわたって騎士修道会の支配に服することになった。

クリストブルクの和約

しかし、プロイセン人は、この時、ローマ教皇の仲介によって平和条約を結んでいる。この条約は、プロイセン人にとって、必ずしも不利なものではなかった。というのも、話は少し遡《さかのぼ》るが、一二四〇年代に繰り広げられたプロイセン人の頑強な抵抗を前にして、ローマ教皇は、ドイツ騎士修道会とプロイセン人との間に入り、プロイセン人の利益を一定程度守る形で、和平を推進していたからである。

教皇の試みは、改宗した新キリスト教徒の権利を守ろうとするものであった。教皇はこの当時、騎士修道会に対して不信を抱きはじめていた。騎士修道会は教皇庁のコントロールを離れて、プロイセン人の改宗よりも征服と植民に熱中していたからである。

当初、騎士修道会の異教徒討伐戦争を擁護したインノケンティウス四世（在位一二四三〜一二五四年）も、一二四五年にスヴァントポルクのローマ来訪をうけて以来、プロイセン政策を明らかに変更していた。彼は、スヴァントポルクの話を聞いて、騎士修道会がプロイセン人に対して取っている態度を必ずしも最善ではない、と考えたのである。

異教徒に対して宥和《ゆうわ》策をとることにした教皇インノケンティウス四世は、リエージュのヤコブを特使として派遣した。特使は、教皇の意をうけて、騎士修道会とプロイセン人との間で条約を取り交わすように準備を進めた。こうして、一二四九年、新キリスト教徒の「権利の章典」といわれるクリストブルク（現ジェズゴイン）の和約が取り交わされることになった[17]。

クリストブルクの和約は、画期的な条約であった。画期的というのは、それがなによりもプロイセン人の「自由」を守ることを明記しているからである。

不本意なもの

これは、騎士修道会にとっては不本意なものであった。そのことは、騎士修道会の側に立って記述しているドゥスブルクの『年代記』に条約への言及がまったくないことからも明らかである。

クリストブルクの和約は、対等な当事者間の条約という体裁をとっていた。これ自体、騎士修道会にとって大きな譲歩である。また、この和約は、改宗したすべてのプロイセン人に対して、動産や不動産に対する所有権、相続権、訴訟する権利を認め、植民してきたドイツ人とまったく同一の自由をあたえることを約束している。改宗者には、騎士や聖職者になる道すら準備された。

この条約をうけて、平和的な伝道と改宗が続いた。教会が次々にたてられた。プロイセン人の改宗も進む。この試みは成功するかに見えた。

しかし、次に見る、一二六〇年にふたたび始まった大反乱によって、騎士修道会はこの条約による拘束から解き放たれることになった。というのも、クリストブルクの和約によって守られるプロイセン人の自由は、あくまでキリスト教または騎士修道会の支配下にある限りで、というものにすぎなかったからである。

騎士修道会は、それ以降、ほんの僅かの親修道会派のプロイセン人有力者たちにのみ、和約の自由を認めたに止まった。逆に、騎士修道会によるプロイセン人の抑圧と弾圧が徹底し、植民活動の推進によって、プロイセンは完全にキリスト教化され、またドイツ化されていくことになる。

ドゥルベでの敗戦――プロイセン人の二度めの大蜂起

一二五〇年代の戦いは、ドイツ騎士修道会にとって、順調だった。スヴァントポルクに対する戦闘と並行する形で、騎士修道会は、ザームラントへの征服活動を推進した。ベーメンのオタカル二世（在位一二五三～一二七八年）の助けを借りて進出した一二五五年、プロイセン人が森にちなんでトワングステと呼んでいた場所に要塞を作り上げることに成功した。

この要塞は、ベーメン国王のオタカル二世に敬意を表して、王の要塞（ケーニッヒのブルク）という意味をこめてケーニッヒスベルクと命名された。後にドイツ騎士修道会の本部が置かれ、十八世紀の偉大な哲学者カントがその生涯を過ごしたことで有名なケーニッヒスベルク（現カリーニングラード）は、このようにして誕生した。

しかし、征服活動をすすめるなかで、騎士修道会は一二六〇年七月、隣接する異教徒国リトアニアと衝突、敗北し、順調な征服活動は一時、頓挫《とんざ》した。(18) 逃亡したキリスト教徒の兵士たちは追跡され、さらに多数が殺害された。掠奪品、馬、武器が死体から奪われた。

これが、いわゆる「ドゥルベの敗戦」と呼ばれる重要な一戦である。というのも、この戦いを契機として、その二ヵ月後の聖マタイの祝祭日（九月二十日）に、プロイセン人がふたたび反旗を翻《ひるがえ》したからである。ここに、十五年間（一二六〇～一二七四年）にわたる第二次蜂起の時代が始まる。プロイセン人の指導者は、グランデ（ザームラント）、ヘルクス・モンテ（ナタンギア）、グラッポ（エルムラント）、オテューメ（ポゲサニア）、ディワヌス（バルタ）であった。キリスト教徒に対する反攻に参加しなかったのは、ポメサニア人だけだった。

騎士修道会は完全に守勢に回った。一二六一年のポカルベンの戦いでは、多数のキリスト教徒が殺害された。モンゴル人に対する十字軍を派遣しようとしていたウルバヌス四世は、十字軍士に北へと方向を転換し、ドイツ騎士修道会を救うように呼びかけた。

しかし、一二六四年までに二人のラント長官（プロイセン）が戦死し、ブラウンスベルクとハイルスベルクの要塞は兵糧攻めにあって陥落し、火を放たれた。クロイツブルクとバルテンシュタインの要塞は攻撃され、奪取された。マリエンヴェルダーの要塞すら奪われていた。騎士修道会は、リヴォニアからの援助を得て、強力な要塞であるトルン、クルム、エルビング、クリストブルク、バルガ、ケーニッヒスベルクをなんとか保持することができたにすぎない。

援軍到来

プロイセン人は、勢いをつけた。彼らは、南部や東部のナドロウィア、スカロウィア、サッソウィアなどからくる援軍とともにキリスト教徒と戦い、しばしば勝利を収めた。彼らは、キリスト教徒の軍備と戦闘方法を学び、巧妙に戦う術を知っていた。しかも、スヴァントポルクの息子のメストウィンが、これを助けていた。

川でも野戦でも、プロイセン人は優位に立っていた。ドイツ騎士修道会は危機に陥った。しかし、ウルバヌス四世の呼びかけとプロイセンで多数の要塞が陥落したとの報を受けて、次々と強力な十字軍が到来するに及んで、事態は大きく転換した。[19] やがて、プロイセン人は徐々に追い詰められていく。

一二七二年、マイセン辺境伯ディートリヒは、反乱の一つの要であったナタンギアに侵入した。彼は、「ゲルキンと呼ばれる都市に三日三晩とどまり、日中はナタンギアを火と掠奪によって荒らしまわった」。

「伯がナタンギア人のもとでこれほど多くの殺戮を行ったので、翌年、ナタンギア族は再び信仰と騎士修道会に服従することになった」というほど、伯の攻撃は凄まじかった。キリスト教徒側はさらに攻撃を続けた。一二七三年、ナタンギア族の指導者ヘルクス・モンテ、ワルミア人の指導者グラッポがそれぞれ殺害された。指導者が死んだので「ナタンギア族とワルミア族は再び信仰と騎士修道会に服した」。バルタ人の指導者ディワヌスもまた戦いのうちに倒れた。[20]

第二次大蜂起は、ドゥスブルクによれば、ポゲサニア地方の反乱の終結をもって、一応、終息する。彼はいう。

……騎士修道会のラント長官と騎士修道士たちは、これらの殺人者たちの不法を罰するために軍の全力を結集し、ポゲサニア地方に侵入して、その隅々にいたるまで掠奪と放火によって荒らし回り、男たちを殺し、女と子どもを捕らえて連行した。その上、当時はポゲサニア族の手中にあったヘルスベルク城を攻略し、すべての者たちを捕らえ、殺害した。それ以来、プロイセンに平和が到来した。(21)

これは、一二七四年のことであった。

第三次反乱

しかし、ほぼ決着はついたものの、戦いはこれで終息しなかった。まさにその一二七四年に、ラント長官、ティエルベルクのコンラートは、さらに奥地へと向かった。彼は、「大軍を率いてナドロウィアを放火と掠奪で席巻《せっけん》した」。

コンラートはカメニスヴィカ要塞を襲い、「二百人の男を殺し、女と子どもを捕虜とし、莫大な戦利品を手にいれた。要塞は完全に焼きつくされた」。この戦いは、戦力の差を歴然と示した。それゆえ、ドゥスブルクによれば、この攻撃はキリスト教徒にとって『栄光につつまれている」ものであった。

だが、敗者の運命は過酷だった。

ナドロウィアの男たちはほとんど殺されてしまった。リトアニアに逃げていったわずかの人びとを別として、残された者たちは実質的に自由を奪われ、キリスト教徒に服従せざるをえなかった。その過酷な攻撃と戦争処理のゆえに、この地方は「今日にいたるまで荒廃したままである」とドゥスブルクは伝えている。

続いて、ザームラントの代官ディートリヒは、ラント長官の要請を受けて、スカロウィアの要塞、ラグニットやラミゲ、ラビアウの要塞を落とし、男たちを殺し、女と子どもを捕らえ、捕獲物とともに連行し、要塞に火を放った。ラント長官と騎士修道士たちは、スカロウィア人に「復讐するために結集した。彼らはスカロウィアに到着して、プロイセンに隣接するその場所で隅から隅まで放火と掠奪で荒らし、大量に男たちを殺戮し、女と子どもたちを縛って連れ去った㉒」。

サッソウィアについても、同様のことが実行された。

プロイセン人は、これに対して、三度目の蜂起を試みた。ポゲサニア族は、クリストブルクやエルビングの管区長（コムトゥール）を捕らえることに成功した。しかし、ザームラントのディートリヒは、ただちに反撃し、「無数の男たちを殺し、放火と掠奪によってその地を荒らし、女と子どもを捕らえて連れ去った」。秋に再び実行された攻撃によって、リトアニアへと逃亡したわずかの者を別として、ポゲサニアではすべての人びとが殺されるか、リトア捕虜となった。

スドヴィア族

しかし、今回の反乱の主役は、プロイセン人のなかで唯一残った、しかも「他のどれよりも強い」と形容されたスドヴィア族（ヤトヴィンギア族）であった。彼らは、クルマーラントを襲い、放火と掠奪でその地を荒らした。

これに対して、ドイツ騎士修道会はシェーンブルクのヘルマンを管区長として派遣した。ヘルマンは寡兵《かへい》をもってよくスドヴィア族兵士と戦った。その損害にたまりかねて、スドヴィア族の首長、スクマントは、一二七七年十月二十一日、彼らの兵士四千名とリトアニア人兵士を引き連れて、クルマーラントに侵攻した。

彼らは、グラウデンツ、マリエンヴェルダー、クリストブルクの要塞に向かい、彼らに敵対したものを殺し、捕らえ、焼き放った。「その後、彼らは、キリスト教徒とその他の物からなる大量の捕獲物とともに退却した(23)」。

ドイツ騎士修道会はこれにただちに反撃した。「ラント長官、騎士修道士、ティエルベルクのコンラートと多数の騎士修道士は、千五百名の騎兵とともにスドヴィアを襲い、キュメノウという地域を荒らした」。彼らは多数の人びとを殺し、十名もの人びとを物とともに捕獲した。スドヴィア族の兵士三千名がこれと戦ったが、騎士修道会側が勝利を収め、安全に帰国した。

この時点で、すでに軍事力の差異は歴然としていた。キリスト教徒側の戦力は明らかにスドヴィア族のそれを上回っていた。スクマントの本拠地クラシマすら、ラント長官であるマンゴルトによって一二八〇年に襲撃され、火を放たれるありさまだった。その攻撃に耐え兼ねて、彼は、いったんはロシアに逃れたが、亡命生活に疲れ、故郷に戻って「彼の家と従僕のすべてとともにキリスト教の信仰と騎士修道会に服従した」という。

最後に、クメノヴィアのスドヴィア族の首領、イェディトゥスが彼の家とその下僕そして千五百人のスドヴィア人とともに降伏し、洗礼を受けた。他の部族の首領であるスクルドはその一族とともにリトアニアへと亡命した。「こうして、スドヴィアは、今日にいたるまで荒廃したままである[24]」。

征服の終了

プロイセン人の反乱はこうして一二八三年に終了する。ドイツ騎士修道会と十字軍は、この過程で多数のプロイセン人を殺し、奴隷化し、財産を奪い、土地を荒廃させた。少なからぬプロイセン人が、この攻撃を逃れるためにリトアニアへと逃亡した。大量の難民が発生した。

プロイセン人が殺され、逃亡した跡地は荒野となった。しかし、その荒れ地に入り、耕し、自己の土地としていったのが、ドイツ人入植者である。彼らの優れた農業技術はプロイセンで歓迎され、彼らの存在は確固たるものとなっていった。

プロイセン人は、明らかに差別される存在となった。クリストブルクの和約で約束された権利はもはや一般のプロイセン人には適用されなかった。プロイセン人は、騎士修道会、キリスト教を受け入れ、その自由を放棄する時にのみ生存を保証された。彼らは、騎士修道会、ドイツ人、修道会に協力したプロイセン人貴族、聖職者の事実上の農奴となった。

不信と差別――平民と貴族の人命金が同じ

不信と差別は明らかに生じた。入植者とプロイセン人が同じ酒を汲み交わす時には、まずプロイセン人が飲まねばならなかった。毒が入っていないかを確かめるためである。

法的には、たとえば、人命金（殺人事件において、加害者側が被害者側に対して支払う賠償金）の制度にも差別は反映している。人命金の額が、身分と人種によって異なっていた。

ポメサニアのプロイセン人のための「プロイセン人法」によれば、「プロイセン人が自由人であるドイツ人を殺した場合」、土地を持たないドイツ人については八マルク、小土地所有者については十二マルク、完全に権利能力をもつ植民者については三十マルクの人命金が定められているのに対して、先住プロイセン人の場合、その人命金は首長については六十マルク、貴族については三十マルク、平民については十六マルクであった。農場や都市の土地を有する平民のドイツ人入植者とごく少数のプロイセン人貴族との人命金が同額だった。これは明らかに、ドイツ人を優位に置く規定であった。

プロイセン人がやがて、独立した種族であることを止めるのは時間の問題だった。彼らは、キリスト教徒たちに同化するしかなかった。長い年月をへて、その同化は完成する。しかし、その時、固有の領土や制度はいうまでもなく、固有の文化も消滅する。

ここでも、言葉にそれははっきりと現れる。プロイセン語は、リトアニア語やラトヴィア語に近いバルト語に属したが、ドイツ人入植者によって圧倒され、十七世紀までに使われることはなくなってしまった。

ある記録によれば、一六七七年に、クールラントのスピッツに住んでいた、一人の独身の老人が死んだ。この老人こそプロイセン語を知っていた唯一の人物であった。彼の死とともに、プロイセン語もまた死んでしまったのである。[25]

3　ロシアとの衝突――アレクサンドル・ネフスキー

北のギリシア正教会

一二三七年に、リヴォニアの刀剣騎士修道会を傘下に収めたドイツ騎士修道会は、その東のフロンティアにノブゴロドつまりロシアを有することになった。エストニアとリヴォニアは、すでに記したように、カトリック勢力とギリシア正教会勢力とがしのぎを削りあう舞台でもあった。その競争は対立を生み出し、言葉ではなく武力による争いをもたらした。

その背後にはローマがある。ある意味ではまったく奇妙なことに、ローマ教会は東のキリスト教徒であるロシアのスラブ人たちに対して、十字軍の派遣すら決定し、実行している。

このノブゴロドへの十字軍のなかで中核を構成することになったのが、ロシアと直接対峙《たいじ》することになったドイツ騎士修道会である。

リヴォニアやエストニアで出会った西と東の教会は、当初は協調的だったらしい。リヴォニアに最初の足跡を印したマインハルトも、ロシアの侯爵に対価を払ってはいるが、その足下でカトリックの布教活動に従事している。君侯の家系相互のあいだでの婚姻関係の締結は日常的であったし、ゴトランドやノブゴロドでは二つの教会が混在していた。

この融和的な関係が崩れるのは、やはりリヴォニア司教アルベルトの武力による（カトリック）キリスト教化の試みの結果であった。

第四回十字軍以降……

アルベルトはかつてロシアの諸侯が有していたラトヴィア人やエストニア人に対する支配権を簒奪《さんだつ》し、彼らに十分の一税を課し、徴収しようとした。多数のドイツ人が植民し、リヴォニアやエストニアは急速にカトリック化していった。ロシア人諸侯はこれに怒りを覚え、しばしば、従来から付き合ってきた先住民とともに、リーガの軍隊と戦っている。

一方、エストニアやリヴォニアにおけるロシア側の態度は、ヴェンデ人に対する一二〇〇年以前のザクセン大公やその他の西側の君侯、貴族と異ならなかった。彼らにとって大切なのは物質的利益であって、ギリシア正教の伝道ではない。彼らは、ドイツから植民してきた新しい住民との交易で利益を挙げることができたし、政治・軍事的にもロシア内部の紛争の方に勢力を殺《そ》がれていた。

リーガもまた、ロシアという強大な勢力とあえて事を構えるのを望まなかった。したがって、アルベルトの登場とともに、ドイツ人とロシア人双方の協調的な関係は壊れてしまったが、両者の間にただちに敵対的な戦争状態が発生したわけではなかった。まして、同じキリスト教徒であるロシア人にたいして、リヴォニアやエストニアのキリスト教徒たちが十字軍の派遣を考えることはなかった、といってよいであろう。

しかし、第四回十字軍がコンスタンティノープルを占拠して以来、インノケンティウス三世をはじめとするローマ教皇はカトリックの支配を東方教会にも及ぼそうとする試みに着手する。西と東の教会は各地のフロンティアで厳しく対峙することになった。その北の舞台の双方の司令塔は、リーガの司教座とノブゴロドの大司教座であった[26]。

ノブゴロドへの十字軍

伝えられる記録によれば、ローマ教皇が明確にギリシア正教と敵対したのは、一二二二年だった。プロイセンへの十字軍を認めたあのホノリウス三世が、ギリシアの儀式に従い、カトリックを憎み、祝祭日を守らない「無礼者」にして「分離主義」であるロシア人との間に妥協の余地のないことを公言したのはこの年だからである。彼はいう。

余は命ずる。これらのロシア人たちは、首長であるローマ教会から離れてギリシア人たちの儀式にしたがってきた、まさにその地において、カトリックの儀式にしたがうように強制されねばならない(27)。

やがて、カトリックの兵士たちは、エストニアからさらに東へと進みはじめた。一二二四年、リーガの軍隊がリヴォニアのフェリーン東方にある、ロシアのドルパットを落とし、この地に聖ペテロを祭る司教座を設けた。しかし、ネフスキーの父のヤロスラフ公が一二三四年に逆にドルパットを襲い、カトリックのフィンランドへの伝道活動をも妨害しはじめた。

これに対して、一二三七年、ローマ教皇グレゴリウス九世の特使としてモーデナのウィリアムが派遣された。ウィリアムは戦うことを決意し、分離主義者たちの中心都市、ノブゴロドに対する十字軍の派遣を準備した。

グレゴリウス九世の「分離主義者」に対する十字軍は、一二四〇年、スウェーデンのネヴァ川侵攻、デンマークと騎士修道会によるイズボルスクとプスコフの占領によって実行に移された(28)。

この年は、ノブゴロドに侵攻する絶好の機会であった。ノブゴロドは二つの点で容易に反撃しえない状況にあったからである。

第一に、後に(一二四三年)キプチャク汗国《かんこく》を興したバトゥを総帥とするモンゴル人の攻撃が迫っていた。一二三八年に、モンゴル人はノブゴロドにあと約百キロメートルという所まで進撃していたが、彼らはその地点に止まり、やがて、南に転進していた。彼らがどう動くかは、なおその時点では不明だった。

第二に、ノブゴロド公アレクサンドル・ヤロスラフスキーは、他のロシアの君侯ともノブゴロドの貴族や市民とも不和であった。ノブゴロドは総力をあげて戦う態勢を整えていないように思えた。

月曜日の朝を迎えることなく

しかし、事はなかなか思惑《おもわく》通りには運ばない。スウェーデン軍の侵攻について『ノブゴロド年代記』は次のような記録を残している。

（一二四〇年）スウェーデン人が彼らの貴族、司教とともに到来し、ネヴァ川の河口イズヘラに停泊した。彼らは、ラドガを、あるいは要するにノブゴロドを、そして全ノブゴロド地方を獲得しようと望んでいた。しかし、再度、最も親切で慈愛に満ちた神、人の愛せし者は、われわれを異邦人から守られた。というのも、スウェーデン人がラドガにやってきたというニュースがノブゴロドに達すると、アレクサンドル公は、ノブゴロドとラドガの男たちとともに直ちに駆けつけてきたからである。彼らは、七月十五日に聖ソフィアと神の聖なる母および処女マリアの祈り手たちの力によって、このスウェーデン人たちを打ち破った……。スウェーデン人に対する大殺戮が行われた。スピリドンという名の彼らの指揮者は殺され、彼らの司教もそこで殺害された。非常に多くの兵士たちが死んだ。残っ

た者たちは……月曜日の朝を迎えることなく、その夜、恥辱のうちに逃げ去っていった。(29)

本書のはじめに紹介したように、この日のネヴァ川での勝利によって、アレクサンドル公は後に「ネヴァ川の」という意味で「ネフスキー」という称号で呼ばれるようになった。スウェーデンの派遣した十字軍は完敗し、ロシアは一人の伝説的英雄を得たのである。しかし、アレクサンドル・ネフスキーの名を不朽のものとしたのは、続いて獲得された、ドイツ騎士修道会に対するチュード湖での勝利であった。

公、かえる

スウェーデンの敗退の後、ドイツ騎士修道会がこの地を襲った。この十字軍は、まずイズボルスクを占領した。

プスコフの戦士たちは、ただちに騎士修道会の戦士たちに向かっていったが、「ドイツ人たちは彼らを打ち負かした。そこで彼らは、市長のガブリロ・ゴリスラヴィッチを殺害し、プスコフの戦士たちを追跡して、その多くの者を殺し、他の者たちを捕虜とした。人々を町の下に追いやって、ドイツ人たちは全域を燃やし、多大な損害を与え、教会、名誉あるイコン、本、聖書を燃やした。彼らはプスコフの周りの村々を破壊した」。その後、プスコフの市長となったのは、親ドイツ派のロシア人であった。

その冬、アレクサンドル・ネフスキーは、ノブゴロドの貴族や市民たちと争い、母や妻たちとともに父ヤロスラフのいたペレヤスラブルに居を移した。争いの具体的内容は不明である。しかし、自立的な都市として威勢を誇っていたノブゴロドの実力者たちと公として実権を握ろうとしたアレクサンドルとの支配をめぐる争いであったことは想像に難くない。

その間隙を縫うかのようにして、十字軍はノブゴロドとフィンランド湾の中間に位置するヴォド地方を占領した。彼らは、ヴォドの人びとに租税を課し、コポリャの町に要塞を建て、ノブゴロドに迫った。切迫した事態を前にして、ノブゴロドの市民たちは、アレクサンドル・ネフスキーを、ふたたび迎え入れることにした。

公はただちに反撃を開始した。一二四一年の秋までに、ヴォド地方から、侵略してきたカトリック教徒たちは追い出された。そして、一二四二年、映画『アレクサンドル・ネフスキー』で有名な、ドイツ騎士修道会との「氷上の戦い」が行われた。

チュード湖氷上の戦い

残念ながら記録は、この戦いの様子を、エイゼンシュテインのみごとな映像の幾分の一ほども伝えてくれない。わずかに利用可能な『ノブゴロド年代記』によれば、それはまずアレクサンドル公によるプスコフの奪回にはじまった。次にその記述を引用してみよう。

アレクサンドル公は、プスコフに通ずるすべての道を占領した。それから、公はプスコフを解放し、ドイツ人とエストニア人を捕らえ、彼らを鎖につないで、投獄するためにノブゴロドに送った。それから、彼はエストニア人たちに自ら向かっていった。……そして、アレクサンドル公は湖（チュード湖）に引き返した。ドイツ人とエストニア人はロシア人の戦士たちを追跡した。これを見て、アレクサンドル公とその戦士たちは湖のそば、カラス岩のかたわらのウズメンで戦十たちを整列させた。ドイツ人とエストニア人が大量に殺害された。……ドイツ人たちはそこで戦死し、エストニア人たちは退いた。戦士たちは、（北西の）スベルから七ベルスタ（約七キロ）の氷上で敵を追跡し、戦った。無数のエストニア人、四百人のドイツ人が戦死した。五十人が捕らえられ、ノブゴロドに送られた。戦士たちが戦ったのは、四月五日の日曜日……のことであった。(30)

おそらく十三世紀に記された、ロシアの「アレクサンドル・ネフスキイ伝」も神の御加護による勝利を強調して、その実態を十分には伝えてくれない。

それは土曜日であった。太陽のさしのぼるころ、両軍が衝突した。はげしい戦闘がおこり、槍のくだける音、切りむすぶ剣のひびきは凍った湖をゆるがさんばかりであった。湖の氷は見えず、一面血でおおわれた。

ある目撃者から聞いたところでは、このとき神の軍勢が中天にあらわれ、アレクサンドルに加勢するのが見えたという。こうして公は神の御助けをもって敵をやぶり、敵は退却をはじめた。味方は宙を行くごとく追いかけて、敵を切り殺した。相手には逃げこむ場所さえなかった。ここで神は全軍のまえでアレクサンドルの栄光をあらわされた。……

アレクサンドル公は栄えある勝利をおさめて凱旋した。公の軍勢のなかには数多くの捕虜がいた。「神の騎士」と名乗る者どもが、馬のわきをはだしでひかれてきたのである。[31]

いずれの記録も、ロシア側がドイツ人とエストニア人の強力な侵略軍を大量に殺害、捕獲したように伝えている。

一方、『リヴォニア韻文年代記』によれば、騎士修道会はプスコフを維持するためにわずかに二名の騎士しか残さず、アレクサンドル公の勝利も兵力の圧倒的な差に由来したにすぎない。その数の差は六十対一で、そのために騎士修道会軍はスラブ人たちによって完全に包みこまれてしまったという。

さらに、修道会側の被害の面でも、エストニアから来た戦士たちは逃れることに成功したし、死者も騎士修道士が二十名で、捕虜となったのも六名でしかなかった、とも記されている。[32]

私には、ロシアとドイツの年代記のいずれがより正確な情報を伝えているかは、確定できない。しかし、騎士修道会の側が数的に劣勢であった、というのはほぼ確実と考えてよいであろう。騎士修道会が、教皇の十字軍派遣に応じたのは、多分に儀礼的なものであり、本格的にロシアの征服と植民をめざしたとは思われないからである。

東における「ヨーロッパ」の拡大の停止

騎士修道会は、一二二〇年代の後半には、ローマ教皇に「借り」があった。というのも、騎士修道会は一二三七年に刀剣騎士修道会を吸収して以来、エストニアの領有をめぐってデンマークと対立し、教皇の援助を仰いだからである。タリンすら一二二七年から刀剣騎士修道会の支配下におかれていたので、デンマークとの軋轢がそのままドイツ騎士修道会に引き継がれた。

一二三八年、教皇の仲介で、エストニア北部のほぼ半分はデンマークに、残りのおよそ南半分とリヴォニアが騎士修道会に委ねられることが確定した。ドイツ騎士修道会は、リヴォニアと南エストニアにおける安定した勢力として受け入れられた[33]。

騎士修道会は、ローマ教皇が「分離主義者」に対する十字軍を宣告した時、プロイセンで必死に征服活動を行っていた。アレクサンドル・ネフスキーに敗れた一二四二年は、騎士修道会を十年以上ものあいだ悩ませることになるスヴァントポルクがプロイセン人と同盟を結んだ年であった。騎士修道会には、この時点でノブゴロドで全力をあげて戦う余裕もその意志もなかった、と考えるべきであろう。

チュード湖「氷上の戦い」は、スケールの点からみると、それほど大きなものではなかったと思われる。しかし、その歴史的意義は少なくない。なによりも、この戦いによって、ドイツ騎士修道会が東への展開を完全に断念したことは重要である。その結果、東北部における「(カトリック)ヨーロッパ」とギリシア正教会世界との境界線がほぼ確定した。

たしかに、その後もスウェーデンはノブゴロドに十字軍を送っている。クリスチャンセンによれば、一二九五年から一三七八年は「ノブゴロドへの十字軍」の時代であった。また、ローマ教皇アレクサンデル六世は、一四九六年の六月二十二日に、スウェーデンで兵士を募集するための十字軍の最後の教勅を発布している(34)。

しかし、それらの活動もまた、結局、カトリック・ヨーロッパの拡大に資することはなかった。「ヨーロッパ」の拡大は、チュード湖とプスコフをつなぐ線上で停止した。

ドイツ騎士修道会は、ノブゴロドへの侵攻を完全に断念して、その全精力をプロイセンとリヴォニアに、そしてその両者を分断しつつ修道会に大きな脅威をあたえつづけたリトアニアに振り向けることにした。その最初で最大の成果はプロイセンの征服であった。リヴォニアもまた、刀剣騎士修道会の吸収によって、その支配下に収まっていた。

残る最大の敵は、強大な隣接する異教国家リトアニアである。ドイツ騎士修道会は、このリトアニアと十三世紀後半から連綿と戦いつづけ、やがて運命的な「タンネンベルクの戦い」を迎えることになる。

第五章　タンネンベルクの戦い

1　終わりなき戦闘

大国リトアニア

ドゥスブルクの『プロイセン年代記』によれば、一二八三年にプロイセンの征服事業を完成させたドイツ騎士修道会は、その年、「かの強力な、厳しく抵抗し戦争に長《た》けた種族」であるリトアニア人との「戦いを開始した」。

しかし、彼らとの戦いは明らかにそれよりも早くから始まっている。リトアニア人は、リヴォニアやエストニアの征服事業を進めていた、リーガの司教や十字軍、刀剣騎士修道会やドイツ騎士修道会としばしば邂逅《かいこう》、交戦し、「ヨーロッパ」の拡大運動をその当初から脅かす存在であった。

また、彼らの国リトアニアは、キリスト教徒に敗れたプロイセン人、エストニア人、ラトヴィア人が逃げ込んで行く、安全な避難場となっていた。というのも、十二世紀の後半には、リトアニアはすでに大国といってよい存在になっていたからである。それは、ドイツ騎士修道会の十字軍国家とほぼ互角に戦いうる強大な異教徒国家であった。十三世紀後半から十五世紀初頭にいたるまで、ドイツ騎士修道会はこのリトアニアとその存亡をかけて戦いつづけることになる。

時間稼ぎ

リトアニアも、アルベルトが伝道事業を開始したころは、他のバルト人たちと同様に、複数の部族が割拠する状態にあり、まとまりをもった国家ではけっしてなかった。信仰もプロイセン人と同じく、生と死のあらゆる局面に登場する多くの神々を有していた。主要な神としては、不運の神、死者を守る神、天上の神、森の女神などがある。

しかし、地勢が峻険で、食料や鉱産物にとくに見るべきものがなかったため、キリスト教徒もこの異教徒たちにあまり関心を払わず、リヴォニアやエストニアへの伝道と征服を優先した。リトアニア人は、生産性の低い農業と隣接するリーヴ人やレット人からの掠奪によって生計をたてていた。

しかし、リトアニアは、時間を稼ぐことができた。隣接するプロイセンやリヴォニアが次々と征服されるのを目のあたりにして、諸部族は協調への気運をもった。さらにロシアやとくにモンゴルの勢力が切迫した恐怖をあたえる状況のなかで、危機感は増幅されていた。

このような状況の中から、諸部族を巧みに組織化し、軍事力を強化し、リトアニアを独立した種族へとまとめあげ、今日にいたるまでリトアニアという国家と、独自の言語であるリトアニア語を存続させることに成功した偉大な支配者が登場する。彼の名をミンダウガス（在位一二四六〜一二六三年）という。

英主ミンダウガス

ミンダウガスの生年は不明である。しかし彼は、十三世紀の中頃、二十名ほどいたという他の有力な諸侯を抑えて、リトアニアの統一化を推進した。これは、プロイセン、リヴォニア、エストニアの先住種族がついにできなかったことであった。彼は強力な君主であった。『ガリーチ・ヴォルイニ年代記』という当時の歴史書は彼について次のように記している。

ミンダウガスは全リトアニアの専制君主であった。……彼がリトアニアで統治を始めたとき、彼は彼の兄弟と甥を殺そうとしていた。彼は他の者たちをリトアニアから追放し、全リトアニアを一人で統治しはじめていた。彼は非常に高慢になり、虚栄心に満ちるようになった。彼はいかなる者も彼と同等であるとは考えなかった。[1]

彼は、リトアニアの自由人たちを彼のために戦わせる体制を整えた。彼の騎士たちはモンゴル軍の騎馬戦術を修得し、歩兵は槍と斧をもち、レット人の傭兵は弩《いしゆみ》を用いた。彼の軍は強力であり、彼の支配への意志は強烈だった。

彼はリトアニアでの権力を維持するためにドイツ騎士修道会の力を利用することさえ厭《いと》わ

なかった。それどころか、単なる妥協以上のことをした。彼は、その力を借りるために、それと引換えにその数六百といわれる騎士たちとともにカトリックの洗礼を受けた。一二五一年のことである。のみならず、彼は、騎士修道会に多くの土地を寄進し全リトアニアへの上級支配権をあたえることすら約束した。彼は、さらにインノケンティウス四世から王冠を戴き、ドイツ人の商人、修道士、植民者を受け入れた。

ふたたび異教の国に

しかし、この約束は実現されなかった。リトアニアに侵略する口実を失うことを恐れたドイツ騎士修道会は、この動きに乗らなかった。騎士修道会は、ローマから司教が派遣されることすら妨害した。インノケンティウス四世は、リトアニアの平和的改宗の可能性を重く見て、積極的に支援し、騎士修道会に自重を要請したが、無視されてしまった[2]。

しかし、リトアニアの多数の民衆は、形式的なものであれ、とにかく大公のカトリックへの改宗に激しく反発し、大規模な反乱を起こした。国内は混乱した。ミンダウガスは、もはや彼の一族の者たちがプロイセンに侵攻することを止めることすらできなかった。

一二六〇年、「ドゥルベの戦い」でリトアニア軍がドイツ騎士修道会軍を大敗させたのは決定的だった。ミンダウガスはついにキリスト教を放棄し、アレクサンドル・ネフスキーと同盟を結んだ。一二六二年、リトアニアはふたたび異教の国となった。

その翌一二六三年、ミンダウガスは親族によって暗殺され、その生涯を終えた。奇しくも、アレクサンドル・ネフスキーが死んだのと同年のことである。

シーソーゲーム

リトアニアは、ミンダウガスのもとでドイツ騎士修道会に対抗するだけの力を獲得した。したがって、十三世紀後半に繰り広げられたドイツ騎士修道会とリトアニアとの戦争は、互いに勝ち負けを繰り返すものとなった。その戦いのなかで、騎士修道会の指揮官が捕らえられ、公開の場で焼き殺されるか、煙で窒息死させられることも少なからずあったという。民衆の前で敵の有力者を殺害するのは、キリスト教の神が劣るさまをリトアニアの民衆に示すためである。

リトアニア軍はリヴォニアに侵攻し、一二七〇年にカルキ、一二七九年にアシャリデで、騎士修道会は一二七二年ドゥベナー、一二七八年ドューナブルク（現ダウガウピルス）で勝利を収めた。ドゥスブルクの伝える一二八三年以降の騎士修道会の攻勢もリトアニアを屈服させることはできなかった。

それどころか、一二九八年、故アルベルトの勢力に属する自治都市リーガの市民が、リーガをも支配下に置こうとする騎士修道会との対立から、ミンダウガスの孫にあたる大公ヴィテヌスと同盟を結び、ヴィテヌスをリヴォニアに呼び寄せるという事態すら起きた。

こうして、リーガに入ったヴィテヌスはドイツ騎士修道会のリヴォニア司令部を破壊した。さらに、翌年、キリスト教徒にとって、事態はさらに悪化する。ドゥスブルクは、それをこう伝えている。

ヴィテヌスは（リヴォニアの要塞）カルクスを征服し、多数の騎士修道会士とその従者たちを捕らえ、放火と掠奪で町を破壊した。彼がまさにリトアニアに帰還しようとしたとき、騎士修道会士、ラント長官であるブルーノが少数の兵士たちとともにこれを追跡し、ガウヤ川に近い海岸でヴィテヌスを急襲した。六月一日のことである。敵の手からほぼ三千名のキリスト教徒を解放し、八百人もの異教徒を殺害したが、ヴィテヌスはついに優位にたち、ブルーノと騎士修道士二十二名および千五百名のキリスト教徒を殺害した。(3)

ヴィテヌスは、さらにプロイセンに攻め込み、多くの植民者を殺し、捕虜としてリトアニアに連れ去った。この事態に危機感を覚えた騎士修道会は総長とドイツの君主たちに十字軍の派遣を訴えた。十字軍は、こうしてドゥスブルクの伝える限りでも（一三二六年まで）、一三〇四年、一三〇七年、一三一六年、一三二二年、一三二四年に派遣されることになる。しかし、ドイツ騎士修道会が十字軍を求めた理由は単に戦力の強化の問題に尽きない。

リーガとの争い

ヴィテヌスがリトアニアに帰国した後、ドイツ騎士修道会軍とリーガの市民軍が戦い、リーガが敗れるという事態が発生した。リーガにふたたび騎士修道会が戻り、市民を殺害し、家を焼き、彼らの本部を再建して、リトアニアとの交易を独占したのを見て、リーガ市民はローマ教皇ボニファティウス八世（在位一二九四～一三〇三年）にその不法を訴えた。リーガの大司教も同じく、ドイツ騎士修道会の横暴ぶりを教皇に訴えた。騎士修道会は、むろんこれに反論した。

リーガの大司教はこう主張した。ドイツ騎士修道会は異教の先住民を改宗させるためにリヴォニアをあたえられた。にもかかわらず、彼らはその事業を助けるどころか、改宗した人びとを抑圧し、他の異教徒たちが洗礼を受けることを妨げている。リトアニアのミンダウガス大公がキリスト教から離れたのも、その責任は騎士修道会にある。彼らは「野蛮で残虐かつ専制」的で、リヴォニアの司教たちの存在を認めず、暴虐の限りを尽くしている、と。

リーガの大司教の訴えは、当事者のものである。したがって、その主張をそのまま鵜呑《うの》みにするわけにはいかないかもしれない。しかし、当時の知識人の中には、ドイツ騎士修道会の征服戦争の方式に疑念を持つ者は少なくなかった。例えば、フランシスコ会の修道士であったロジャー・ベーコン（一二一四～一二九四年）もその一人である。彼は、説教こそ改宗の唯一の方法であるにもかかわらず、騎士修道会は「全面的な支配権」を求めて戦うためにかえってキリスト教の伝道を妨げる、と言いきり、名指しでドイツ騎士修道会を次のように批判した。

プロイセン人やその他の隣接する種族に属する人々は、もし教会が彼らにその自由の保持と財産の平和な所有を積極的に許すならば、喜んでキリスト教徒となるであろう。しかし、異教徒の改宗のために働いているキリスト教の君主たち、とりわけドイツ騎士修道会は彼らを奴隷に落とそうと望んでいる。このことは、全ドイツのドミニコ会の修道士、フランシスコ会の修道士、その他の善良な人々が知っている。(4)

騎士修道会は、それゆえ、リーガの大司教に対して、急いで反論しなければならなかった。大司教の論理は、ヨーロッパの知的世界の、一つの勢力の論理を表現していたからである。それは、地域的な紛争の次元にとどまらない、騎士修道会の存在にかかわる意味をもっていた。

騎士修道会の反論

反論はいう。われわれは教皇の教勅によってあたえられた権利を行使しているにすぎない。土地と富をわれわれにあたえたのは教皇であり、われわれはそのために血の代価を払ってきた。司教が自身の支配権の確認を訴えているクールラントだけでも、二百人の騎士修道士とその従者二千人が死んでいる。市民を殺し、伝道を妨害した、などという主張は誹謗《ひぼう》にすぎない。

リトアニア人と交易したのは事実であるが、これは一二五七年に教皇によって認可されたもので、戦時には行っていない。むしろ、平時、戦時を問わず彼らと商取引を行い、武器を売り、同盟すら結んだのは、リーガの市民たちではないのか。伝道ということに関していえば、結果が修道会の正当性を証明している。リヴォニアでは一万人もの異教徒がキリスト教に改宗したが、騎士修道会が力をもたないエストニアやロシア、セミガリアでは、背教、分離主義、異教が跋扈《ばっこ》している。

騎士修道会の存立は、異教徒との戦い、伝道の使命の推進という一点にかかっていた。少数で異教徒の地を支配し、強力な隣接する異教徒国家と戦い抜くには、外部からの支援を必要とした。それが十字軍である。そして、十字軍を引き寄せるには、異教徒と信仰のために戦うことが必要であった。それゆえまた、十字軍の派遣ほど、ドイツ騎士修道会の存在意義を明示するものはなかった。

十字軍の派遣は、ドイツ騎士修道会とその征服政策の認知を意味した。十字軍は、ドイツ騎士修道会国家にとって不可欠のものだった。

ヴェネツィアからマリエンブルクへ

リーガの大司教や市民たちの訴えをかわして、十四世紀を迎えたドイツ騎士修道会は、危機を脱したかに見えた。しかし、一三〇七年、全ヨーロッパを震撼《しんかん》させる出来事が勃発して、ドイツ騎士修道会もけっして安全ではないことが明らかになった。

一二九一年に聖地の最後の拠点アッコンが陥落した後、フランスにあったテンプル騎士修道会の騎士修道士が同年、全員突如、逮捕された。異端を理由とする逮捕とそれに続く拷問と自供は、フランス国王フィリップ四世（美王。在位一二八五〜一三一四年）によって推進された。ローマ教皇クレメンス五世も同年十一月二十二日にヨーロッパの全君主にテンプル騎士修道士の逮捕を命じた。修道会の財産は没収され、一三一二年に修道会は解散させられた。一三一四年には総長が火刑に処せられた。この突然の災厄は、フィリップ美王がテンプル騎士修道会の財産を狙ったものといわれる。

信じがたいほど容易にテンプル騎士修道会が滅びていくのを目のあたりにして、ドイツ騎士修道会は緊張した。フランス国王フィリップ美王は、ヨーロッパのすべての騎士修道会を解散して、自己の管轄のもとにおくように主張していた。テンプル騎士修道会の行為が異端とされるのであれば、ドイツ騎士修道会の数々の問題行動はより容易に告発の対象となるであろう。

テンプル騎士修道会と同じ運命に陥るのをさけるために、ドイツ騎士修道会は、その本部にあたる総長の居所をアッコン陥落以来のヴェネツィアから、他の世俗権力や教皇権力が手出しできない彼らの支配地であるプロイセンのマリエンブルク（現マルボルク）へと移すことに決定した。一三〇九年九月から、ドイツ騎士修道会総長はマリエンブルクに居所を構え、修道会の全活動を統括することになった[5]。

騎士修道会国家の宿命

ドイツ騎士修道会は、東ポメラニアの領有をめぐって、ポーランド国王とも争っていた。

ポーランド国王は、特別税をローマ教皇に支払っていたので、ポーランドとローマの利害は一致していた。この面でも、騎士修道会はプロイセンにその力のすべてを結集しなければならなかった。力があるかぎり、いかなる権力もこの騎士修道会国家を破滅させることはできないからである。

しかし、騎士修道会国家は特異な国家であった。ドイツ騎士修道会は、キリスト教を守り広めるための組織、異教徒と戦うことを使命とする、いわば軍事組織であった。それが各地から新しい戦力を時には十字軍として受け入れることができたのは、少なくとも建前としてその使命を実現するためにすぎない。だから、騎士修道会は異教徒や分離主義者と戦いつづけねばならなかった。「敵」が常に必要だった。

マリエンブルクには、ドイツ騎士修道会の本部の居所として、壮麗かつ堅牢な城が建築された。このマリエンブルク城は、第二次世界大戦時の空襲によって破壊されたが、現在ではみごとに再建され、一般にも開放されている。ドイツ騎士修道会の隆盛と修道会としての生活ぶりを彷彿《ほうふつ》とさせる、一見に値する建物である。(6)

この城を根拠地として、ドイツ騎士修道会は生存を賭けて、というよりもその生存のために、戦いつづけた。

軍旅（reysa）

十四世紀にほとんど止むことなく続いた、ドイツ騎士修道会とリトアニアとの戦いは、戦場の大会戦で雌雄を決するというものではなかった。それは、中世ヨーロッパの内部で行われたフェーデを彷彿させる一種の「消耗戦」だった。

双方が、相手方の住民を襲い、殺戮するか捕虜とし、奴隷化するか身代金を奪った。また、穀物や金目のものを掠奪するか破壊し、村や家に火を放った。このような戦い方は、少なくともヨーロッパの騎士たちにとって、ごく一般的なものであった。むろん、同様の行為は、すでにリヴォニアでもプロイセンでも行われていた。しかし、ここリトアニアでは、一つのことが決定的に違っていた。

リヴォニアでもプロイセンでも、十字軍や騎士修道会はそのような行為によって攻撃地を征服し、その後にキリスト教徒たちを植民させ、全域をキリスト教化してきた。しかし、一個の種族としてのまとまりを持った国であるリトアニアに対しては、そのような征服戦争は不可能であった。

ドイツ騎士修道会の騎士たちも、十字軍参加者もリトアニアへの進軍とそこでの掠奪と破壊、放火で満足せざるをえなかった。その後、攻撃軍はプロイセンやリヴォニアに帰還した。そうしなければ、反撃され、危険だったからである。それゆえ、このような形での戦闘は「軍旅 reysa」と呼ばれた。

軍旅には冬の軍旅（winter-reysa）と夏の軍旅（sommer-reysa）があった。クリスチャンセンの適切な説明によれば、まず冬の軍旅とは「食料と秣《まぐさ》を馬具の背に乗せた、二百から二千人に及ぶ兵士たちの行う急速な侵略」であった。

その目的は、できるだけ速く侵略地から掠奪し、破壊し、住民を減らすことであった。敵地に到達すると、兵士たちは彼らの食料や掠奪品を貯蔵するために簡単な小屋を建てた。それから、散開して、要塞を奪ったり建築したりせずに、また厳しい反撃をあたえられるほどの時間を費やすことなく、なしうるかぎりの損害を与えようとした。毎日の掠奪の後に、兵士たちは司令部に戻り、一晩をそこで過ごし、翌日、移動した(7)。

夏の軍旅は、プロイセンとリヴォニアのラント長官が計画する、より本格的な攻撃であった。それは、敵の要塞を破壊したり、自身の要塞を構築するために足場を築くことを目的としたが、常に破壊と掠奪を伴った。情報も重視された。騎士修道会はリトアニアに偵察網を構築することに努めた。一三六二年に総長がカウナスを攻撃した時、それは前年の偵察に基づいた行動だったという。

「異教徒との舞踏」

軍旅は、ほぼ一世紀にわたって繰り広げられた。その戦いは、もはや異教徒を殺害するか改宗させるための聖戦ではなく、騎士修道会の存在意義を示すための儀式であり、掠奪と殺戮、破壊のための遠征でしかない。しかし、それはなお、ヨーロッパの各地から十字軍士を引き寄せることには成功した。むろん、魂の救済も掠奪もそれなりに魅力的であったろう。

しかし、それだけではない。

一例を挙げよう。一三七七年の十字軍は、オーストリア大公アルブレヒト三世によって率いられたが、大公はその時、二千人の騎士と一人の詩人を引き連れて参戦した。その詩人の名はペーター・ズーヘンヴィルトという。詩人は、五百行からなる戦いの詩を書き記した。この詩は謳う。大公の軍は、旗を風に靡《なび》かせつつリトアニアに入り、敵と遭遇した。この「異教徒との舞踏」によって、大公は六十名もの敵を殺し、村に火を放った。大公は勝利を祝して騎士の叙任を行い、異教徒狩りを続けた。男を殺し、女と子どもを捕虜とした、と。(8)

軍旅の魅力は、中世の騎士のように何の憐憫《れんびん》もなく敵の住民を殺し、焼き、奪うことによって戦う訓練を行い、騎士としての経験を比較的容易に積ませることができることだった。一般の住民に対して、騎士道の働く余地は、まったくなかった。騎士道は騎士相互の規範であり、身分的な倫理にすぎない。騎士に属さない者、まして異教徒に対しては、容赦は一切必要なかった。

「人間狩り」

むろん、ドイツ騎士修道会は、軍旅をあくまでも異教徒に対する戦争と位置づけ、騎士たちの到来と彼らの「異教徒との舞踏」を歓迎した。

とりわけ著名な王侯、貴族は騎士修道会にとって、もっとも望ましい客であった。十字軍としてやってきた国王たちは、実際にリトアニアへと軍旅に出かけることを期待していた。

しかし、雨が多かったり、寒かったりした場合、出かけることは困難だった。そんな場合でも騎士修道会は彼らにサーヴィスして、共にリトアニアに出かけることも稀ではなかった。

ある記録によれば、一三七八年、ドイツ騎士修道会総長は、七十名の騎士とともにやってきていたロレーヌ公のために、冬の軍旅を実行した。しかも、その直後に到着したオーストリア大公とクレーブ伯のために、修道会総長はふたたび十二月の初頭に特別の攻撃を企画せざるをえなかった。それというのも、クリスマス前に、彼らが十字軍参加の「誓約の交換」を実行することを望んでいたからである。

軍旅は、聖戦としての宗教的性格を大幅に喪失しつつあった。それは、中世後期の騎士たちの楽しむ一種の「サファリ」であり、軍事的スポーツであった。アンリ・ピレンヌによれば、それは、もはや単なる「人間狩り」にすぎなかった。「その名声はヨーロッパ全域に広まった」。西欧の君侯や貴族たちは、「いま人々がオリンピックに会するように、毎年冬季に行われたこの軍旅に参加するために集まった(9)」。

2　ポーランド・リトアニア連合

ゲディミナス

しかし、リトアニアの側も騎士修道会の攻勢に手をこまねいていたわけではない。彼らも同様にプロイセンやリヴォニアに攻撃をかけ、しばしば戦利品や捕虜を引き連れて帰還した。とりわけ、ヴィテヌスについで一三一六年に大公となったゲディミナス（在位一三一六〜一三四一年）は強力だった。伝承によれば、彼は、狩猟の最中に百頭の狼の声でうなる一頭の鉄の狼の夢を見たという。その暗喩にしたがって、大公はその地ヴィルニュスを首都と定め、そこを拠点として積極的に大胆な政治的、軍事的行動を展開した。ヴィルニュスは百頭の狼の強さをもつ堅牢な都市となった。ゲディミナスの下で、リトアニアは飛躍的に拡充、強化された。

一三二二年、大公ゲディミナスはプロイセンからの軍旅に対抗して、リヴォニアのドルパットを襲撃し、破壊した。翌年、彼の兄弟であるプスコフ公にエストニアに侵攻させ、リヴォニアの騎士修道会をそこに釘付けにしたうえで、ネムナス河口に主力部隊を送り、メーメル（現クライペダ）を占領した。さらに八月にはサモギティアを、九月にはドブリンを荒らしまわった。十月、騎士修道会はヴィルニュスに使者を送り、平和条約を締結した。リトアニアの兵士たちは、その一年半の間に、二万人におよぶキリスト教徒を殺すか、捕らえるかした、といわれている。

ゲディミナスはまた、ヴィルニュスを繁栄させ、東方のロシア諸侯にも打ち勝って、現在のウクライナとベラルーシに勢力を拡大することにも成功した。こうして、リトアニアはバルト海から大陸の奥深くにまで及ぶ大国となった。

しかし、この動向に対して、ドイツ騎士修道会もまた反撃の機会をうかがった。修道会はまず、新たな十字軍を求めた。新しい総長、ヴェルナー・フォン・オルセリン（在位一三二四～一三三〇年）は、ヨハネス二十二世を説得して、一三二九年六月に、向こう二年間にわたってロシア人、蒙古人、異教徒に対して戦うすべての者たちに罪の赦免をあたえる十字軍の教勅を得、各地から兵士を募り、リトアニアに敵対した。

ゲディミナスは、一三〇八年にドイツ騎士修道会に奪われた、グダンスクや東ポメラニアの回復を求めて騎士修道会と争っていたポーランド国王ヴワディスワフ一世と同盟関係を結んで、これに対抗した。東ポメラニアは、一三〇八年にドイツ騎士修道会の手中に落ちていた。彼は、同盟を結ぶために、すでにカトリックに改宗させていた娘のアルドナをポーランド国王の息子カジミェシュと結婚させた。萌芽的とはいえ、ポーランド・リトアニア連合がここに始まった[10]。

ゲディミナスは、騎士修道会と同盟関係にあったブランデンブルクに攻め込んだ。一三二九年には騎士修道会に敵対する都市リーガに招かれ、リヴォニア内部にすら足場をもった。しかし、騎士修道会は、ボヘミア国王コーハンを含む十字軍によって反撃し、リーガをふたたびその権力の下におくことに成功した。両者の争いは、依然としてシーソーゲームであった。

不法への抵抗

ゲディミナスは、ドイツ騎士修道会と対等に戦った勇敢な大公である。しかし、彼は単なる軍人ではない。彼の外交感覚および政治的手腕もまた第一級であった。彼は、騎士修道会と死闘を演じながら、カトリック世界との平和的関係の形成を求めて、キリスト教徒に対して寛容な姿勢を示した。

大公は、一三二三年に各修道会やハンザ諸都市、そしてローマ教皇に書簡を送り、植民者、商人、宣教師などの派遣を求め、国内のキリスト教徒に対して国王の保護をあたえることを約束した。その趣旨は、次のようにローマ教皇に伝えられている。

われわれがカトリックの信仰と戦っているのは、それを破壊するためではない。われわれは、キリスト教の国王や君主と全く同じように、われわれに行われる不法に抵抗しているだけである。このことは、われわれがフランシスコ修道会やドミニコ修道会の活動を許しているという事実から分かるはずである。われわれは、この二つの修道会に、洗礼を施し、儀式を指示し主催する完全な自由をあたえている(11)。

この偉大な大公は、各地で圧迫されていたユダヤ人をヴィルニュスに招いたことでも有名である。この伝統は、二十世紀初頭にまで受け継がれ、第二次世界大戦前夜のヴィルニュスはワルシャワやニューヨークとともに、ユダヤ人の経済的・文化的活動の中心地であった。

ゲディミナス大公は、文武の両面において、リトアニアを東方の大国とする基礎を固めた。彼は、いまもリトアニアで、偉大な英雄として敬愛されている。

ヴィンリッヒ・フォン・クニプローデ

リトアニアの後継者は、ゲディミナスの子、アルギルダス（在位一三四二～一三七七年）であった。彼もまた、父の偉業を引き継いで、リトアニアを東部と南部にさらに拡大し、強大な国家にすることに成功した。

しかし、このころ、ドイツ騎士修道会には、騎士修道会国家に最盛期をもたらしたとされる偉大な総長が出現した。ヴィンリッヒ・フォン・クニプローデ（在位一三五一～一三八二年）である。

総長クニプローデは、城砦を補強、新築し、とくに西欧から繰り返し十字軍を募集し、リトアニアに精力的に軍旅を敢行し、騎士たちを「オリンピック」に引きつけることに成功した。しかし、彼はあくまで「消耗戦」をめざした。その戦いは、リトアニアを征服し、キリスト教徒を植民させるためのものではなかった。そうするには、リトアニアはあまりにも強大だった。

クニプローデは、リトアニアの北部に通ずる道路を要塞などによって遮断し、中、南部から容易に援軍が到来しない体制を築くことに腐心した。彼は、これにほぼ成功した。ドイツ騎士修道会軍は、ネムナス川下流域やサモギティア地方を一方的に襲い、破壊し、無人の荒野とした。

外交の面でも、彼はリトアニアを孤立させることに努めた。ポーランドのカジミェシュ大王はリトアニアと同盟関係を維持したが、総長は大王の権力が強化されることを恐れたポーランドの貴族たちを使嗾《しそう》して、同盟を有効に機能させなかった。また、リトアニアそのものについても、その分裂を誘い、一三八〇年には、前リトアニア大公アルギルダスの子ヤギェウォ（ヨガイラ）と同盟し、彼とともに叔父のケストゥティス公と戦った。ケストゥティスは、アルギルダスの子であるヤギェウォを王位から退けていたからである。

この試み自体は成功したといってよいであろう。というのも、ヤギェウォは一三八二年に権力を奪取し、リトアニア大公（在位一三八二～一三九二年）の地位についたからである。前大公のケストゥティスは、その年に、幽閉先で絞殺されている。今度は、ケストゥティスの子であるヴィタウタス（一三六〇～一四三〇年）が、ドイツ騎士修道会の助けを求めてプロイセンに亡命した。しかし、このような事態を巧みに引き起こしたクニプローデも、一三八二年には死亡する。(12)

歴史に皮肉は付き物である。クニプローデが巧みに操ろうとした、ヤギェウォとヴィタウタスは、後に連合し、ドイツ騎士修道会に致命傷をあたえることになる。それどころか、ドイツ騎士修道会はその存在の根拠そのものすら問われることになるのである。

反皇帝、親教皇——ポーランド

リトアニアとポーランドとの連合の経緯、およびそこから騎士修道会との決戦にいたる過程と戦闘の模様について述べる前に、キリスト教国ポーランドについてごく簡単に触れておくことにしよう。

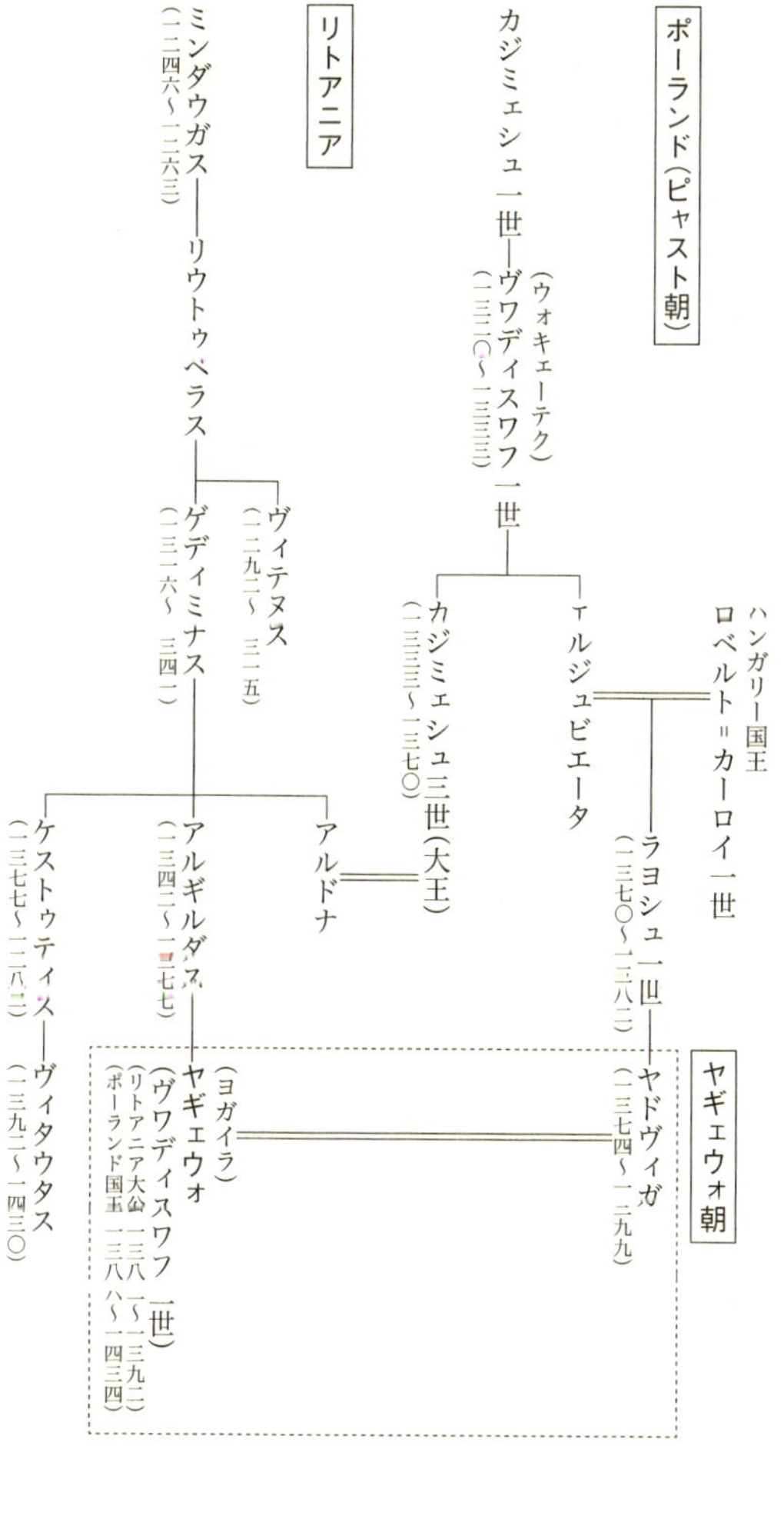
ポーランド（ピャスト朝）
カジミェシュ一世
ヴワディスワフ一世
（ウォキェーテク）
（一三二〇〜一三三三）
エルジュビエータ
カジミェシュ三世（大王）
（一三三三〜一三七〇）
ハンガリー国王
ロベルト＝カーロイ一世
ラヨシュ一世
（一三七〇〜一三八二）
ヤギェウォ朝
ヤドヴィガ
（一三七四〜一三九九）
リトアニア
ミンダウガス
（一二四六〜一二六三）
リウトゥベラス
ヴィテヌス
（一二九二〜一三一五）
ゲディミナス
（一三一六〜一三四一）
アルドナ
アルギルダス
（一三四五〜一三七七）
ケストゥティス
（一三七七〜一三八二）
ヴィタウタス
（一三九二〜一四三〇）
ヤギェウォ
（ヨガイラ）
（ヴワディスワフ二世）
（リトアニア大公　一三八一〜一三九二）
（ポーランド国王　一三八六〜一四三四）

カッコ内は在位年

ポーランドは、周知のように敬虔なカトリック国である。ポーランドがカトリック国となったのは、東欧の国としてはかなり早く、ピャスト朝の開祖ミェシュコ一世（在位九六三頃〜九九二年）の時代、九六六年のことである。ミェシュコ一世は、神聖ローマ皇帝オットー一世の侵略的東方政策からポーランドを守るために、異教徒討伐の名目を失わせることを狙って洗礼を受けたといわれる。しかも、国王はすでにキリスト教化していたボヘミアから使節団を受け入れ改宗を進めることによって、神聖ローマ帝国に臣従するような形になることを巧みに避けている。

国王はまた、ローマ教皇庁と直接結びつく政策を推進し、これに成功した。九六八年には、ポズナンに司教座が定められ、その司教はローマ教皇に直属した。また、一〇〇〇年には、大司教座がグニェズノに、その付属司教座（クラクフ、コウォブゼク、ブロツワフ〔ブレスラウ〕）とともに、設立された。ポーランドは、ローマ教皇と直接の結びつきをもったキリスト教国として、神聖ローマ帝国と対等な立場を保持するとの立場を取ることになった。

ポーランドはその後も、基本的には反皇帝、親教皇の立場をとり続けた。キリスト教世界と異教世界の接点にあるものとして、しばしばプロイセン人やリトアニア人とも争い、十二世紀には逸速《いちはや》く西ポメラニアを力によってキリスト教化することに成功していた。[13]

しかし、隣国のドイツ騎士修道会国家とは敵対関係にあった。ポーランドにとって、騎士修道会こそ「不法」の源泉であった。というのも、騎士修道会は本来ポーランドが領有の権利を有していた（少なくともそうポーランドが考えていた）諸地方、ポモージェ（ポメラニア）、クヤーヴィ（クヤウィア）、ドブジィン（ドブリン）、ミハウォヴォを様々な方法で取得し、あまつさえポーランド東部やマゾフシェ（マソウィア）地方にまで手をのばし、攻撃・掠奪していたからである。

神によって授けられた王冠

反ドイツ騎士修道会という立場と神聖ローマ帝国とも対等であるという、ポーランド人の意識は、ある帝国高官がドイツ騎士修道会総長にあてた書簡にはっきりと表現されている。一三五七年四月二十六日の日付をもったこの書簡は次のように記している。

ポーランド人は帝国の権威を否定します。そして、皇帝を彼らの裁判官とみなそうとはしません。彼らは皇帝とローマ法の権威を認めない、あの野蛮な民族どもの仲間なのです。この地のカジミェシュ国王の大使、メルズスティンのスプトコは教育のない無礼な人物で、神君フリードリヒ二世とその他の者が貴修道会に対して授けたすべての権利を否認しました。

この悪漢はいいました。「皇帝とは何か。それは、われわれの隣人であり、われわれの国王と同等の者である」と。われわれが彼に対して皇帝権力の完全さを示すローマ法について説明した時、……彼は軽率にもこう答えました。「ローマは一体どこにあって、誰のものなのか、答えてください。あなたたちの皇帝は教皇に劣る者です。皇帝は教皇に対して誓うではありませんか。ところが、われわれの国王は神によって授けられた王冠と剣をもち、帝国法よりも祖先の法と伝統をよしとする者なのです」と。(14)

もっとも、ポーランドは、ローマ教皇の権威を大いに認めていたにもかかわらず、異教徒に対して、ドイツ騎士修道会のように攻撃的でも排外的でもなかった。たしかに、ポーランドもまたバルト十字軍に参加している。しかし、少なくとも十四世紀になると、明らかに寛容の精神が異教徒に対して示されていた。

開明君主――カジミェシュ大王

なかでも特筆されるのは、大王と呼ばれたカジミェシュ三世（在位一三三三～一三七〇年）である。大王は、ユダヤ人を始めとして多数の異教徒を積極的に受け入れ、彼らに法的な安全を保障し、狩猟の際の事故で比較的若くして死ぬまでに、産業の振興に尽くし、政治的な安定をポーランドにもたらしたことで有名である。

二十世紀のポーランドに多数のユダヤ人が暮らしていたのも、数百年にわたる歴史の賜物であった。ナチスによるユダヤ人のホロコーストを描いた映画『シンドラーのリスト』の主要な舞台がポーランドのクラクフだったのも、けっして偶然とはいえない。(15)

カジミェシュ大王の基本的な立場は、改宗は強制すべきではなく、優れた教義によるべきだ、というものであった。彼は、この観点から一三六四年にクフクフに大学を創設した。一三六四年五月十二日に発布された大学設立の許可状にこう明記されている。「大学の卒業生、博士、学生は、信仰をもたない異教徒ならびに分離主義者たちを改宗させるために王国の版図を越えて働かねばならない」[16]。異教徒の国、リトアニアとつながりをもったのも、一義的にはドイツ騎士修道会に共同して対抗するためであるが、寛容の精神を背景に有するものであったことも確かだった。

この開明的な国王の努力のおかげで、分裂したポーランドは統一へと向かい、コーロッパ政治史のなかでその重みを増すことに成功した。しかし、カジミェシュは武断的ではなく、あくまで冷静な政治家であった。彼は、ドイツ騎士修道会との領土問題でも、これを力で解決するのは不可能と考えて、仲裁を他に求めている。

大王は、一三三五年には、ハンガリー、ベーメン両国王の裁定を受け、一三三九年には、ローマ教皇ベネディクトゥス十二世（在位一三三四～一三四二年）に訴えを起こしている。裁定の結果に関して、ドイツ騎士修道会は、これをまったく無視している。しかし、大王はあえて武力に訴えるようなことはしなかった。彼の冷静な判断では、騎士修道会はそれほど強力だった。

しかし、カジミェシュは、その突然の死（一三七〇年）によって、ドイツ騎士修道会とポーランドそしてリトアニアの関係を一変させることになる。

相次ぐ死の波紋

カジミェシュがポーランドの統治を始めて十年ほどたったころに、リトアニアの偉大な大公ゲディミナスが死んでいる。これは、一三四一年のことであった。

彼は七人の息子を残したが、大公の遺志を継いだのはとくに優れていた二人の息子で、既述したリトアニア大公となるアルギルダスとトロキ公ケストゥティスであった。この二人は当初は協力してドイツ騎士修道会からリトアニアを守り、ベラルーシからキエフ（ウクライナ）にまでその領土を拡大していった。

しかし、二人の勇者は並び立つことはできなかった。二人は後に不和となり、リトアニアは不安定な状態におかれた。ドイツ騎士修道会はこの間隙をぬってリトアニアに積極的に攻勢に出、多数の土地を奪い、破壊することに成功した。

この頃から、騎士修道会は、一年に二度、つまり聖母マリア被昇天祭の八月十五日と聖母マリア御浄めの日である二月二日にリトアニアに侵攻して、掠奪を働くのを習わしとするようになった。これが定期的な軍旅である。騎士修道会はこれを異教徒に対する正当な戦いと主張した。リトアニアは、この「不法」に対処する必要に迫られていた。

事情は、ポーランドも同様であった。リトアニアとポーランドはゲディミナスの時代に婚姻政策によってつながりをもったが、ただちに強い結びつきをもったわけではない。それぞれの利害から、双方がその後も互いに戦争を繰り返すほどであった。

しかし、この関係を一変させる事件が起きた。ポーランド国王カジミェシュとラヨシュ、リトアニア大公アルギルダスとケストゥティスのほぼ同時期の死である。

王女ヤドヴィガ

まず、ポーランドについて見ることにしよう。カジミェシュ大王は一三七〇年に死亡したが、その後を継いだのは彼の甥であるハンガリーのアンジュー家の国王ラヨシュ（在位一三七〇～一三八二年）であった。だが、彼もそのほぼ十年後の一三八二年に死に、当時十歳であった次女ヤドヴィガがその地位を受け継ぐことになった。こうして、少女の面影を残すヤドヴィガがポーランドの王位を継承した。一三八三年十月のことである。

一方、リトアニアでも、ゲディミナスの子であるアルギルダスが一三七七年に死に、その後をケストゥティスが襲っていた。しかし、彼もまた一三八二年に殺害され、リトアニア大公の地位にはアルギルダスの子ヤギェウォが就いていた。このヤギェウォが一三八四年にポーランド国王ヤドヴィガに結婚を申し込んだ。

ポーランドの貴族たちは、ドイツ騎士修道会に対抗するために、ポーランドの王女ヤドヴィガとリトアニアの大公ヤギェウォの婚姻を画策していた。実は、王位につくよりも前に、ヤドヴィガはすでにオーストリア大公ヴィルヘルムと婚約していた。彼らは、それすら無視した。

リトアニアがキリスト教国となれば……

ヤギェウォがヤドヴィガと結婚すると、彼がポーランド国王になる。一見すると、それは、ポーランドにとって得策ではないように思われる。しかし、ポーランド側は婚姻の条件としてヤギェウォとリトアニアの住民がキリスト教徒となることを要求した。もしそうなれば、たとえリトアニアの大公がポーランドを支配したとしても、キリスト教徒であるポーランド国王がリトアニアを支配し、キリスト教化する、ということになるであろう。

とすれば、強力な連合関係に立つポーランド・リトアニアは、本質的にはキリスト教国ポーランドが拡大したものとなる。ここに出現する強大な政治勢力は、ドイツ騎士修道会に対して勝利を収めるに違いない。

それだけではない。リトアニアがキリスト教国となれば、もはやドイツ騎士修道会はリトアニアを攻撃する理由を失う。それどころか、騎士修道会はそもそも存在する理由すら奪われるであろう。もはや「聖戦」の相手がいないからである。

この計画を推進したポーランドの貴族はそう確信していた。そのためには、十歳で「過去に例を見ないほど麗しく魅力的な容貌」と当時の歴史家（ドゥルゴシウス）に記されたヤドヴィガを三十三歳のヤギェウォと結婚させることを躊躇《ちゅうちょ》すべきではない。ヤドヴィガが頼りにしていた、若くてハンサムな婚約者の存在も無視するに足りる。貴族たちはそう判断した。ヤドヴィガは、ポーランドのためにという理由を受け入れて、この結婚に同意した。

ヤギェウォもまた同じ判断を下していた。彼は、ドイツ騎士修道会に対抗するために、またポーランドの王冠を手にいれるために、この申し込みを、ヤギェウォとの和解により一三八三年に帰国していた従兄弟であるヴィタウタスとともに受け入れた。

ヤギェウォ朝の成立

一三八五年八月、クレヴォでの合意が成立した。ヤギェウォがヤドヴィガと結婚しポーランド国王となること、またヤギェウォとその臣民が洗礼を受け、彼の支配地をポーランドに組み込むこと、そして新国王はポーランドが騎士修道会に奪われた東ポメラニア等を奪い返すことが確認された。たとえば、洗礼については、ヤギェウォが、ヤドヴィガの母でその摂政であったハンガリー女王エルジュビエータへの請願という形式で、つぎのことを明らかにしている。

余は、この歩み（つまり結婚）が神の栄光と人間の魂の救済を促進し、王国の名誉と拡大をあたえるであろうことを信ずる。とりわけ、これが望まれる目的に到達するために、いまだに洗礼を受けていない大公ヤギェウォとその兄弟およびその親族、貴族、その領土に住んでいる臣民は、聖ローマ教会のカトリック教を真剣に受け入れんことを望むものである。さまざまな国王と君侯たちがヤギェウォを改宗させるために説得することに失敗した。神がこの栄誉をハンガリー女王のために残されたからである(17)。

この合意の最後で、ヤギェウォは「彼のリトアニアとルテニア（リトアニア領ロシア）をポーランド王国と永遠に結合することを誓」った。

ヤギェウォは一三八六年の初頭に、ヴィタウタスとともにキリスト教に改宗し、洗礼名をヴワディスワフとした。彼とともに、多数のリトアニア人も洗礼を受けている。新しいキリスト教国家リトアニアとポーランド国王ヴワディスワフ二世がここに誕生した。

このようにして始まったのがヤギェウォ朝である。

ヤドヴィガの死

しかし、実はヴワディスワフの支配は全リトアニアには及んでいなかった。一方の雄であるケストゥティスの息子ヴィタウタスは一種英雄的気概をもった勇士であり、彼が実効的に支配する領域もあったために、リトアニアの領有関係は不鮮明だった。

ヴワディスワフとヴィタウタスの関係は、当初からけっして良いものではなかった。しかし、ヴワディスワフ・ヤギェウォは老練な政治家であり、優れた軍人であるヴィタウタスと協力する必要性を認め、彼との関係の改善を図った。彼は、一三九二年にヴィタウタスを全リトアニアの事実上の支配者とすることに同意した。

二人の関係を改善させたのはヴワディスワフの妻ヤドヴィガだったといわれている。ヤドヴィガは、さらにハンガリーと休戦条約を締結し、ドイツ国王と同盟を結び、神聖ローマ帝国とドイツ騎士修道会とを切り離すことに成功した。これによって、騎士修道会は大きな後ろ盾を失った。

しかし、優れた外交手腕を見せたヤドヴィガは、一三九九年、わずか二十六歳で死亡する。第一子を産んだ直後のことであった。その娘も、生後、数日で死んでしまう。

だが、ヴワディスワフは、そのまま国王としてとどまるように要請された。ポーランドの貴族たちは、彼を信頼していた。というのも、彼は約束を守り、キリスト教を真に信仰し、リトアニアとの連合もポーランドのために確固としたものにするための強い意志をもっていたからである。

一四〇一年、ヴィルニュスで正式の合意が交わされた。ヤギェウォはポーランド国王及びリトアニア大公、ヴィタウタスはリトアニアにおけるヤギェウォの代理人となることが確認された。後に、ヴィタウタスは正式にリトアニア大公となり、その領土を黒海にまで拡大することに成功する。彼もまたリトアニアの英雄である。

ポーランドとリトアニアの二人の偉大な指導者は、永続的で強力な防衛のための同盟を高らかに宣言した。ポーランド・リトアニア連合はこの時、真に確固としたものとなった。[18]

3　一四一〇年七月十五日

ドイツ騎士修道会の反発

西欧諸国はこの動きを歓迎しなかった。東欧に強大な勢力が出現することを恐れたのである。そして、この動きをもっとも恐れ、もっとも強く否定しようとしたのは、いうまでもなくドイツ騎士修道会にほかならない。

騎士修道会は、リトアニアの改宗をあくまで認めようとしなかった。ヤギェウォがその洗礼に際して、修道会の総長に招待状を発し、洗礼の代父となるように願ったにもかかわらず、修道会総長はこれを無視した。

それどころではない。騎士修道会は、ヤギェウォのクラクフでの洗礼と王位就任の日に、リトアニアへ出兵する兵員の割当をあえて公表した。

騎士修道会は執拗であった。一三八八年にローマ教皇がリトアニアのキリスト教化とその地にカトリック教会の組織を作ることを容認し、リトアニアと和平を締結するように要請したにもかかわらず、騎士修道会は相変わらずリトアニアを襲い、人びとを殺害し、教会を焼き払い、掠奪を続けた。一四〇四年には、ローマ教皇が明確にリトアニアに対する戦闘を禁止したが、これも実効性をもたなかった。

改宗は偽装か

ドイツ騎士修道会は、ヤギェウォとリトアニアの改宗は偽装であり、欺瞞であると強調した。しかし、ヤギェウォは熱心なキリスト教徒になっていた。彼は、率先してリトアニアのキリスト教化を図っている。

リトアニア人にとって、神は火であり、神聖な森であり、蛇であった。住民は、先祖以来親しんできた、このような汎神論《はんしんろん》的信仰を容易に捨てようとはしなかった。火は永遠であり、神官がこれを守るものであった(19)。しかし、ヴワディスワフ・ヤギェウォは首都ヴィルニュスの火を消させ、大群衆の前で寺院を破壊した。神聖とされた森は切られ、神として家に保持されていた蛇は殺害された。しかし、国王のこの行動に対して、反乱は起きなかった。

短期間のうちに、貴族とその妻、子ども、親戚が洗礼を受けた。民衆はいくつかの集団に分けられ、そのそれぞれの集団は一度に洗礼の水を注がれた。男はペトロのような著名なキリスト教の聖人の名を、女はカタリナといった名を洗礼名とした。

しかし、ドイツ騎士修道会はこの事実を認めなかった。修道会は、リトアニア人の改宗は偽装であり、キリスト教徒を欺くものであると訴えた。そして、全「ヨーロッパ」の騎士たちに、ともに戦うように使者を派遣した。

サモギティアの反乱

ドイツ騎士修道会とポーランド・リトアニア連合との間の緊張関係は高まっていった。ただ、一時的にその関係が改善することもないわけではなかった。

一三九八年十月、ザリンヴェルダーで騎士修道会とヴィタウタスに委ねられたリトアニアとが平和条約を結び、サモギティアが騎士修道会に、プロイセンの一部がリトアニアにあたえられた。一見して、これは、騎士修道会側に有利な条約であった。だが、ヴィタウタスには、別の目論見《もくろみ》があった。

彼は、北のサモギティアを捨て、弱体化しつつあった南のキプチャク汗国に進み、そこを自身の支配下におこうと考えていた。この計画は、ドイツ騎士修道会にとっても有益なものであった。プロイセンとリヴォニアをつなぐサモギティアを領有しうる上に、南の異教徒を排除することは、その基本理念にも合致したからである。

驚くべきことに、騎士修道会は、あれほど非難していたリトアニアと同盟関係を結び、「分離主義者」のスラブ人をも含めて、ヴィタウタスの南進に協力した。同盟軍は、一三九九年八月ドニエプル川支流のヴォルスクラ川でキプチャク汗国と戦った。だが、同盟軍は敗北し、ヴィタウタスの夢は儚《はかな》くついえさった。

騎士修道会とリトアニアとの同盟も当然、瓦解した。ヴィタウタスはもはや、サモギティアを騎士修道会に委ねておく理由を失い、しきりにサモギティア人を唆《そそのか》し、騎士修道会に対する反乱を援助しはじめた。

一四〇四年のラツオーシ条約によって反乱はいったん静まったが、一四〇九年、ふたたびサモギティア人が立ち上がった。今回は、リトアニアとポーランドがかなり積極的に支援していた。ヴィタウタスとヴワディスワフ二世は、すでに決戦を挑む覚悟を決めていた[20]。

騎士修道会も、ポーランド国王ヴワディスワフ二世とリトアニア大公ヴィタウタスの行動をみて、総力を挙げて戦う意志を固めていた。彼らは、その戦いが自身の存在そのものに深くかかわることを熟知していた。キリスト教世界の前衛であるドイツ騎士修道会は、リトアニアをあくまで異教徒国家とみなし、これと戦いつづけねばならなかった。他に選択の余地はなかった。

宣戦布告

こうして、騎士修道会は、ボヘミア国王ヴァーツラフ四世とハンガリー国王ジギスムント（在位一三八七～一四三七年。一四一〇年ドイツ王、一四三三年神聖ローマ皇帝）と同盟を結び、全西欧に十字軍に参加するように呼びかけを行った。そのうえで、一四〇九年八月六日にポーランド国王に宣戦布告状を送達した。騎士修道会は、リトアニアの参画を理由として、異教徒との戦いを戦争の正当原因として掲げた。

一方、ポーランド・リトアニア連合軍もすでに十分な兵力を揃え、満を持していた。一四〇九年、ブレスト・リトフスク（現ブレスト）で開かれた合同の戦術会議で、連合軍はドイツ騎士修道会の本拠地であるマリエンブルクの攻撃、占領を最大の軍事目標とすることを決定した。ポーランド、リトアニア両軍の集結地はワルシャワに近いツェルヴィンスクであった。

リトアニア軍がツェルヴィンスクに到達するには、ナレフ川を越えねばならない。適当な渡河点はプウトゥスクである。ポーランド国王は、ヴィタウタス軍をここで安全に渡河させるために十二旗団を派遣した。一方、ポーランド軍と集結地との間には、大河であるヴィスワ川があった。この川を越えるために、ポーランド軍はツェルヴィンスクに橋を架けた。三日間にわたって兵士がこれを渡りつづけた。

両軍は、首尾よくツェルヴィンスクで合流する。こうして成立したポーランド・リトアニア連合軍は、七月二日に出発し、ラツオーシをへて、ブロドニツァ近郊のクルツェトニクへと向かった。その直線上に位置したのは、敵の本拠地マリエンブルクである。

タンネンベルク（グルンヴァルト）へ

一方、ドイツ騎士修道会総長、ウルリッヒ・フォン・ユンギンゲン（在位一四〇七〜一四一〇年）は、連合軍が東ポメラニアへと進軍してくると判断していた。したがって、彼がその主力を集結させたのは、ポメラニアへの通過点にあたるシフェツェであった。

しかし、予想に反して、ヴワディスワフとヴィタウタスの軍がツェルヴィンスクから北上しているとの報告を受けて、この修道会総長はマリエンブルクが狙われていることをただちに察知した。彼は、その首都を守るために東へと移動することに決めた。その急行先は、連合軍が通過すると予想されるドルヴェンツァ川のクルツェトニクである。

ポーランド・リトアニアの大軍がプロイセン領に踏み込んだのは、一四一〇年七月九日のことである。連合軍は、クルツェトニクの対岸に陣営を構築した。ヴワディスワフは斥候《せっこう》を放ち、一足先に到着していた騎士修道会の陣地をさぐらせた。帰還した斥候によれば、敵軍の陣地はきわめて強固なものであった。

ヴワディスワフは、ドルヴェンツァ川を渡って強固な陣地を築いている騎士修道会軍を攻めるか、上流を迂回して敵の背後に回るか、の選択を迫られた。彼は、後者の策をとること

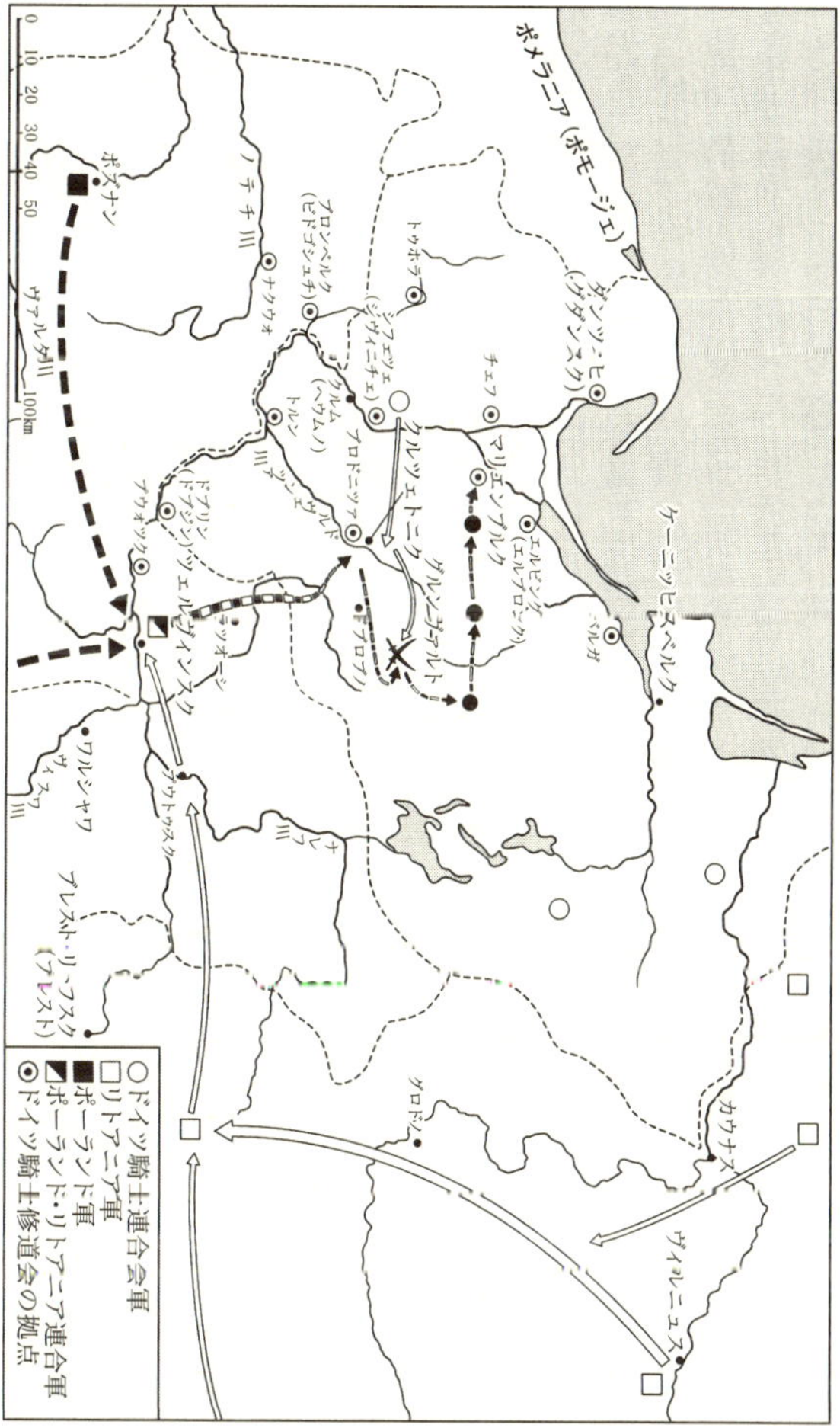

ポメラニア（ポモージェ）
ダンツィヒ（グダンスク）
ケーニッヒスベルク
エルビング（エルブロンク）
マリエンブルク
チェフ
トゥホラ
シフェツェ（シフィエチェ）
ブロンベルク（ビドゴシュチ）
ナクウォ
ノテチ川
ポズナン
ヴァルタ川
クルム（ヘウムノ）
トルン
ブロドニツァ
ドルヴェンツァ川
クルツェトニク
グルンヴァルト
ドブリン（ドブジン）
ヴウォツワヴェク
プウォツク
ラツオンシ
ツェルヴィンスク
ワルシャワ
ヴィスワ川
プウトゥスク
ナレフ川
ブレスト・リトフスク（ブレスト）
グロドノ
カウナス
ヴィリニュス
0 10 20 30 40 50 100km
○ドイツ騎士連合軍
□リトアニア軍
■ポーランド軍
◪ポーランド・リトアニア連合軍
⊙ドイツ騎士修道会の拠点

タンネンベルクの戦い

に決した。七月十三日、全軍が東へと進み、騎士修道会の要塞ドブロブノを襲い、これを陥落させた。

連合軍の陣地が空になったことを知って、フォン・ユンギンゲンは、築いた陣地を後にすることにした。彼は、まず川に十二の橋を架けるように命じた。さらに、ドブロブノ陥落の報を聞いて、有能な幹部であるハインリヒ・フォン・プラウエンの指揮下に三千名の兵士を首都防衛のためにマリエンブルクへと向けた。その後、川を渡り、ヴワディスワフ二世を戦闘に誘い出すために、近くの小村グルンヴァルトとタンネンベルク(現ステンバルク)へと急いだ。

両軍がタンネンベルク近郊に集結したのは七月十五日である。ポーランド・リトアニア軍は南西に位置し、騎士修道会軍は西に立った。会戦の開始はもはや決定的だった。

こうして、プロイセン南西部(現ポーランド北東部)にある村タンネンベルク近郊で行われたことにちなんで「タンネンベルクの戦い」(ポーランドでは一般に、騎士修道会軍が本陣を構えたグルンヴァルト村にちなんで「グルンヴァルトの戦い」、またリトアニアでは「ジャルギリスの戦い」)と呼ばれる規模壮大な戦闘が始まる。

一般に「タンネンベルクの戦い」といえば、第一次世界大戦の際に、このタンネンベルク近郊で行われた、ドイツ軍とロシア軍の激突を指す。この一九一四年八月の戦闘がドイツ側の全面的勝利に終わったことは周知の通りである。

この会戦でドイツ軍を指揮したヒンデンブルク将軍は一躍、英雄となり、戦後ヴァイマール共和国の大統領となった。一方、この会戦でロシア側は壊滅的な打撃をうけ、革命への道を歩むことになった。現代史の開始を告げる重大な戦闘である。

しかし、そのほぼ五百年前に、ほぼ同じ場所で戦われた、もう一つの「タンネンベルクの戦い」があった。それが、この戦いである。というよりも、二十世紀の「タンネンベルクの戦い」は、多分に五百年前の戦いを意識してドイツ人によってつけられた名称であった。しかし、実際の戦闘地はタンネンベルクよりも、もう少し離れていた。

二十世紀にもなって、ドイツ人があえてそうしたのはなぜであろうか。その答えは、一四一〇年のこの戦いの結果を知れば、おのずから明らかとなるであろう。

中世史上、最大の会戦

最初の「タンネンベルクの戦い」は、一四一〇年七月十五日に行われた「中世史上、最大の会戦(21)」である。その規模を見ても、戦死者の多さやその結果の波紋の大きさを考えても、これは紛れもなく、歴史に残る大会戦であった。

戦闘に参加した人員の数についてはいろいろな見解があり、その数は正確に特定できない。一般的には、この時、ドイツ騎士修道会は十字軍参加者を含めて総数二万から二万二千人、そのうち騎士は一万五千人ほどであったのに対し、ポーランド側はタタールをはじめとして、ロシア、モルダヴ、ワラキアなどからの多数の傭兵やリヒギティア人などを含んだリトアニアのヴィタウタスの軍を含めて、ほぼ三万〜五万人の戦闘員を集めた、といわれる。

騎士の数も二万は超えていたと推定される(22)。

通説では、数の点ではポーランド・リトアニア連合軍側が優位にたち、大砲を含む装備と経験および紀律の点ではドイツ騎士修道会軍が勝《まさ》っていた、とされている。事実、ヴワディスワフ二世は敵の戦力の高さを認め、会戦の直前まで和平の機会を求め、そのための使者を敵陣に送っている。しかし、総長フォン・ユンギンゲンは、これを一蹴していた。騎士修道会軍は勝利を確信し、戦うことを望んでいた。

嵐のなかの戦闘準備

戦闘の経過については、さまざまな説がある。おそらく、もっとも信頼できるのは、この戦いの七十年後頃に記された、ドゥルゴシウス（一四一五〜一四八〇年）の『ポーランド史』であろう。ここでは、ドゥルゴシウスと主にその年代記をもとにして記されている、いささか愛国主義的ではあるがそれなりに筋の通っている、フォークトの大著『ドイツ騎士修道会史』第七巻の「タンネンベルクの戦い」、およびより客観的なジョフリー・エヴァンスの『タンネンベルク』の一節を中心に戦闘の経過を記述することにしよう。

両軍が接近して、向かい合ったのは七月十四日のことである。この日は、文字どおり風雲急を告げる一日であった。夏であるのに、嵐が訪れていた。雨と強風が双方の陣営に襲いかかり、戦士たちは一時の休みもとれないほどであったという。運命の七月十五日の朝になっても、嵐は止まない。しかし、この嵐のなかで、両軍はそれぞれ、戦闘隊形をとるべく活動を始めた。

まず、騎士修道会軍の方が先に隊形を整えることに成功した。修道会の多数の軍勢は陣営を離れて、グルンヴァルト村の南方に移動した。前面に歩兵隊を据え、それに三列からなる騎士の戦列が続いた。

第一列と第二列には、右翼にも左翼にもほぼ同じ軍勢が配置された。第三列は予備軍である。これも二隊に分かれてグルンヴァルト村の近郊に置かれた。陣営には守備隊が残ったが、その兵数はそれほど多くない。

だが、まったく奇妙なことに、ルビヤン湖付近にあった連合軍総司令官のポーランド国王はすぐに動こうとはしなかった。彼は、朝のミサを聞こうとしていた。嵐にさえぎられて、時間が無為に費されていた。国王は、ドイツ騎士修道会軍が準備を整えたという報告を受けても、なおミサを始めることに固執していた。

ヴィタウタスは苛々《いらいら》して、直ちに戦闘隊形をとるように国王に伝えたが無視されてしまった。彼は決断し、単独で行動を起こし、湖の北にリトアニア軍を整列させた。その上で、四十本の旗をたてて、戦闘準備の完了を示した。

ポーランド軍の指揮官に任命されていた、クラクフの貴族、マシュコヴィッチのツィンドラムも必死に湖の西と南にできるだけ多数の騎兵中隊を配置した。ポーランド軍の五十本の旗が靡いた。戦闘準備が十分でなかったのは、ヴワディスワノだけである。説によれば、彼は先に攻撃を仕掛けることを避けようとしたという。

致命的な無為

結局、戦闘が始まるのは正午近くになってからである。準備を完了していた修道会軍は、三時間もの間、手をこまねいていたことになる。この時に騎士修道会側が戦闘を開始していたなら、この戦いは騎士修道会の圧倒的な勝利に終わっただろう、といわれている。したがって、これは致命的な無為であった。しかし、フォン・ユンギンゲンは、幹部たちの攻撃要請を退け、ポーランド側からの攻撃を待ちつづけた。彼には、彼なりの判断と戦術があったからである。

騎士修道会軍は騎士の攻撃力に自信をもっていた。その能力を最大限に発揮させることが、勝利につながる、と確信していた。しかし、ポーランド・リトアニア軍が陣をしいていたルビヤン湖のあたりには森林がある。ここで騎馬を有効に使用するのは明らかに困難であった。だから、連合軍に戦闘を仕掛けることは得策ではない、という考えも成り立つ。おそらく、フォン・ユンギンゲンは、その考えに基づいて作戦を立てていた。

騎士修道会にとって有利なのは、騎馬と歩兵が十分に展開できる、大会戦を可能とする平原での戦いである。そのために、フォン・ユンギンゲンが取ろうとしたのは、防衛・反攻戦術であったと思われる。騎士修道会総長は、自軍が有利に戦いうる地点で敵に攻撃させ（防衛）、それに予備の強力な騎士団を投入して一気に敵を殲滅しようとした（反攻）のである。これを逆にいえば、連合軍は、森林地帯にとどまり、騎士修道会に先に攻撃させた方が有利ということになる。[23]

二人の使者

こうして、午前九時に両軍が戦闘可能な態勢に入ったにもかかわらず、にらみ合いが続いた。正午近くになっても状況は変わらなかった。フォン・ユンギンゲンは、そこで一策を案じ、二人の使者をポーランド国王のもとに送った。

一人は同盟者であるハンガリー国王ジギスムントの使者として、神聖ローマ皇帝の紋章である金地に黒鷲の印を、もう一人はシュテッティン公の使者として白地にグリフィン（体がライオンで頭と翼が鷲）の印をその盾につけていた。

二人は、ともに鞘のない剣を手にしたまま、ヴワディスワフ二世とヴィタウタスのもとに参上して、次のように口上を述べた。

陛下、総長ウルリッヒは、陛下と陛下の従兄弟のもとに、使者であるわれわれを通じて、この二口の剣を来るべき戦いで用いるように贈るものである。この剣と陛下の民の武器によって勇敢に戦われたい。この剣を贈るのは、また、陛下が森のなかに隠れず平野で戦えるように、との思いからである。しかし、もし陛下がその兵士たちを整列させるに十分な余裕がなく、希望するというのであれば、陛下が望むだけ総長ウルリッヒは兵を下げるであろう。もし陛下が望むなら、どこを戦場に選んでもよい。しかし、戦いを延ばしてはならない。

ヴワディスワフはこれに対して、次のように応答したという。

われらの兵士は十分に剣をもっており、敵からもらう必要はまったくない。しかし、われわれの正当性を強くかつ容易に守るために、余は、われわれとわれわれの民の血を渇望するその剣を受け取ろう。戦闘の神にして正しい裁き手である主は、敵のこの傲岸《ごうがん》さを罰し、辱《はずかし》めることであろう。主はこの戦いにおいてわれわれとわれわれの民を助けられるに違いない。(24)

ポーランド国王は二人の使者を退けた後、その挑戦を受けて、戦闘の開始を合図した。

戦闘開始

ポーランド軍は、ついに攻撃のための戦列を整えた。ヴィタウタスは前進して右翼を構成し、待ち構える修道会軍に対して、これも三列の陣形を整えた。ポーランド国王も前進して左翼をほぼ二列に構成し、その背後に予備軍を置いた。

連合軍の軍議によって、ポーランド国王は安全のために、背後の予備軍の中に止まることとされていた。しかも、敗戦の場合に備えて、俊足の馬があらかじめ複数、用意された。ドイツ騎士修道会に対して、勝利する自信がなかったのであろう。とにかく、ヴワディスワフ二世は、ポーランド軍の指揮をマシュコヴィッチのツィンドラムに委ねて、予備軍の中に退き、前線の背後にとどまった。

一方、ヴィタウタスは意気軒昂たるもので、彼のリトアニアの兵士たちも戦闘意欲に満ちあふれていた。指揮官の気迫が兵士たちに伝わり、それが装備の悪さや紀律の欠如を補っていた。

太陽が昇りきった頃、嵐もやみ、強い日差しが戦場を覆い始めた。重苦しい空気に耐えかねるかのように、最初に大きく動いたのはやはりヴィタウタスだった。

戦闘は、リトアニア軍が構成する右翼から始まった。双方から鬨《とき》の声があがり、ヴィタウタスの側から砲弾が打ち放たれた。リトアニア軍も大砲を備えていた。その音響は凄まじかったが、効果はあまりなかったという。しかし、とにかく砲声を後ろにして、ヴィタウタスの騎士と歩兵が突進を始めた。修道会側の歩兵と前二列の精鋭の騎士たちも平原に進出して、これに対抗した。ついに本格的な戦いが始まった。

騒音があたり一帯を満たした。槍と盾がぶつかりあい、斧が兜を襲い、絹の陣中着は血でしたたった。馬の叫びがあたり一帯を満たし、騎士は力の限り槍と剣を振りかざした。落馬した騎士は鎧の重みで動きがとれず、傷ついた者、死んだ者の数は限りがないかのようだった。両軍は、互いにひくことなく互角に戦いつづけた。

ロシア三旗団の奮戦

しかし、一時間ほどたち、リトアニア側に少しずつ疲れがみえはじめる。リトアニア、ロシア、タタールの兵はわずかに後退を始めた。

これを見て、騎士修道会総長、ウルリッヒ・フォン・ユンギンゲンは、新しい戦力をこの戦線に投入した。この新戦力の投入によって、リトアニア側の右翼の最前線が崩れた。それは、第二線に戻され、次いですべての兵士たちが最後の第三線に押し戻されていった。

リトアニア側の全軍が乱れ、逃走が始まった。騎士修道会の騎士たちは勢いに乗った。彼らは、多数の敵兵を殺し、捕虜とし、追跡した。ともに戦っていたポーランドの戦士たちも浮き足だった。ヴィタウタスは必死になって、隊形を整え直そうとしたが、もはや無駄としか思えないほどであった。

しかし、わずかながら、ヴィタウタスのもとで前線にとどまろうとした一軍がいる。スモレンスク出身のロシア人の三旗団である。

彼らは、懸命に戦った。驚くべきことに、彼らは、後に控えていた予備軍とともに戦線を支えつづけることに成功した。ポーランド軍と合流するまでに一旗団がほぼ全滅したが、彼らはひるまなかった。彼らの奮闘は凄まじかった。彼らの働きがなければ、リトアニア軍は完全に壊滅していたに違いない。

ヴィタウタスは、使者を次々に派遣して、ヴワディスワフに戦闘を継続するように訴えた。彼は、右翼戦線の崩壊が全体に及ぶことと国王が戦意を喪失することを恐れていた。騎士修道会側のかなりの数の戦士は勝ち誇って追撃を行い、捕虜と掠奪品を求めはじめていた。戦場を離れていった者たちも少なくない。彼らは、勝負はついた、と判断していた。しかし、その判断はあまりにも早すぎたことが後にわかる。

一方、ツィンドラムの指揮下にあった左翼のポーランド軍も劣勢であった。騎士修道会側は、ここでも優位に戦いを進めていた。ポーランド側は、その王国旗を奪われてしまったという伝承さえある。

ポーランド軍は後退を始めた。騎士修道会軍はさらに攻勢に出た。彼らは敵軍を押しまくり、勝利を確信した。全線にわたって、修道会の勝利の歌『キリストは復活せり』が響き渡った。

国王への挑戦

騎士修道会総長、フォン・ユンギンゲンは、この勝機を決定的なものに仕上げようとした。彼は、勝ち誇っていた左翼の兵士の多数を中央の戦いに向け、みずからは残っていた十六旗団すべてとともに、壊滅しつつあるリトアニア軍のいる右翼に攻撃を開始した。

この攻勢の流れのなかで、修道会側の一旗団が、崩れているリトアニア軍の戦線を突き抜けて、全軍の扇の要の部分に位置し、わずかな手勢しか持たないポーランド国王のもとに向かいはじめた。国王の使者が急遽、近くの旗団のもとに派遣された。使者は国王の警備に向かうように兵士たちに要請した。

これに対して、戦闘の指揮を執っていたある騎士は、剣を天高くあげ、こう使者に叫んだという。

愚か者め。敵がわれわれのもとに迫ってきているのが見えないのか。おまえは戦闘を離れて、国王を守れという。これは、戦場から逃れるのと同じことだ。もし敵に背を見せれば、われわれは敗北するだろう。そうすれば、国王はもっと危険なことになるではないか。(25)

この返答を伝え聞いて、ヴワディスワフ二世は恐らく怒りに我を忘れ、突如として、進んで来る敵に向かって単騎で駆け出した。ようやくのことで、チェコ人兵士が馬の轡《くつわ》を押えたとき、国王はすでにフォン・ユンギンゲンに指揮される敵軍の眼前にあった。ポーランド国王もまた、危機的な状況に陥った。

しかし、この時、中世的なと形容しうる出来事が生じ、意外にも勝利の女神はヴワディスワフ二世に微笑《ほほえ》みかけることになる。騎士修道会軍の戦列の中から、金の礼帯を戴き、白色の陣中着を纏《まと》った一人の騎士が現れた。

彼は槍を低く構え、立ち止まって国王に挑戦する構えを見せた。一呼吸おいてから、騎士は、一気に国王ヴワディスワフめがけて突進した。あわや一撃、という時、国王のもっとも近くにいた国王の秘書官が折れた槍の先で騎士の横腹を必死に払った。

騎士はこの一打に耐え切れず、落馬した。大地に折れ伏した騎士に国王は軽い一撃をあたえた。すぐに、歩兵が群がり、この勇敢な騎士を殺し、その甲冑や陣中着を奪い取った。

騎士修道会軍もポーランド軍も、この勇壮な、騎士道的精神にのっとったページェントを息を飲んで見守っていた。しかし、この観戦による攻撃の中止は、ドイツ騎士修道会にとって、思いもかけぬ致命的なものとなった。

戦局一変

意外にも、逃亡していたリトアニアやロシア、タタールの騎士と歩兵が態勢を整えなおし、大挙して戦場に戻ってきたのである。

その戦力はなお十分だった。反撃も組織的だった。そのために、最初の逃亡は作戦だったのではないか、という説がいまも根強くある(26)。いずれにせよ、再び右翼に結集したヴィタウタスのリトアニア軍は、総長を中心とする騎士修道会軍の背後を厳しく衝《つ》いた。

さらに、ポーランド軍の指揮官、ツィンドラムも、騎士修道会軍の総攻撃に応ずるために、乾坤一擲《けんこんいってき》の賭けに出た。彼は、湖の近くに控えさせていた、主に傭兵からなる予備軍をフォン・ユンギンゲンの部隊に対抗させるために、すべて投入した。

ある意味で、苦し紛れにとったこの戦術が、結果的には戦局を一変させることになった。新しい戦力は、右翼に兵士を回して手薄になっていた修道会軍の左翼を脅かすに十分な数であった。しかも、戦線からいったん離脱していたヴィタウタスのリトアニア軍が背後から大

反撃を始めていた。ポーランド国王ヴワディスワフ二世自身も戦線に加わり、いったんは沈
みかけたポーランド側の士気は一気に高まった。

総長死す

戦いは両翼でますます激しく、凄惨なものになっていった。しかし、事態は一変してい
た。敵を追跡して掠奪物を多数持ちかえった修道会軍の戦士たちが、戦況の変化に驚愕して
戦線に戻ったが、劣勢を覆《くつがえ》すことはもはや不可能だった。

修道会総長の軍勢はあくまで勇敢に戦いつづけた。だが、両翼の戦いで、ポーランド・リ
トアニア連合軍は騎士修道会を明らかに圧倒しはじめていた。連合軍の攻勢の前に最初に壊
滅したのは、修道会側の左翼だった。フォン・ユンギンゲンを含む十六旗団はリトアニア軍
とポーランド軍に完全に包囲されてしまった。

この包囲網を突破するのに成功したのは、ほんのわずかの兵士だけであった。ドイツ騎士
修道会総長、軍務長官、地方分団長、管区長、多数の騎士たちが、この包囲網のなかに閉じ
込められた。騎士修道会総長は数少なくなった兵士をまとめ、最後の一戦を交えて、華々し
く戦死したという。

彼とともに、多数の幹部も戦死した。シュレージェンのコンラート公とシュテッティン
(現シュチェチン)のカージミール公は捕虜となった。修道会軍の右翼もポーランド軍に完
全に包囲され、同様に壊滅した。

勝敗の帰趨《きすう》が明らかになった時、すでに日は沈みかけていた。

マリエンブルクへ

騎士修道会軍の敗北が明らかになり、騎士や歩兵たちが列を乱して逃走を始めたのは、午後六時頃のことであった。勝者は厳しい追跡を始め、逃げおおせたものはわずかだった。大多数は捕虜となるか、やぶや湿地のなかで死んでいくかであった。

グルンヴァルトに近い修道会軍の陣営も襲われ、多くの金目のものが奪われた。大量のワインもあったが、兵士が泥酔して折角の勝利を失うことを恐れたヴワディスワフの命令で、すべて破毀《はき》された。ある年代記によれば、ワインは流れをなし、死者を洗い、多くの血と混じりあって、タンネンベルクに通ずる平野に達したという。

翌日の軍議で、連合軍は三日間の休養ののちに、首都マリエンブルクへと向かうことが決定された。この時、ただちに進軍していれば、マリエンブルクは容易に落ちたかもしれない。防衛のために派遣されたフォン・プラウエンの三千名の兵士たちは、まだマリエンブルクに到着していなかったからである。しかし、ポーランド・リトアニア軍も疲れ果てていたのは事実であるから、このように評価するのは酷かもしれない。

七月十七日、ポーランド・リトアニア軍はマリエンブルクへと進撃を再開した。その途上に三つの要塞があったが、主要な戦闘部隊が壊滅したことを知って、そのどれもが簡単に降参した。しかし、連合軍の進撃の速度は遅く、マリエンブルクに到着したのは、八日後の七月二十五日であった。

クルツェトニクから防衛のために出発していたシュベッツの管区長、ハインリヒ・フォン・プラウエンがマリエンブルクに到着したのは、七月十八日であった。タンネンベルクの結果に呆然として、戦意を失っていたマリエンブルクの戦闘員や住民、逃亡を始めた兵士たちを巧みに鼓舞して、フォン・プラウエンは、勝利の勢いにのって向かってくる敵にたいして、有効な防衛態勢を整えることに全力をあげた。

籠城二ヵ月

首都マリエンブルクは、要塞の部分と人びとの暮らす街の部分に分かれていた。要塞は、二十七フィートの高さと九フィートの厚さの壁に囲まれ、井戸水を含む十分な水と食料数ヵ月分を備えていた。近隣から食料をかき集めた後、フォン・プラウエンは、敵に利用されないように街に火を放った。七月二十五日に到着した攻撃軍は、焼け跡に陣を敷いた。容易におとせるような要塞ではなかったので、まず大砲で壁を壊すことが試みられた。また、矢が無数に放たれたが、有能な指揮官のもとにあって、要塞のなかの人びとはこれに耐えた。襲撃も撥《は》ね返され続けた。マリエンブルクは二ヵ月にわたって、ポーランド・リトアニア連合軍に対する防衛戦をみごとに戦い抜いた。

この二ヵ月は無駄ではなかった。その間に、リヴォニアの騎士修道会がマリエンブルクを救援するために援軍を派遣したからである。強力な防衛に手を焼いていた連合軍は、この情報を受けて動揺した。迎え撃つために、ヴィタウタスのリトアニア軍が派遣されたが、ヴィタウタスはリヴォニアの修道会軍と勝手に平和条約を結び、リトアニアに帰国してしまった。このことを知って、ヴワディスワフもポーランドに戻る決心をして、マリエンブルクから陣を払った。

ポーランド・リトアニア連合軍は、その撤退によってタンネンベルクの勝利の成果を表面的にはほとんど失ってしまった。平和条約が一四一一年二月一日にトルンで交わされたが、領土は戦前の状態に復することが決められた。たしかに、問題のサモギティアはリトアニアに返還されることになったが、これもヴワディスワフ二世とヴィタウタスの生存の期間に限る、とされた。東ポメラニアもポーランドに戻らなかった[27]。

しかし、騎士修道会は占領された土地を返還してもらったものの、戦争の被害と捕虜となった騎士の買い戻しのための金銭的負担は膨大なものであった。ドイツ騎士修道会は致命的ともいえる敗北を喫し、危機に瀕した。

二十世紀にまで影を落とす大会戦

タンネンベルクの戦いは、精強を誇ったドイツ騎士修道会の完敗に終わった。総長をはじめとして、十一人の管区長が戦死した。わずかに、最高シュピッツラーのヴェルナー・フォン・ティッティンゲン、ダンツィヒ（現グダンスク）の管区長ヨーハン・フォン・シェーンフェルトとバルガの管区長フリードリヒ・フォン・ツォレルンが生き残ったにすぎない。ドイツ騎士修道会の栄誉ある五十一本の軍旗が奪われ、クラクフの大聖堂を飾るというありさまであった。

後継の総長となったハインリヒ・フォン・プラウエンがローマ教皇ヨハネス二十三世に送った書簡では、キリスト教徒の死者は一万八千人に及んだ。さらに、彼はおよそ一万四千人の捕虜が出た、ということも併せて伝えている。(28)

さて、十九世紀以降のドイツの民族主義は、トライチュケに代表されるように、これをゲルマンのスラブに対する敗北という観点からとらえ、叙述した。(29) それゆえ、二十世紀の奇蹟的ともいえるドイツ軍の大勝利は、スラブ民族に対するゲルマン民族の報復という意味をあたえられた。

そのために、多少の無理はあっても、ヒンデンブルクの勝利はとにかく「タンネンベルクの戦い」と命名され、称賛されねばならなかった。ドイツ人、少なくとも一部のドイツ人にとって、十五世紀の「タンネンベルクの戦い」は拭《ぬぐ》いさられねばならない汚点と意識されていたからである。

一方、ポーランド人にとって、「グルンヴァルトの戦い」は民族の誇りである。『クオ・ヴァディス』の著者、シェンキェヴィチ（一八四六〜一九一六年）はこれを素材とした作品『ドイツ騎士修道会』を残した。また、十九世紀末期から二十世紀前半にピアニストとして活躍したポーランドの作曲家で首相ともなった、ヤン・パデレフスキー（一八六〇〜一九四一年）は、この勝利を記念するために基金を提供し、クラクフにグルンヴァルト記念碑を建築した。実際にこの銅像を作成したのは、アントニー・ウィヴルスキーである。

一九三九年に、ドイツがポーランドに侵攻、占領して最初にしたことの一つが、この記念碑を破壊することだった。しかし、ポーランドもこれをそのままにはしておかない。一九六〇年代に、グルンヴァルトの戦いが映画化された。また一九七六年には、この戦勝記念碑が再建され、いまもポーランドの芸術の中心である芸術アカデミー前の広場にその雄姿を現している。(30)さらに、古都クラクフを流れるヴィスワ川にかけられた新しい橋は、「グルンヴァルト橋」と名づけられた。

「タンネンベルクの戦い」は二十世紀にまで影を落としている、その意味でもまさに歴史的な大会戦だった。

第六章　コンスタンツの論争

1　騎士修道会のまきかえし

騎士修道会を救うもの

ドイツ騎士修道会は、「タンネンベルクの戦い」で敗れたことによって、まさしく死の淵に立たされることになった。ポーランド・リトアニアは圧倒的な力で修道会国家に圧力をかけつづけた。一四一四年、ポーランドはふたたび大軍をプロイセンへと向け、修道会国家は危機に瀕した。しかし、この時、プラウエンの後を継いで第二十八代総長となっていたミヒャエル・キュヒマイスターは、ポーランド軍の補給線を絶ち、かろうじて修道会国家を救うことに成功する。いわゆる「飢餓戦争」である。

にもかかわらず、これはあくまで防衛に成功したにすぎない。弱体化した騎士修道会が戦争でふたたび勝利することは難しかった。救いを他のキリスト教国家に求めるとしても、ローマ教皇が、伝統的にローマ教皇と固い結びつきをもつカトリック国ポーランドに対して公的に十字軍を宣告することはまったく期待できなかった。ドイツ王ジギスムントも、修道会のためにポーランドと全面的に戦争を行うような冒険を犯すはずもなかった。つまり、戦争による解決が困難なのは明らかだった。

総長であるキュヒマイスターは、このような危機的状況を前にして騎士修道会とプロイセンを救う方法を必死で模索したに相違ない。その結果、彼がとったのは、ある意味で非常に近代的な方法であった。それは、ヨーロッパの国際的世論の力に訴えることだった。そのための恰好の場はすでに用意されていた。帝国南部の都市、コンスタンツでの公会議である。

ヨーロッパ最初の「厖大な国際会議」

「タンネンベルクの戦い」の四年後の一四一四年は、ヨーロッパの宗教史、いなヨーロッパ史そのものにおいて見過ごしえない重要な年であった。というのも、この年「コンスタンツの公会議」（一四一四～一四一八年）が開かれたからである。

この公会議が開催されたのは、ローマのグレゴリウス十二世、アヴィニョンのベネディクトゥス十三世、ピサ会議で選出されたアレクサンデル五世の後継者ヨハネス二十三世という三名もの対立教皇が同時に存在するという教会大分裂を収束させるためだった(1)。

しかし、重要な論題はそれだけではなかった。

この会議は、ウィクリフ（一三二〇頃～一三八四年）やヤン・フス（一三六九～一四一五年）の異端審議等を行う信仰問題を論ずるものでもあった。さらに、教会改革を推進することも重要な論題とされていた。とりわけ、今日この公会議を有名なものとしているのは、ヤン・フスを異端と断定して、焚殺《ふんさつ》したことである。

　とにかく、ジギスムントの介入と問題の重要さの結果、参会者は「高級聖職者三百数十名、神学博士や教区付司祭数百名のほか、世俗君主諸侯、大学代表など合計数千人」に及んだ。これは、ヨーロッパ最初の「厖大な国際会議」[2]であった。

知られざる大論争

　修道会総長キュヒマイスターが着目したのは、この国際会議で信仰問題が一つの主要論題となっていることであった。

　この信仰問題に事寄せてポーランドを全ヨーロッパに訴えることはできないか。総長はそう自問した。もしこの会議で、ポーランド側の反キリスト教的性格が明らかにされ、ドイツ騎士修道会の権利とその正当性が確認されるならば、さらにその十字軍による宣教がふたたび確認されるならば、ポーランド側の騎士修道会に対する実力行使とさまざまな圧力と要求は不当とされるであろう。ポーランドの軍事行動は国際的に承認されず、非難されるに相違ない。そうなれば、もはや軍事的勝利を期待できない騎士修道会を存続の危機から救い出すことになる。彼は、おそらくそう判断した。

　こうして、キュヒマイスターは、一四一五年の初頭にコンスタンツにその代弁者ペーター・ヴォルムディトを送り込み、ポーランド国王の反キリスト教的行動を厳しく非難する挙に出た。

これに対して、同年、ポーランド側も代表団を送りこみ、騎士修道会の主張に対抗した。その代表団の理論的支柱となり、また修道会に対する論難を法的に行ったのは、クラクフ教会の主教、パウルス・ウラディミリ（パヴェウ・ヴウォトコヴィツ。一三七〇頃～一四三五年）という教会法学者であった。

ウラディミリは、単にポーランド側の正当性を述べただけでなく、修道会の存在理由そのものを厳しく突いた。武力によって異教徒を征服し、改宗させようとする騎士修道会の方法ははたしてキリスト教の精神に合致するだろうか。そのような行為は反キリスト教的なものではないのか。もしそうだとすれば、騎士修道会は神の法に反する不法な集団であり、存在すべきではないことになる。事実、騎士修道会は異端の群れであり、存在すべきではない。

これが、彼の基本的問題設定であり、またその結論でもある。そこで論じられるのは、武力によるキリスト教の拡大の是非であり、異教徒の権利の有無の問題だった。

こうして、「ヨーロッパの拡大」の是非をめぐって、ヨーロッパ最初の「国際会議」で高度な論争が展開されることになった。これまで、まったく注目されることのなかったこの論争を、私は「コンスタンツの論争」と呼ぶことにしたい。

愛顧と特権

「コンスタンツの論争」の口火を切ったのは、やはりドイツ騎士修道会の代表、ペーター・ヴォルムディトである。

彼が公会議で語ったことは、今日、『メモランダム』という名称で記録されている。その『メモランダム』の狙いは、「公会議」に参集している人びとに、光輝あるドイツ騎士修道会を壊滅の危機に向かわせている「最も凶暴な不法」を伝えることであった。そこでは騎士修道会の歴史的使命、敗北によるプロイセンの悲惨と異教徒の残虐、キリスト教世界の危機が強く訴えられている。少し長くなるが、貴重な歴史的文書でもあるので、その概要を次に伝えておくことにしよう。

『メモランダム』は、まず騎士修道会がキリスト教世界の危機の中から生まれたことを強調する。

かつて神の家と聖なるキリスト教がサタンの軍隊によってあらゆるところで攻撃されていた。東方と南方では、不信仰者マホメットを称賛するサラセンとその他の種族の者たちが残虐に征服を行い、聖地を掠奪品として所有し、アッコンを破壊し、キリスト教徒を服従させ、神の教会を偶像の住処《すみか》とした。西方もまた、等しく凶暴さを発揮するアフリカ人やムーア人たちによって同じ恐怖の下におかれている。その上、北方の地域は、かつて信仰をもたなかったプロイセン人、複数の神々の存在を信ずるリトアニア人、サモギティア人、タタール人、分離主義者たるロシア人によって様々な不快と損害に痛めつけられ、苦しめられていた。

「これらの悪からキリスト教徒を救うために、故地エルサレムの聖母マリアドイツ騎士修道会（ordo s. Marie Theutonicorum domus Jerosolimithane）が……聖なる教父たちの熱意をもって、多数の最も晴朗で光輝ある君主や貴族たちの助言と援助によって、公的な必要のために、神の息吹《いぶき》の下に創設された」。これ以後、長期にわたって、非常に誠実で勤勉な男たちが、かのマカベア族のように異教徒と戦うために修道会への入会を志願し、真理を伝える福音のために死ぬ覚悟を決め、信仰のためにその生命を捧げてきた。彼らは「正しい聖なる戦争（iusta et pia bella）」を行い、危険に身をさらし、仲間を助けてきた。

キリスト教を信仰する殆どすべての国王、大公、諸侯そしてローマ教皇に従うすべての国民は、危険にさらされているキリスト教徒を救うために競って援助をあたえようとした。フランス人、イングランド人、イスパニア人、スコットランド人、ドイツ人がこの修道会のためにどれほど多くのものを捧げてきたことか。それは、多くの記念碑や年代記に記されているとおりである。こうして、「かつて野獣のごとく振る舞い、迷信に囚われていた隣人に満ちあふれていたプロイセンは、唯一の神を崇《あが》めはじめ、イエス・キリストの子羊たちが土地を所有することになった」。

プロイセンは「真理、敬虔、信仰のために戦うことを望む貴族や高貴な領主たちに相応《ふさわ》しい宿舎そして軍隊に最も適した家」となった。彼らの流した膨大な血のおかげで、プロイセンは名声と実質を得、異教徒の狂暴に対して確固とした要塞を築き上げた。

このような修道会の利点のゆえに、修道会はローマ教皇と神聖ローマ皇帝から多くの愛顧と特権を獲得し、多数の封地を付与された(3)。

この「愛顧と特権」こそ、騎士修道会の法的な存在根拠であった。ヴォルムディトが強調するのも当然である。その「特権」のゆえに、騎士修道会は存在し、また合法的に戦争を行うことができたからである(4)。

騎士修道会が公然と北部ヨーロッパとくにバルト海沿岸地域の異教徒に対し攻撃戦争を行い、支配領域を拡大し続けたのは、まさにこの「特権」の賜物であった。

ポーランド側の条約違反

ところが、ヴォルムディトによれば、このような騎士修道会の繁栄は隣国ポーランドの妬《ねた》みを引き起こすことになった。ポーランドは嫉妬にかられ、異教徒とさえ結びつき、平和のうちに暮らす騎士修道会に対し戦争をしかけてきた。その結果、騎士修道会は敗れ去り、トルンの条約がかわされた。

しかし、とヴォルムディトは続ける。トルンの条約の後にもポーランド側は不正を重ねた。そして、ついに、一四一四年七月十八日に再び戦争(「飢餓戦争」)を引き起こし、騎士修道会に対し重ねて不当な要求を提示した。

ポーランドの新国王とその全共同体は、ヴィタウタスとともに、「異教徒である兵士たちと結びつき」、暴力をもって欲望の対象である修道会の領土に対して攻撃を加えた。そして、彼らは、修道会に対してローマ教皇と皇帝が与えた諸々の特権と土地所有に関する権利およびそれを記した文書を無効とし、すべて廃棄するように要求した。そうしない限り、平和はありえない、というのである。

ヴォルムディトはこう記したうえで、彼らが、「不正にかつ神と人の道理のすべてに反して行為した」と断罪する。『メモランダム』は、この事実を示すために、トルン条約の主要な内容とそれに対するポーランド側の違反を逐一《ちくいち》指摘した。

その主要な条項とは、

① 第一条　平和の回復と遵守
② 第二条　捕虜の解放（騎士修道会側はその身請け＝買い戻しのために十万ボヘミア銀を支払ったという）
③ 第三条　戦争で双方が獲得した領地の返還
④ 第十八条　双方の特権と許可状および慣習と法の尊重、そして第一条に由来する条文として双方の商人の慣習に基づく自由な往来

に関するものである。ヴォルムディトは、そのすべてをポーランド側が破っていると主張した。[5]

背教の危機

そのような批判を綿密にしたうえで、彼はさらにプロイセンのキリスト教徒たちが背教の

危機に晒《さら》され、殺害され、悲惨な状態におかれていることを綿々と綴《つづ》る。

かつてローマ王にしてハンガリー国王ジギスムントが仲裁の裁定を下したが、ポーランド国王はこれを無視し、「キリスト教徒と異教徒とを一つの団体にまとめあげ、巨大な軍隊とし、修道会の国土を侵攻した」。タタール人たちは、若者たちを捕虜とした。捕虜となった者たちは将来、信仰を棄て、彼らの将来の子孫とともに嫌悪すべきイスラム教に改宗するであろう。

一体だれが、孤児たちの悲しみを、両親の悲しみと尽きることのない涙を、夫を失った女たちの長い絶えることのない嘆きを黙殺することができようか。一体だれが、神聖な館、都市、城、砦、農場その他の地域の放火、掠奪、破壊、人々の悲嘆、疲れ、逃亡、飢え、凍死しつつある者たちのうめき声を十分に語りえようか。

手と足を切断されて路上に放りだされた子どもたち、死んだまま自分の両腕に子どもたちをかき抱いている母親が見いだされる。散在した死体はそのまま放置され、妊娠した母は胎児とともに虐殺され、戦死者の数は信じられないほど多い。

多くの都市、城、砦、村は灰燼に帰し、大司教や司教の財産は執拗に放火され、廃墟と化した。壮大な景観を擁したカテドラルは攻城機によって攻撃され、救貧院は破壊された。七百(三百?)以上もの教会が破壊された。キリストや聖母マリア、その他聖人たちの画が槍によって切り裂かれた。これ以上、何を語りえようか。(6)

ヴォルムディトはさらに強く非難した。このような事態をもたらしたのは、ポーランドとポーランドによって雇われた異教徒たちだった、と。

キリスト教世界への挑戦

彼は、プロイセンに対する戦争はキリスト教世界に対する挑戦だ、と断言した。ポーランドは、異教徒たちをひきい、サラセンの同盟者たちとともにキリスト教徒と狂暴に戦っている。彼らは、「キリスト教徒を根絶するために」手をとりあった。

彼らの矛先は、いま騎士修道会に向けられている。「しかし、その歩みは、他のキリスト教国の擾乱《じょうらん》という最大の不幸をただちにもたらすであろう」。にもかかわらず、多くの有力者や賢者、そしてすべての人々が修道会の援助に向かおうとはしない。かつて、われわれの父や祖父たちは、キリスト教が傷つけられるのを見て武器をとった。彼らは、「共通の危機」のために駆けつけ、隣家の火が自分たちの家に襲ってくることのないように努力した。

しかし、今はそうではない。自分にかかわりがない限り、何人も他人の損害に注意を払おうとはしない。原始的な諸民族と隣接する者たちが、異民族の残虐に苦しめられ多大な損害を被っていても、彼らのおかげで平安でいられる同盟者、友人、親族はその力を使おうとはしない。

しかも、最近、司教たちは愚かにも異教徒に対して向けられた剣を鞘におさめ、武力を弱めるようにわれわれに命じた。その命令のために、修道会とプロイセンは二度とないほどの損害を受けてしまった。ローマ教皇は、敵をキリスト教の信仰に改宗させ、襲ってはならない、と命じた。しかし、これでは改宗した新キリスト教徒の安全を脅かし、大多数の異教徒がそのままであり続けるのを許すかのようではないか(7)。

『メモランダム』は、こうしてキリスト教信仰の武力による拡大という理念を示しつつ、最後の訴えへと進む。

なんと「スキャンダラス」なことか

まず、それは、キリスト教徒に対してサラセンやその他の異教徒たちに武器をわたしてはならないと「公会議」が命ずるように、訴えている。武器譲渡の禁止はすでに教会法に規定されているが、これに実効性をあたえなければ、キリスト教の栄光は失われることになるだろう、と。しかし、より重要なのは、醜い無為に耽《ふけ》っている貴族や領主たちに対して公会議が注意を喚起することである。

多数のキリスト教徒たちの血で贖《あがな》われてきた修道会はいまや絶滅の危機に瀕している。プロイセンの支配権がキリスト教の敵の支配下に移るとすれば、それはなんと「スキャンダラス」なことか。もしその敵が、異教徒に向かって作られていた城や都市の防壁を自己のものとするならば、それは今後、戦いの障害となるに違いない。

こうして、ヴォルムディトの『メモランダム』は次のように終わる。

自由な宣誓によって、自身の身体を提供した者たちによる防衛が消失しさることを欲してはならない。神の民のために、残虐な者たちの狂暴な刃の下に身を差し出すことを逡巡しなかった、この国プロイセンを危急のうちに見放してはならない。この地は、キリストの栄光のために常に聖なる戦争を行い、キリストの敵すべてを頻繁に打ち破った祖国である。さればこそ、ローマ教皇や司教たちは、この国を称賛と様々な特権で飾りたて、神聖ローマ皇帝は、それを今日にいたるまで自身の保護の下におき、名誉あるものとして防衛してきた。

「われわれは然るべき嘆息をもって、公会議の神聖な好意と国王の慈愛によって……その教皇の年代記や国王の年代記のうちに……修道会がこの時代に消滅してしまったと語る〔8〕ような、そんな損害の叙述が最初に見いだされることがないように、と願うものである」。

二つの論点

以上、ヴォルムディトの主張の骨子は二点に集約されるであろう。

一つは、騎士修道会が異教徒に対するキリスト教の擁護および布教の防護壁にして出撃の砦であった、ということである。その光輝ある使命と任務を忠実に遂行したために、騎士修道会は皇帝およびローマ教皇によってプロイセン地方を支配する特権をあたえられた。つまり、騎士修道会は世俗的な意味でも霊的な意味でも、キリスト教ヨーロッパの体現者である。したがって、騎士修道会の行ってきた対異教徒の戦争は明らかに「正しい聖なる戦争」であり、その結果、獲得した地方（とくにプロイセン）は正当な支配・所有の対象であり、その支配・所有は政治的にも法的にも正当である。

もう一つは、したがって、このような騎士修道会に対する戦争は不法であり、反キリスト教的だ、ということである。ポーランド国王が多数の異教徒を傭兵としてキリスト教世界の前衛であるプロイセンに侵攻するのは「キリスト教徒を根絶するため」としか言いようがない。それゆえ、とヴォルムディトはいう。公会議に出席する面々はかかる不法な行為を批判し、武力をもって結集し、プロイセンを救わねばならない、と。

このようなヴォルムディトの主張はそれなりに説得力をもっていた。

サラセン人との戦い？

まず第二点の方から見ると、当時のいくつかの年代記が、タンネンベルクにおけるポーランド・リトアニア連合の勝利を「タタール」や「サラセン人」の勝利と記していた、という事実を指摘しなければならないであろう。たとえば、中世ヨーロッパの代表的な「年代記」の一つである『フロワサールの年代記』もまた、これを「サラセン人との戦い」と伝えている[9]。

つまり、一般的には、リトアニアの改宗は疑わしく、ポーランド・リトアニア連合は異教徒との連合である、という印象がもたれていた。事実、ポーランド・リトアニア軍は異教徒である多数の傭兵を用いていた。ローマ教皇庁にも、ドイツ、フランス、イングランドの各地から、ドイツ騎士修道会を救援すべきだ、という要請が送られていた。

キリスト教世界の前衛としてのドイツ騎士修道会、これに対して異教的世界の雰囲気をただよわせているポーランド・リトアニア連合という図式は、それなりに一つのイメージを作り上げていた。

反論

しかし、たとえそうだったとしても、理論的には、この主張にはかなりの無理がある。ポーランド・リトアニア公国は、少なくとも形式的には明らかにキリスト教国だった。それは、何よりもローマ教皇庁によってはっきりと確認されていた。むしろ、教皇庁は騎士修道会に対して、リトアニアを攻撃しないように命じていた。

それゆえ、ポーランド側はこの点についてはほとんど反論していない。するまでもない、と考えていたのであろう。むしろ、それは、より積極的な反撃を試みている。

反論は、第一の論点、ひとことでいえば、異教徒に対する「正しい聖なる戦争」論に集中された。ポーランドはそこを突くことによって、ドイツ騎士修道会の行動様式とその存在意義そのものに疑問を投げかけようとした。

しかし、強靱《きょうじん》な論理と伝統をもつ、騎士修道会の「正しい聖なる戦争」論を論破しうる人物が果たしているであろうか。いったい誰が、公会議に参加している多数の政治的、宗教的、知的権威の前で、ポーランドの正当性を説得力をもって主張しうるであろうか。ヴワディスワフ二世は、幾人かの人物をコンスタンツにおけるポーランド側使節として選出していた。しかし、衆目の一致するところ、そのような困難な課題を実行するのに最も適任の学識者は一人しかいなかった。

その学識者とは、前述した教会法学者パウルス・ウラディミリである。

2　パウルス・ウラディミリ登場

幼時体験

パウルス・ウラディミリ、ポーランド式にいえばパヴェウ・ヴウォトコヴィッツは、ドウェガ出身の貴族の出で、北部ポーランドのマゾフシェ地方・ドブジィン地区にあるブルゼニに生まれた。おそらく一三七〇年から一三七三年の間に生まれたものと推定されている。

彼はそこで少年期をすごしているが、その頃、ドブジィンは騎士修道会に併合されていた。その少年期に、彼は抑圧されたプロイセン人の悲惨な状態、騎士修道会のメンバーや各地からやってきた騎士たちがポーランド各地を襲い、掠奪するさまを見て育った。このことは、彼の思想形成に大きな意味をもったように思われる。

彼は、現地の学校で教育をうけた後、皇帝カール四世（在位一三四六〜一三七八年）によって一三四八年に創立されたプラハ大学に進学し、一三八九年に学芸学士となり、一三九三年には学芸修士となっている。同年、彼は法学部に移り、一三九六年に法学士となった。この頃、彼がヤン・フスと接触し、友人となったという説もあるが、疑わしい。彼はその後、再び自由学芸部に戻り、ポーランドにいったん帰国する。その後イタリアに向かい、おそらく一四〇四年前後にパドゥア大学で教会法を学んだ。

ポーランドのために

パドゥアで、彼は偉大な教会法学者、フランシス・ザバレラに学び、多大な影響を受けている。ザバレラは、ローマ教皇の良き助言者であり、また後にコンスタンツの公会議で重要な役割を演ずることになった人物である。とりわけ、教皇ボニファティウス九世がドイツ騎士修道会に対してリトアニアへの軍旅を禁止した一四〇四年の教勅は、ザバレラの尽力なしには考えられないという。

この間に、ウラディミリはポーランドの外交活動の一翼を担っていた。一四一〇年のポーランドの勝利の報を彼はイタリアで聞いている。同年の後半に、彼は「教会法の教授免許取得者」としてポーランドに帰国し、クラクフ大学で教会法を教えはじめた。この時、ヨハネス二十三世は、彼に法学博士の学位を用いることを許している。

一説によれば、ウラディミリが教授免許を取得しながら、その公的な形式としての学位（法学博士）をパドゥアで取得できなかったのは、そのための学費を捻出しえなかったからだという。彼の実家は、騎士修道会の攻撃によって資産を失い、財力をなくしていたともいう。

しかし、とにかく彼はクラクフに足場をもち、一四一一年には「クラクフ教会の主教および司教座聖堂参事会員」となった。彼の学識は高く評価されていた。こうして、彼は、一四一四年の一一月にコンスタンツ公会議のポーランド・リトアニア使節団のメンバーに任命され、一四一五年にはクラクフ大学の学長に選出された。彼は、騎士修道会のイデオローグたちと対決し、ポーランドの正当性を論証するためにコンスタンツに向かった。(10)

「異教徒を討伐する戦争」は正当か否か

コンスタンツのウラディミリは、ヴォルムディトの主張に対して、とくに根本的な部分で、つまり修道会の存在根拠そのものに関わる、骨子の第一点について神学的かつ法的に反論した。すなわち、彼は、「異教徒を討伐する戦争」は正当か否か、それは「正しい戦争」か否かを正面から問題にした。

ウラディミリの反論の記録として残っているものでとくに重要とされる作品は二つある。一つは、一四一五年七月五日に公会議のドイツ地域部会でポーランド側使節によって読み上げられた『異教徒に関する教皇と皇帝の権力に関する、また騎士修道会に関する、さらにポーランドと騎士修道会との戦争に関する論稿』である。

いま一つは、一四一六年七月に公会議の総会で読み上げられた『異教徒に関する教皇と皇帝の権力について、また騎士修道会について、さらにポーランドと騎士修道会との戦争についての結論五二』（以下、『結論五二』）である。

この二つの文書はいずれも重要なものであるが、長くなるので、ここでは公会議の総会で読み上げられた正式の公的文書である『結論五二』だけを取り上げることにしよう。

風は思いのままに吹く

『結論五二』は、ヴォルムディトとはまったく逆の歴史・現実認識を示すことから始まる。

かつて粗暴であったプロイセン人やその他の異教徒は、いまでは騎士修道会の強固な支配の下にあり、久しくキリスト教徒と戦うことをやめている。だが、騎士修道会はこの「温和で静かな異教徒」とすら戦うことをやめず、彼らの土地と彼らの財産を襲い、援助を求めて他のキリスト教徒を招喚してやまない。そして、あたかも規則であるかのように、年に二度、いわゆる「軍旅」を聖母マリアの被昇天（八月十五日）および清め（二月二日）の祝日に行う。この襲撃によって、殺人と掠奪が繰り広げられる。修道会はかくして権力と富を増した。この行為は、異教徒のいかなる地域、領土、財産をも征服し、占有し、自己のものとなしうる、というローマ教皇および皇帝の文書なるものによって完成された。

しかし、「風は思いのままに吹く」（ヨハネによる福音書三・八）。「風」はついに異教徒たちの君主を洗礼へと導いた。臣民もまたキリスト教へと向かい、リトアニアなどでは多くの者たちが信仰をもつまでになった。しかし、修道会はこのような動きに不快感を覚えた。「なぜなら、征服を理由とする、前述の占有と所有が彼らから奪われることになるからである。彼らは、繰り返し、また継続的な慣習によって、大いなる狂暴さをもって、前述した新しい信者たちを襲い、洗礼を受けている者も、その他のまだ受けていない者も多数、残酷に殺し、司祭の談判や指令すら無視する」。

ついに、彼らは、あたかも戦争を行わんとする異教徒に敵対するようにして、キリスト教徒を呼び寄せ、カトリックのポーランドを侵略した。彼らは、城を破壊し、その他のものを灰燼に帰せしめ、掠奪し、殆ど言葉に尽くせないほどにまで新キリスト教徒に暴行を働いた。まるで、かつてのプロイセン人の残酷さが修道会に乗り移ったかのようである。ポーランドは抵抗を余儀無くされ、ついに修道会と戦った。修道会の力は根本的に破壊された。「一四一〇年七月十五日、戦場は死体で埋まり、ポーランド人たちの刀は騎士修道会員の血で濡れたのである」(11)。

ウラディミリは、「これほどの悲惨」を引き起こした「理由」をある教会法の理論に求める。彼によれば、その理論とそれによって異教徒との無差別の戦争を正当とする観念がこの悲惨な事態を引き起こした。その理論は「オピニオ・オスティエンシス（ホスティエンシスの見解）」という。

オピニオ・オスティエンシス

十四世紀の初頭に、オスティアの司教、セグジオのエンリーコ（?～一三七一年）という人物がいた。彼は、通例その任務地であるオスティアにちなんでホスティエンシスと呼ばれる。このホスティエンシスは十四世紀の代表的な教会法学者で、「教会法の土」との異名すらもつ人物である。

ウラディミリが「オピニオ・オスティエンシス」、つまり「ホスティエンシスの見解」と呼んだのは、この教会法の大権威の、異教徒に対する法的認識である。この理論は、異教徒を無権利者ととらえ、彼らを法の保護の外におくものであった。ウラディミリは、これを彼の反論の主要な対象とすることによって、ドイツ騎士修道会の歴史を全面的に否定しようとした。

この作業によって、論争は単に政治的なものではなく、学問的なものにまで高められることになった。十四世紀最大の教会法学者に対して、十五世紀の同様に偉大な教会法学者が教会法の伝統を踏まえつつ、独自の論理を駆使して真っ向から挑戦したからである。

彼自身、その前文でこう述べている。「なるほど私はたしかに……ポーランド国王のいわば使節とされているが、しかし、ここで語っているのは使節である私ではなく、博士である私である……」と。

ウラディミリの定義によれば、「ホスティエンシスの見解」とは次のようなものである。

オピニオ・オスティエンシスとは、キリストの生誕以来、すべての裁判権（iurisdictio）、統治権（principatus）、名誉（honor）、所有権（dominium）が異教徒からキリスト教徒へと移り、今日では、裁判権、支配権（potestas）もしくは所有権といったものは異教徒の下には存在しない、という見解である。この見解にしたがえば、そもそも異教徒たちにはそのような能力がなく、キリスト教徒はローマ帝国（imperium）を認めない異教徒たちを攻撃しなければならない。ローマ帝国を認めない異教徒たちに対するそのような戦争は、キリスト教徒に関する限り常に正当で合法である。[12]

ウラディミリは、この「オピニオ・オスティエンシス」を「騒乱」の源泉であり、「多数の殺戮」と「強奪」への道を準備するものだという。「もし異教徒たちに所有権がなければ誰もが彼らのものを所有し、強奪することが許されることになる。それゆえ、この主張は危険であり、公会議はこれを必ずやそう宣告しなければならない」と。

ウラディミリはさらに続ける。イタリアの著名な両法博士、ペトルス・デ・アンコラノによれば、異教徒たちの土地と財産を、たとえ彼らが平和的に共存することを望んでいても、盗み、奪い、所有し、侵略しうる、とするホスティエンシスの見解は非条理である。なぜなら、「罪を犯すことは許されない」からである。

律法は「盗んではいけない。殺してはいけない」と定め、すべての強奪と暴力を禁じている。また、ホスティエンシスの見解は、汝が望まないことを他人にしてはならない、という「自然法」やその他のキリスト教の教えにも背くものである。

ウラディミリは、こうしてこの「意見」を論駁する独自の法理論を展開した。

ローマ教皇の支配権

『結論五二』は、内容的には大きく三つに分かれている。

第一の部分（結論一～結論二〇）は、異教徒の法的権利を論ずるためにローマ教皇の支配権の普遍的性格を示し、その上で異教徒の諸々の権利にかかわることがらを論じている。二番めは結論二一から二八までであり、これは主として皇帝権力の本質を教皇権との関連で扱い、異教徒との関係を勘案している。

結論二九から五二にいたる第三のまとまりは、主として騎士修道会の活動の非合法性を指摘し、ローマ教皇の支配権の普遍的性格を示した上で異教徒の諸々の権利にかかわることがらを論じている。最後にもう一度、いわば総括として、一般的に異教徒の法的立場に関する記述が行われる。私も、その順序にしたがって、ウラディミリの見解を考察していくことにしよう。

最初に、ウラディミリは、一見すると異教徒の権利を否定しかねない基本的認識を伝える。その認識によれば、教皇権は現世においても普遍的至上性を有する。この権力は、「教会という囲いに属さない」「異教徒」にも及ぶ。なぜなら、異教徒もまた「キリストの羊」であり「創造者にしたがう」ものだからである。キリストはいう。「私にはまた、この囲いにいない他の羊がある」（ヨハネによる福音書、一〇・一六）と。インノケンティウス四世によれば、この囲いとは「教会」のことである（「結論一」）。

しかし、これは、キリストの下で、キリスト教徒も異教徒もともに等しく保護される「羊」だ、ということを意味する。それゆえ、ウラディミリによれば、キリストがペテロに語られた「私の羊たちを飼いなさい」（ペテロの第一の手紙五・二）という言葉は、異教徒に対しても無差別に用いられねばならない(13)。

ペテロの後継者たちは、単に彼らを成長させるだけでなく、彼らを守らねばならない。教皇は彼らを助けねばならず、「（正当な）原因が理性ある者たちに要求するのでない限り、彼らを攻撃してはならず、傷つけてもいけない」。なぜなら、「権利の生ずるところから不法（権利侵害）が生じてはならないからである」（「結論二」）。

したがって、「キリスト教の君主たちは、正当原因（iusta causa）がない限り、ユダヤ人やその他の異教徒たちを自己の支配地から追放してはならず、彼らから掠奪してはならない」。なぜなら「法は、静かに暮らすことを望んでいる者たちを苦しめてはならない、と定めているからである」（「結論三」）。

異教徒の権利を尊重せよ

そもそも、すべての被造物はすべての者たちに「共通」のものである。「万民法すなわち自然法および人定法によれば、物の所有権は明らかである。すなわち、ある者によって先占された物は、他者によっては占有されえない。それは、自然法の禁止するところである」。それゆえ、「汝は、汝の隣人たちの境界を踏み越えてはならない」（「結論四」）。

したがって、たとえローマ帝国の存在を認めようとしない異教徒がいたとしても、ただそのことを理由として、彼らから、「支配権、所有権もしくは裁判権を奪うことは許されない」。彼らもまた、神が創造されたものであり、「神の権威により、罪なくしてそれらを有するからである」。神はその足元に、「すべてのもの」つまり「すべての羊と牛」をおかれたのである（「結論五」）。

また、異教徒に対して信仰を強制することも許されない。「異教の放棄は自由意思によらねばならない。なぜなら、多くの教会法が主張するように、この召命が効力を有するのは、神の恩寵によるしかないからである」（「結論八」）。

それゆえ、「修道会に対してあたえられたという、異教徒の土地の征服を許可するローマ教皇の諸々の勅書」は、それが異教徒の土地に対する権利を一般的に否定するものであれば、「偽造」の疑いが濃い。もし異教徒の権利がその勅書のために「合法的な理由なく」奪われるとすれば、それは「法そのものによって無効である」(14)（「結論二〇」）。

ウラディミリはこのように、ローマ教皇が騎士修道会に一般的にあたえたとされている、異教徒に対する攻撃、征服、所有の許可を否定し、異教徒自身の支配権や所有権を尊重するように訴えた。

皇帝の支配権

第二の部分は、皇帝による修道会への一般的許可に関するものである。彼は、これを次のように否定する。

現世における教皇権の普遍的至上性により、教皇は霊的裁判権と俗的裁判権をともに有する。これは、教会法、自然法および神法の定めるところである。教会法については、ボニファティウス八世の「ウーナム・サンクタム」に明らかである[15]。

また、自然法についても、アリストテレスによって、これは自明である。彼によれば、一者が主要的に統治するのが最善の統治であり、この世の統治権を有するのが一者たるべきであるとすれば、それは教皇にほかならない。なぜなら、皇帝が霊的なことがらに関してなんら権力をもたないことは歴然としているからである（「結論二一」）。

たとえ皇帝がローマ法により「世界の支配者 mundi dominus」と呼ばれるとしても、教会法によれば、彼は支配者ではありえない（「結論二三」）。とはいえ、世俗の裁判権の執行は、とくに魂と肉体の分離に関わる刑事事件において、皇帝や国王に委ねるのが理に適っている（「結論二五」）。

したがって、「皇帝は、自己の帝国を認めない異教徒たちの土地を征服する許可をあたえることはできない」。なぜなら、「皇帝は第一の権力をもたず、服従的な第二の権力あるいは単にこの権力の執行権を有するにすぎないからである」(「結論二七」)。

こうして、ウラディミリは、騎士修道会が異教徒支配の実定法的根拠とするローマ教皇および皇帝の一般的特許状の正当性を否定し、修道会の行為を断罪する。『結論』の第一および第二のまとまりの総括、あるいは第三のまとまりの前提としての「結論二八」は次のように断定している。

プロイセンの騎士修道会、あるいはその他のものたちにあたえられた、異教徒の土地の征服に関する皇帝の文書は、修道会に対していかなる権利をもあたえるものではなく、むしろキリスト教徒を欺くものである。本来、自身が有しないものをあたえることはできない。それゆえ、ローマ教皇の文書も皇帝の文書も、自然法と神法に反して、そのような特権を彼らにあたえることはできない⑯。

騎士修道会の非合法性

ウラディミリは、このような法的論理にしたがって、さらに修道会の行動の違法性を強調する。

平和のうちに暮らす異教徒と戦う、あるいはむしろ彼らを攻撃するプロイセン騎士修道会は、決して正戦（iustum bellum）を実行しているのではない。

なぜなら、およそ法たるものは、「平和のうちに生活を送ろうと望んでいる者たちを攻撃する者たち」を認めないからである。この場合の法とは、自然法、神法、教会法、ローマ法である。彼らの戦いが「正戦」でないとすれば、それは不法以外のなにものでもない。「キリスト教徒による異教徒に対するそのような攻撃は、単に隣人愛に反するだけでなく、他人の物を非合法に奪うのであるから、それは窃盗であり、強盗である」。なぜなら、「キリスト教徒も異教徒も、等しくわれわれの隣人だからである」（「結論三〇」）。

しかも、「異教徒を武器もしくは圧迫によってキリスト教信仰へと強制することは、合法的ではない」。これは、隣人に対する不法であり、善を生み出すための悪でもない。教会法が記すように、「笞によってキリスト教を要求する」のは不正である（「結論三二」）。

他人を改宗させようとする者は、改宗をその「苛酷」さではなく、その「魅力」によって推進しなければならない。これは、ユダヤ人について定められたことだが、「すべての異教徒に対して普遍的に拡大される」[17]（「結論三三」）。

神の休戦に違反

しかも、騎士修道会の攻撃は毎年、特定の祭日に行われており、明らかに不正である。なぜなら、正しい戦争のためには「時期」が問題となりうるからである。「他の場合には正しくても、戦争が禁止される時期がある」（「結論三七」）。一般に祭日や休日に戦うことは許されない。いわゆる「神の休戦」である。

神の休戦が停止し、それが許容されるのは、ただ「法律をもたない緊急の場合だけ」であり、そうでない限り、他人を自由に攻撃することは許されない（「結論三八」）。それゆえ、騎士修道会が神聖な休息日に異教徒に対して慣習的に攻撃を行うことは誤っている。その行為は「明らかに欲望もしくは支配せんとする欲望に由来し、神の霊的な平安を破壊する。このような行為は禁止される」（「結論四二」）。

ウラディミリは、このような騎士修道会の行為を「キリスト教に敵対する風習」と断言する。それゆえ、このような「攻撃」に参加する者たちは、神の休戦に違反し、「法と裁判官の権威によらずしてキリスト教徒を攻撃するのとまったく同じ理由によって、罪を免れない」。「人は人よりもむしろ、神にしたがわねばならない」（使徒行伝五・二九）。「法の無知、とくに自然法と神法の無知はこれを許さない」（「結論四四」）。

こうして、ウラディミリは、プロイセン騎士修道会に対して、不正に奪った物の返還を要求する。「不正な戦争で奪った物は、占有者の物たりえない。占有者は、これを占有している限り、罪なしには済まない」。そのような不正な暴力によって占有されている物は、瑕疵《かし》あるものと呼ばれ、時効による取得もありえない[18]（「結論四六」）。

ウラディミリの主張はこれにとどまらない。彼は、異教徒は実力によって奪われたものの返還をキリスト教徒の裁判所に対して請求することができる、という、当時としては驚くほど進歩的な見解に到達した。「強奪されるか引き抜かれた物をキリスト教徒の裁判所に請求する異教徒に対して、正義が拒絶されてはならない。なぜなら、インノケンティウス（四世）によれば、物の正当な所有は自分自身の下にあるからだ」（「結論四九」）と。

ウラディミリの結論

ウラディミリはこうして最後につぎのように総括する。

異教徒は今日においては裁判権、名誉、支配権あるいは所有権について全く能力をもたない、と主張するのは不敬であり、不合理である。まさに、このような無謀な主張がこの地において殺人や強奪に道を開いているからである。そのような諸権利の所有者がいないとすれば、それらの権利を奪い、あるいは征服することすら許されるであろう。このような考えから生まれる結論は、キリスト教徒は罪を犯すことなく窃盗を行い、強盗することができるとか、領土を侵略し異教徒それもキリスト教徒と平和のうちに暮らそうと望んでいる異教徒の財産を侵害することができる、というものである。これは明らかに、すべての強奪と暴力を禁止している律法「盗んではならない。殺してはならない」に反している。人類共同体の法が異教徒に対して許しあたえることは、一般に彼らに対して否定されてはならない[19]（「結論五一」）。

むろん、このように主張することは、異教徒の支配する地域では、キリスト教徒もまたその支配に服さねばならないことを意味する。これは、「信仰の危機」をもたらしはしないであろうか。

この疑問に対して、ウラディミリは最後の結論でこう答える。「異教性」と「支配権」とは必ずしも矛盾しない。なぜなら、「支配権」や「優越性」は人間の法である「万民法」によってもたらされたものであり、キリスト教徒と異教徒との区別は神法によるにすぎないからである。「しかして、神法は神の福音に由来するものであり、自然的理性に由来する人法を廃絶するものではない」（「結論五二」）。

先駆者

ウラディミリがコンスタンツの公会議で異教徒の権利を強く主張したことは明らかである。彼は、有力で権威あるホスティエンシスの見解を正面から否定し、あくまでも異教徒の政治的支配権や生命・身体の自由、そして所有権を認めた。

彼は、平和のうちに暮らす異教徒とキリスト教徒との共存を切望し、これを法的に論理化した。彼の見解は法的論理として首尾一貫しており、当時の権威ある神学者や教会法の規定そして聖書の教えを巧みに用いた説得的なものであった。

ウラディミリの理論が単に異教徒の権利を弁ずることだけを目的としたものでないことは明らかである。彼は、ポーランドの代表であり、その点で一つの限界をもっていた。また、彼の論理の背景には、皇帝権力と教皇権力との対立があり、それに対する彼の認識に注目しなければ、その議論の展開がローマ教皇や神聖ローマ皇帝の権力の在り方を論ずるという形式のうちに行われたことの意味を十分には理解できないであろう。そして、彼の立場は基本的には教皇主義的であった。

しかし、彼が教皇の立場を尊重する者であったとしても、彼は、教皇のあたえることのできる特権の限界というものを弁《わきま》えていた、ということがここでは重要である。ローマ教皇といえども、異教徒からただ異教徒というだけで、彼らからその支配権や生命・財産を奪うことはできない、と彼は断言した。後に国際法学の開拓者であるビトリアやグロティウスによって主張され、今日、近代国際法あるいは国際人権思想の先駆と評価されうる言葉が、ヨーロッパ最初の大規模な「国際会議」で公然と語られたのである[20]。

3　論争の果て

論争の拡大

ドイツ騎士修道会は、ウラディミリの強烈な議論に驚愕し、これに対する反論を準備した。修道会の委嘱をうけて、ハイデルベルク大学出身の教会法学者ヨハネス・ウルバッハが『聖母マリアドイツ騎士修道会の地位と異教徒に対する彼らの戦闘について、およびキリスト教徒がその自衛のために異教徒の援軍を求めることについて』を著し、『結論五二』に対する正式の反論を行った。これは、一四一七年の七月に公会議で読み上げられている。

ウルバッハはその前文でいう。騎士修道会は、「殉教を望んでキリスト教の敵と日々戦い、キリスト教徒の静穏のために労苦を担い、彼らの生のために自身の命を奪うことを苦にも」せず、その軍事行動と勤勉さにより、「神の加護をもってキリスト教徒の多くの地を異教徒やその他の不信仰者たちの侮辱、奇襲、残忍さから救い解放し、しかも敵対する異教徒たちをキリストの信仰およびキリスト教へと導き、キリスト教徒たちの国境をも不信仰者たちの侵入から守り、多くの地における労苦をなく」すことに成功した。ところが、『結論五二』は、いくつかの「破滅している基礎」にもとづいてその修道会を批判している。『結論五二』の「破滅している基礎」とは、まず「異教徒はキリストの羊であり、それゆえ教皇を通じて牧され、慈しまれねばならない」という訴えである。また「異教徒の下に、支配権、裁判権、所有権が法的にかつ罪なくして存在し、彼らからそれを奪うことは、たとえ皇帝の許可によるとしても、許されない」と断言したことである。

要するに、『結論五二』は「修道会の地位と軍事行動を侮辱し、ののしり」、「ローマ教会およびローマ帝国ならびにカトリック教徒たちの諸権利と支配権を打ち砕き、奪いとり」、「教会、帝国、キリスト教徒とその諸権利に敵対する異教徒やその他の不信仰者たちを余りにも優遇し、彼らを特権化している」。ウルバッハは『結論五二』をこう批判したうえで、その主張をさらに具体的に展開した。

ウルバッハの結論一八

その具体的展開は一八の「結論」を述べるという形で行われた。この様式は明らかに『結論五二』と同一であり、そのことによってウルバッハは『結論五二』と正面から向き合ったといってよい。この一八の結論は、大きく二部から構成されていた。その第一部は、「第一の点、すなわちドイツ騎士修道会および異教徒に対するその戦闘および軍事行動に関する一四の結論」からなる。また、第二部は、「第二の点、すなわち〔キリスト教徒が〕自衛のために異教徒の援軍を求めることに関する四つの結論」からなる。

ウルバッハは、この結論一八で、ローマ教皇の異教徒に対する保護義務を否定し、彼らの支配権や裁判権を認めず、皇帝が異教徒に対して正戦を行使する権利をもつことを容認した。さらに、彼は、ドイツ騎士修道会が「教皇もしくは皇帝の裁可」によって全キリスト教徒のために戦う合法的存在であることを強調した。したがって、「騎士修道会の戦争においては、戦争が適宜に異教徒たちに対して行われるがゆえに、不信仰者および戦闘時のその同盟者が捕虜となった場合には、彼らは捕獲者の奴隷となる。また、彼らの財産は騎士修道会が正当に取得する」(21)(「結論一一」)。

ウルバッハは、こういった骨子からなる主張を法的に行った。彼の主張は冷静で、客観的かつきわめて知的であった。それは、ウラディミリと同様に、教会法とローマ法の知識を駆使し、多数の教会法学者、教皇、教父、ローマ法学者、ローマ・ギリシアの著作家たちの著述を根拠として議論を展開する、すぐれて学問的なものであった。ウラディミリは、ただちにこれに反論した。骨子は、『結論五二』とほぼ同じである。

ヨハネス・ファルケンベルク

さらに、ドミニコ派の神学者ヨハネス・ファルケンベルクという人物が登場する。彼は、騎士修道会の意図からも離れて、独自の判断でポーランドとウラディミリを批判した。彼は、まさに批判の激烈さにおいて際立《きわだ》っていた。

彼の作品は『風刺』と題された詩である。これはタンネンベルクの戦いの後に、おそらく一四一二年か一三年に記されたもので、「ポーランドの国王は偶像であり、すべてのポーランド国民は偶像崇拝者であり、自己の偶像ヤゲルに仕えるものである」とか、国王と国民を「その不信仰という反吐《へど》に戻った恥ずべき犬」と激しく罵《ののし》っている。

ちなみに、ヤゲルとは、ポーランド国王ヤギェウォをさしているが、この言葉はポーランド語のヤグワ（とうきびの実）とも解釈され、侮辱的で挑戦的だった。そして、この詩は、結論として「世俗の君侯たちは、軍隊を派遣して、神にそむいたすべてのポーランド人とその国王をこの世界から滅ぼさねばならない」と言いきっている。その全編を通じて、かなり凄まじい詩である。(22)

ポーランド側はこれにただちに反応した。ウラディミリが二つの反論を書くと同時に、ファルケンベルクを異端のかどで公会議に訴えた。パリで印刷された『風刺』は、一四一七年の初頭にコンスタンツにもちこまれ、その当否が論じられた。公会議は、同年二月に委員会を設置し、ファルケンベルクを三月に逮捕、拘禁した。

しかし、公会議によって新たに選出された教皇マルティヌス五世（在位一四一七～一四三一年）は彼を異端のかどで処罰しようとはしなかった。公会議の終了する直前の一四一八年の五月に、マルティヌス五世はようやく委員会の聴問を行い、決定を下した。『風刺』は異端的ではないが、侮辱的で破廉恥である。それゆえ、著作は公に「裂かれ、ずたずたにされ、足で踏み潰されねばならない」[23]と。

ファルケンベルクは、フィレンツェとローマで六ヵ月間、拘禁されたが、その後、解放された。ある意味で、これは、ファルケンベルクをポーランド国王の手から逃れさせるためのものともいえた。ファルケンベルクの背後には、皇帝主義者や反ポーランド派がついていた。イデオロギー的にも、彼の主張は基本的な点ではむしろ少なからぬ知識人の共感を呼んでいた。異教徒を攻撃することは正当であり、ポーランド国王が異教徒を傭兵としたことは非難に値する、という認識は確固として存在していた。[24]

公会議とマルティヌス五世の態度

このような雰囲気のなかで、コンスタンツの公会議は、一四一七年八月十二日、一二二〇年十二月のローマ教皇ホノリウス三世の教勅を確認する。その教勅は、ドイツ騎士修道会に対して次のことを命じていた。

汝らは、カトリック教会、とりわけ異教徒の専制の下にある教会を守るべく、汝らの汚物を一掃すべく果敢に励んでいるがゆえに、余は汝らに異教徒たちからの掠奪物のなかから得たものを自由に汝らの利用に供することを許す。また、余は、その掠奪物から汝らの意思に反してその一部をなんぴとかにあたえるよう強制されることがないように命ずる。(25)

この教勅を確認したということは、公会議がウラディミリの主張を退けたことを意味する。さらに、新教皇マルティヌス五世もまた、一四一八年一月二日に教皇アレクリンデル四世の特権状を確認し、五月七日には彼の前任者たちがドイツ騎士修道会にあたえたすべての特権を概括的に確認している。彼は、ポーランド国王ヴワディスワフ二世に対して、騎士修道会と和平を取り交わすように、いささか脅迫めいた書簡すら送っている。(26)

また、彼は、ファルケンベルクの『風刺』に対する異端宣告を執拗に求めたウラディミリに対して、破門の脅しをもって沈黙するように命じたという。この限りでは、ドイツ騎士修道会に対して「プロイセンの異端」とさえ言いきったウラディミリの主張は明らかに退けられている。

曖昧な閉幕

しかし、ポーランドもウラディミリも敗北したわけではない。

公会議はもとより、騎士修道会に対して同情的だったと思われるマルティヌス五世ですら、ポーランドに対しては言うまでもなく、ウラディミリその人に対して、断罪するような行動にでることはまったくなかった。教皇は、ポーランドのヴィタウタスとヴワディスワフ二世をロシアにおける教皇代理に任命さえしている。その限りでは、ポーランドを反キリスト教的と訴え、全ヨーロッパの武力をもって攻撃するように強く訴えたドイツ騎士修道会もしくはその代弁者たちの主張も、具体的な効果をあげることはついになかったといってよい。

要するに、コンスタンツの公会議は、この論争に決定的な判定を下さないままに終了した。ドイツ騎士修道会とポーランドのいずれかが勝利し、どちらかが正当な公式の見解になるということもなかった。明確な判定が下されないまま、論争はコンスタンツの公会議とともに静かに幕を閉じていった。

こうして、「コンスタンツの論争」は、劇的な結果を見ることなく終わった。そこでの議論、とりわけウラディミリの先駆的な思想は、歴史の経過のうちに静かに埋もれ、忘れ去られていくのである。

エピローグ――「北の十字軍」の終焉とヨーロッパのグローバルな拡大

ドイツ騎士修道会国家の消滅

コンスタンツでの試みおよびその後の努力にもかかわらず、ドイツ騎士修道会の威勢は「タンネンベルクの戦い」によって急降下した。ドイツ騎士修道会国家は、異教徒への攻撃と支配、キリスト教国家の建設という本来の使命をまっとうする力を失ったからである。

事実、ドイツ騎士修道会国家は、その後、ポーランドによって圧倒され、一四六六年の第二次トルン条約によって、ポーランドにクルマーラントとグダンスクや首都マリエンブルクを含む東ポメラニアを割譲し、わずかに東プロイセンを領有するだけになった。首都もマリエンブルクからケーニッヒスベルクに移された。

しかも、騎士修道会総長は、その残された領域についても、ポーランド国王の封建臣下としてそれを封土として受け取るにすぎない、というありさまであった。こうして、騎士修道会のプロイセンは、一九三〇年代に国際問題の焦点となった、いわゆるポーランド回廊と呼ばれる、バルト海にいたる西プロイセンとケーニッヒスベルクを中心として完全にドイツ化された東プロイセンとに分離する。

この東プロイセンについても、ポーランドは影響力を行使して、一四九八年にはザクセンのヴェッティン家のフリードリヒを、一五一一年にはブランデンブルク・アンスバハのアルブレヒトを修道会総長とすることに成功した。近代プロイセン国家の支配者であるホーエンツォレルン家と（東）プロイセンとの結びつきがここに始まった。

しかも、アルブレヒトは、一五二三年にマルティン・ルターと会い、多数の騎士たちとともにルター教徒となる。プロイセンがポーランド国王に帰属する世俗的なプロイセン公国になったのは、その二年後の一五二五年のことであった。カトリック・ヨーロッパを形成する切っ先であったドイツ騎士修道会国家はこの時、完全に消滅した。(1)

騎士修道会国家の支部であったリヴォニアもまた、独立性を失う。リヴォニアのラント長官であるヴァルター・フォン・プレッテンベルクの尽力によって、リヴォニアは、プロイセンよりも長命であったが、一五六一年、最後の長官であるゴットハルト・ケットラーのもとで消滅した。ケットラーは、クールラントとセミガリアを得て、世俗国家クールラント公国を設立した。また、ポーランドは残りの大部分を獲得した。しかし、バルト世界での覇権を争っていたデンマークとスウェーデンとロシアが介入して、それぞれエーゼル、タリン、ドルパットと東エストニアを領有することになった。タリンは、一七一〇年にリーガとともにロシア領となる。(2)

「北の十字軍」の終焉

ドイツ騎士修道会国家の没落はまた、「北の十字軍」の終焉を意味した。なぜなら、十

四、十五世紀になると、その担い手は、ドイツ騎士修道会にほぼ独占されていたからである。この意味において、「北の十字軍」は、「タンネンベルクの戦い」とともに実質的に終焉したといえるであろう。

たしかに、フスの処刑を契機として一四一九年にはじまった「フス戦争」の際に十字軍が派遣されているし、その後も何度か十字軍がロシアの支配地域に送られている。しかし、フス派への十字軍は「異端」に対するものであり、ロシアとの戦いもスウェーデンが散発的に担ったにすぎない。異教徒を実力によって討伐し、その地をキリスト教化するという作業を実行する意思と可能性は、ドイツ騎士修道会の弱体化とともに、十五世紀初頭にはほぼ消失していた。真剣に「北の十字軍」が構成され、異教徒もしくはそうみなされる敵と生死を賭けた戦いが実行されたのは、「タンネンベルクの戦い」をもって終わったのである。

その最大の直接的な理由は、「北の十字軍」の担い手であるドイツ騎士修道会が軍事的に致命的な敗北を喫したのち、国内に反騎士修道会の勢力が勢いをまして、国家が半ば内戦状態に陥ったことにある。

しかし、ある意味で、より重要な理由がある。それは、ドイツ騎士修道会が十字軍を呼びかけても、もはやヨーロッパ全域はいうまでもなく、ドイツからすら騎士や兵士が集まらなくなってしまったことである。ドイツ騎士修道会国家は、十字軍に参加する騎士たちによる支援を決定的な支えとしていた。その援軍がなければ、これはもう立ち枯れるしかなくなってしまう。

騎士修道会が、ヨーロッパの騎士たちを引きつける魅力を失ったのには、むろん理由がある。もっとも大きな理由は、「敵」がいなくなった、ということであろう。騎士修道会は、繰り返し記してきたように、本質的に常備十字軍国家である。その近隣に敵対すべき「異教徒」がいなければ存在する意味がない。リトアニアはその格好の標的であったが、キリスト教化することによって、異教徒国家であることをやめてしまった。騎士修道会は実力によってこれを阻止しようとしたが、逆に致命的な敗北を喫してしまった。

さらに、ヨーロッパの関心がバルト海域から失われたことが大きい。より大きな関心が他の地域に移ってしまったのである。その関心の一つは、トルコである。強力なオスマン朝トルコの出現がヨーロッパとくにヴィーンを脅かしていた。これは、ある意味で十字軍思想を西アジアで弱めることを意味した。強大なオスマン・トルコに対して、現実に十字軍を派遣することはきわめて困難であった。事実、一四五三年のコンスタンティノープルの陥落は、この地域のキリスト教化を断念させるのに十分な事件であった。

この時期に十字軍の精神という観点から関心を大きくひくことになったのは、イベリア半島であった。東と北で失われた、異教徒の排除とキリスト教化のエネルギーは、西のイベリア半島に吸い込まれるように流れ込んでいった。アラゴンとカスティーリャ、そしてポルトガルのキリスト教徒たちは、イスラム教徒を半島の海岸線にまで追い詰めつつあった。イスラム教徒は、地中海の彼方に放り出されかねない情勢であった。

それだけではない。キリスト教徒たちは、地中海を超えて、アフリカに、そしてさらにその先にまで進み始めた。その過程で、「北の十字軍」を彷彿させる出来事が発生した。新しいフロンティアが「発見」され、征服されたのである。

カナリア諸島

北アフリカにまでレコンキスタの勢いが及び始めていた十四世紀の初頭、ポルトガル人は新しいフロンティアを「発見」した。

一三一二年に「発見」されたこのフロンティアは、カナリア諸島と呼ばれた。ここには、イスラム教徒もその政治的支配もなかった。存在したのは、ウルバヌス五世の文書（一三六五年）によれば、「法を持たず、宗教を知らず、ただ太陽と月を崇める」だけの先住民であった。(3)

カナリア諸島は、ポルトガルとスペインの係争地となり、両国はその支配権をめぐって争い続けた。結局、一四七九年の条約（アルカスヴァス条約第九条）によって、カナリア諸島はスペインに譲られることになった。しかし、スペインもまた、この条約で、ギニアやアゾレス島、ヴェルデ岬諸島、その他南方の土地と交易にたいする権利をすべてポルトガルに委ねている。この条約は、一四八一年にシクストゥス四世によって確認された。

さて、カナリア諸島については、ローマ教皇がすでに大きな関心をはらっていた。とりわけ興味深いのは、エウゲニウス四世（在位一四三一～一四四七年）である。彼は、一四三三年と一四三四年に、島に住む司教からの報告に基づいて、ヨーロッパのキリスト教徒たちに、これ以上カナリア諸島に立ち入ることを禁止する教勅を発布している。

というのも、その報告によれば、キリスト教徒の一団が改宗した先住民たちを襲うからである。エウゲニウスによれば、そもそも先住民たちは自然法にしたがって生活し、異教にも異端にもとくにそまっていない、いわば素朴な住民たちである。にもかかわらず、攻撃者たちは、島民を無差別に襲い、彼らを奴隷化しようとした。エウゲニウスがこの教勅を出したのは、先住民とくに改宗した者たちを攻撃者たちから守るためだった。

しかし、この動きに対して、ポルトガルの国王ドゥアルテ（在位一四三三〜一四三八年）は、立入の禁止をすでにヨーロッパ人が住んでいる所に限定するように要求した。国王は、先住民が信仰も法も文化ももたない者たちであり、彼らに「国家法（leges civiles）」と「上品な生活方法」を教えることを自己の使命と考える、と主張した。彼は、自らの支配権の拡大を狙っていた。この要求にエウゲニウス四世は、教勅「ローマ教皇は（ロマヌス・ポンティフェクス）」（一四三六年九月十五日）をもって、こう答えた。

したがって、余は、使徒の権威および天上から余にあたえられた全権によって、以前にキリスト教徒たちによって占有されていた所を別として、汝に前述したカナリア諸島を征服することを許し、汝がそれを汝の権力のもとにおきキリスト教に改宗させた後には、その諸島をただちに汝に服従させるものとする。これらの諸島は、永遠にかつ完全な権利のうちに汝と汝の後継者たちのもとにおかれねばならない(4)。

教皇エウゲニウスは、キリスト教を広げるために、ポルトガルがキリスト教徒のいない所を征服しうるように、従来の禁止を和《やわ》らげたのである。しかし、これは、あくまでポルトガル国王に対するものであった。エウゲニウスは、改宗した新キリスト教徒と未来のキリスト教徒を奴隷商人から守るために、ポルトガル国王に征服と支配の独占的権利をあたえたにすぎない。教皇があたえた独占的権利は、あくまで先住民の保護とキリスト教の伝道のためであった。

ギニア以南

しかし、保護は、キリスト教世界の拡大・支配と表裏の関係にある。この点で注目されるのは、ニコラウス五世（在位一四四七〜一四五五年）の「ローマ教皇は（ロマヌス・ポンティフェクス）」（一四五五年一月八日）である。

それは、ポルトガルの国王、ジョアン一世（在位一三八五〜一四三三年）とアフォンソ五世（在位一四三八〜一四八一年）、航海王子エンリケ（ジョアン一世の三男。一三九四〜一四六〇年）の活躍に言及し、彼らがイスラムの支配下にあったセウタを一四一五年に陥落させた後、「サラセン人とその他のすべての異教徒たち」と戦い、大洋上の島を「キリスト教徒たちで満たし、教会とその他の神聖な建物を建築した」ことを最初に誉め称える。

教勅は続ける。やがて、王子エンリケの努力によって、島の先住民たちはキリスト教に改宗した。エンリケは、キリスト教を信仰するといわれるインド人と協力して「サラセン人と他のそのようなキリスト教の敵」と戦うために、インドへの航路を求め、ついにギニアに到達した。

「やがて、多くのギニア人とその他の黒人は、武力によって捕虜とされ、あるいは禁制でない商品との交換、あるいは合法的な売買契約によって獲得されて、ポルトガルに送られた。その大部分はカトリックの信仰に改宗した」。ポルトガルの国王と王子は、彼らの成果を横取り、少なくとも妨害されないように、「ポルトガルの水夫や船、一定の租税の支払、および彼らの明確な許可」がない限り、「何人《なんぴと》もこの地方に航海し、その港で交易し、海で魚を敢て取ろうとしてはならない」と定めた。

にもかかわらず、この規定を破り、この地に出かける他の国民があとを絶たない。それゆえ、と教勅は断言した。ポルトガルの国王にたいして、セウタとボジャドール岬、全ギニアをへて、さらにその南部海岸地方のかなたに至る海域の「異教徒たち及びその他のキリストの敵、ならびに彼らの王国や領土……、彼らの有するすべての動産と不動産を襲い、征服し、捕獲し、撃破し、服従させ、彼らの人格を永遠の隷属の下におき、……彼らを彼らの利益のために改宗させる、完全かつ自由な権限」をあたえる、と。(5)

これは、「北の十字軍」で語られたことと基本的に同一である。「北の十字軍」の下で鍛えられた法的論理と実践が、新しい南のフロンティアに適用されている。しかも、ニコラウス五世は、この教勅のなかで、自身の教勅と同様の内容の許可がすでに、コンスタンツの公会議の終幕を飾った、あのマルティヌス五世によってジョアン一世に対してあたえられていることに言及している。

マルティヌス五世は、「北の十字軍」をめぐる論争に終止符を打つと同時に、教皇の立場からその論理をアフリカとアジアに対して適用する先鞭《せんべん》をつけていた。彼もまた、インノケンティウス四世の論理にしたがって、「世界の羊たちへの配慮と統治」の使命を教皇のものとしていた。教皇の唯一の願いは、異教徒たちを「主の羊」とすることである、と。

世界分割線

世界全体に対する配慮と異教徒たちを「主の羊」にしようとするローマ教皇の願いは、アレクサンデル六世の教勅「他の業の中にあって（インテル・カエテラ）」（一四九三年五月四日）に、より鮮やかに伝えられている。この教勅は、西方の新世界をスペインにあたえ、その独占的支配権、通商権を確認し、ポルトガルとの勢力圏を確定しつつ、コロンブスに言及していることで有名である。

教勅は、カスティーリャ、レオン、アラゴン、シシリー、グラナダの国王フェルディナンドおよびその女王イサベラに向けられている。二人は、コロンブスによる新しいこの発見を教皇に伝え、その地に対するスペインの権利を訴えた、といわれている。それゆえ、コロンブスは、と「他の業の中にあって（インテル・カエテラ）」はいう。

「非常に遠隔の、およびこれまでだれにも発見されなかった大地を発見した」。この大地において、金やその他の財宝が発見された。カトリックの王侯・君主はかの地の人々をカトリックの信仰に向ける使命を有する。この使命を実現するために、神の権威によって、「イエス・キリストの代理人」ローマ教皇は、「あなたたちの使者と船長たちによって発見されたすべての島と土地をあなたたち、およびあなたたちの後継者たち、カスティーリャとレオンの国王に対して、それらの支配地、都市、要塞、村落、諸々の権利、裁判権および付随する一切のもの、ならびに北極つまり北から南極つまり南に……線をアゾレス島およびヴェルデ岬諸島として一般に知られている島々から西と南に向かって一〇〇リーグ（約五五〇キロメートル）の地点に引き、その西と南に発見され、またされるであろう島々と大地とともに、贈与し、許可し、確認する[6]」。

ただし、これは、そのラインのかなたに発見された、またはされる大地であっても、すでに、イエス・キリストの生誕からこの一四九三年にいたるまでに、すでにキリスト教徒の君主に現実に所有されたものでないことを前提とする。この教勅はまた、「帝国や王国のいかなる地位にある者でも」、カスティーリャの国王の「特別の許可」がない限り、かのラインのかなたの大地に「交易のために」出かけてはならない、と規定した。通商・交易の独占的権限をスペイン国王にあたえたのである。

アレクサンデル六世の教勅は、たしかにスペインとポルトガルとの間の係争を解決することをめざしたものであった。しかし、それはまた、スペインに委ねられた世界のなかにあってもキリスト教徒の支配者がいるところは除外されているように、非ヨーロッパ世界または非カトリック世界にカトリック・ヨーロッパを拡大する、中世以来の歴史的運動の一つの表現であった。そこに、ローマ教皇が介在する理由と必然性が存在した。

親愛なる息子、クリストファー・コロンブス

アレクサンデル六世の「他の業の中にあって（インテル・カエテラ）」は、主をもっとも喜ばせる作業として、「今日では、カトリックの信仰とキリスト教を高め、それを至る所に広め、魂の平安を配慮し、野蛮な種族を抑え込み、信仰へと進めること」を挙げている。スペインの国王はこの目的のために、血を流すことさえ厭わずに働き、グラナダをイスラム教徒の手から奪い返すことに成功した。その上、スペイン国王は、伝道のために、これまで他の誰にも発見されなかった遠隔の島々や大地を求め、そのために「親愛なる息子、クリストファー・コロンブス」を選んだ。

教勅は続いて、先住民に言及する。コロンブスは、大洋を航海し、ついにこれまで発見されなかった島々と大地を発見した。そこに住む人びとは、「平和のうちに暮らし、衣服を着けず、肉を食べない」。報告によれば、これらの民は、「ひとりの神、天上の創造者を信じ、カトリックの信仰を抱」く可能性を有しており、「善きモラルの訓練を受けるのに適しているように思われる」。それゆえ、とアレクサンデル六世は訴える。この先住民たちを信仰へと導くように、スペイン国王と女王に心から願うものである、と。

　要するに、アレクサンデル六世にとって、新たに発見された大地に住む人びとのキリスト教化が最大の目的だった。その使命を果たすための環境を作ることのできる、実績あるスペイン国王に、その地に対する独占的かつ排他的な権利をあたえたのもそのためだった。環境作りは、すでにコロンブスが行っていた。教勅はいう。


　そのコロンブスは、主要な島々のなかの一つに十分に装備された城を設置し、築きあげさせた。彼は、そこに彼の仲間であるキリスト教徒を安全のために配置した。彼らが、遠い未発見の島や大地を探索するためである。(7)

異教徒の権利

いま言及した三つの教勅は、新たに発見され取得された地域とそれに関連する諸権利をそれぞれポルトガルとスペインにあたえると同時に、将来取得されるであろう地域やもの、それに関係する権利まで両国の国王にあたえることを「命令し宣言」している。この教勅は、来る十六世紀におけるスペインとポルトガルによる、いわゆる「新大陸」の植民地化を正当化するものであった。

　しかし、大航海時代に異教徒の権利を論じたのは、ローマ教皇だけではない。十六世紀のスペインは、初期国際法学の開拓者たちを輩出している。ビトリア、ヴァスクエス、カイェタヌス、スアレスなどは、神学理論を踏まえつつ、自然法論や万民法（国際法）理論を駆使して、アメリカ大陸の「発見」によって生じた「異教徒」との関係を道徳的かつ法的に論じたことで有名である。

十六世紀のスペイン国際法学にとってもっとも重要な問題は、異教徒ははたして支配権と財産権を有するか否か、キリスト教徒は彼らから正当かつ合法的に彼らの土地、財産、生命、自由を奪いうるか否か、であった。それは、問題意識の点において、ローマ教皇の三つの教勅と同一線上にある。

というのも、教勅は、かつて知られていなかった土地と人びとに出会った有力なキリスト教徒、つまりポルトガルとスペインの国王たちに、異教徒の住むその土地と財産、生命と自由、海とその資源を奪い、所有しうることを公然と認め、「使徒の権威」によってその権限を授けたからである。これは、大航海時代に投げかけられた最重要課題に対する一つの権威ある解答であった。

サラマンカ学派

しかし、十六世紀のスペインでは、この問題に関して、もう一つの法的議論が提起された。それは、異教徒もまた支配権と財産権を有し、それゆえ、異教徒であるというただそれだけを理由として、彼らを攻撃したり、彼らの生命、自由、財産を奪うことはできない、とするものであった。なぜなら、その見解によれば、異教徒もまた、自然法と万民法の下にあって、キリスト教徒と平等な権利を有するからである。
　この後者の立場を代表したのが、サラマンカ大学の神学＝法学教授、フランシスコ・ビトリア（一四八三〜一五四六年）である。彼は、神学特別講義の第十二講「インディオについて」およびその第十三講「戦争の法について」において、自然法と万民法の観点から異教徒の権利性を確認した。例えば、彼は、「野蛮人たちが、スペインの到来以前、公的にも私的にも真の所有者だったか」否か、という問題を設定して、こう断言する。

　大罪（恩寵の状態にないこと、つまり異教徒であること）は市民法上の所有権も真の所有権も妨げるものではない(8)。

　インディオはキリスト教徒と同じく、公的にも私的にも疑いもなく真の所有者であり、まさにその理由から、インディアスに住む個々人も君主たちも、あたかも真の所有者ではないかのようにその所有物を奪われてはならない……(9)。

ビトリアなどとくにサラマンカ大学で活躍した神学＝国際法学者たちをさして、サラマンカ学派という。ビトリアは、その開祖であり、後の議論に大きな影響をあたえた。

ラス・カサス

ビトリアは、開明的だった。彼は、インノケンティウス四世やパウルス・ウラディミリと同様に異教徒の権利を認め、スペインの征服者たちの行動を批判する論拠を人びとに指し示した。彼はまた、人類共同体とその法としての万民法（国際法）という構想を指し示し、後に、「国際法の父」フーゴー・グロティウス（一五八三～一六四五年）に大きな影響をあたえることになる。もっとも、彼は、ヨーロッパの「新世界」への拡大を可能とする論理も同時に提供しているが、それについてはここでは触れないことにしよう。

さて、ビトリアの開明的な側面を受け継ぎ、インディオの自由と権利のために戦ったドミニコ会の修道士がいる。彼の名をラス・カサス（一四七四～一五六六年）という。ラス・カサスは、中米におけるスペインの征服者たちの所業を厳しく断罪した。彼は、「人間はすべて自由である」という自然法を論拠として、異教徒の支配権や所有権、自由を否定する思想や行動と戦いつづけた。彼は、征服者たちが「スペイン国王への服従と帰順を勧め、それに従わなければ、彼らを殺したり、奴隷にしたりしなければならない」と主張したことを次のように批判した。

そのように恐怖心を植えつけられ、脅迫されれば、インディオたちでなくとも、その見知らぬ王の支配に従い、支配権を認めるようになるであろう。しかし、だからといって、野望と悪魔のような貪欲さに心を奪われて盲目になった人たちが、いささかも正当な権利を手に入れたことにはならない。……その不逞《ふてい》で身を持ち崩した人たちが手に入れたと考えているその権利をどんなに正当化しようと努力してみても、自然の法、人定の法、神の法に照らせば、まったく無益なことである。(10)

彼は、この『インディアスの破壊についての簡潔な報告』や大著『インディアス史』、『インディアス文明史』などでインディオの優れた資質や温和な性格と植民者たちの暴力的で不正な行動を描き、インディオに対する征服、加害行動を止めるように主張しつづけた。ラス・カサスは国王カルロス五世に訴えをおこし、国王は、インディアス枢機会議の要請をいれて、「新世界」において「インディオを国王に服従させる方法を協議する」ための審議会を設置した。審議会は、一五五〇年八月十五日バリャドリードで開始された。

「バリャドリードの論争」

この当時、征服者たちの行動をいわば「正当戦争」として肯定、弁護して、ラス・カサスと対決していたのは、当代きってのアリストテレス学者、フアン・ヒネス・デ・セプールベダ(一四九〇～一五七三年)であった。

彼は、『第二のデモクラテス』を著し、キリスト教的正義とアリストテレスの先天的奴隷人説(生まれつき奴隷にふさわしい種族があり、そのような者たちは、理性ある支配者たちに支配されるのが自然であり、また幸福である、とする説)を主張し、劣等で野蛮な異教徒から土地や自由、財産を奪うことは正当である、と強調した。しかし、彼は、その出版許可を求めたが、サラマンカ学派の神学者たちによって妨害されていた。

ラス・カサスに関して詳細な伝記を記した染田秀藤氏によれば、審議会はラス・カサスとセプールベダの二人を呼び、その説を聞いたが、二人はともに「過去に行われた戦争の正当性をめぐって激しく論争し」、そのために、この審議会は「バリャドリード論戦」(一五五〇～五一年)と呼ばれることになった、という。インディオの権利をめぐる争いとして、有名な「バリャドリードの論争」はこのようにして始まった[11]。

二人は、それぞれ別個に議論を展開し、審議会はその論旨の作成を委員の一人である著名な法学者ドミンゴ・デ・ソトに委ねた。ここでは、アレクサンデル六世の「インテル・カエテラ」の解釈も論じられた。結果は、それほどはっきりしていない。しかし、一般的には、ラス・カサスの主張が認められたといわれる。というのも、セプールベダの『第二のデモクラテス』に出版許可が下りることはついになかったからである。一五七三年にはインディオの基本的権利を承認する基本法が発布されている。

王権がインディオの保護に理解を示したのには理由がある。スペイン国王は、カトリックの布教に使命感をもちつつ、アメリカ植民地の経営を直接行いたいと考えていた。ところが、スペインの征服者たちは、伝道とキリスト教化には関心をもたず、先住民からすべてを奪い、半ば封建領主のように国王からも自立的にインディオの地を支配することをめざしていた。ラス・カサスの主張が聞き入れられたのは、国王にとって、植民地で征服者たちの放《ほう》埒《らつ》な支配と行動を規制することが有益だったからである。

しかし、国王の支配はアメリカにはなかなか及ばなかった。したがって、征服行動と支配の実態は、容易には改善されなかった。他のヨーロッパ諸国からの植民者たちも同様である。彼らは、先住の異教徒たちの権利に思いを馳せることがなかったし、あったとしてもさまざまな理由をつけては彼らの存在と権利を否定していった。

深層心理としての「十字軍」

とにかく、「新世界」では、バルト海沿岸地帯と同様に、異教徒の先住民にたいして、攻撃と征服、生命・自由・財産の掠奪が実行されていった。この二つの、時代の離れた歴史現象にはある種の類似性が認められる。

現代アメリカの歴史学者、ブランデージによれば、十字軍の「聖戦」思想とアメリカ大陸の征服・植民活動とは深く関係している。彼はいう。十字軍は、世界中すべての地域の非ヨーロッパ人と非キリスト教徒に対して、キリスト教徒の拡張主義者がとる軍事行動の「モデル」であった。ラテン・アメリカはいうまでもなく、北アメリカのプロテスタントの間でも事態は同様だった。アメリカ合衆国の西部への拡大のうちに聖戦のイデオロギーの痕跡を認めることは、それほど難しいことではない、と[12]。

ブランデージの説を証明するにはまた別個に十分な検討を必要とするが、布留川正博氏の興味ぶかい著述がある。それによると、「北米インディアンの奴隷化」はスペイン人の「奥地探検隊」によって開始されたという。「プロの誘拐団による人狩りと戦争によって奴隷化が進展し、フランシスコ会の修道士が『布教』の名のもとにインディアン狩りの先頭に立つことも多かった。そして伝道本部では『博愛』『文明化』の名目で彼らに改宗とスペイン語教育が強要された[13]」。

むろん、オランダ人もフランス人もイギリス人も同様にインディアンの奴隷化を推進した。とりわけ興味ぶかいのは、ナザニエル・ベーコンの例である。彼は、ヴァージニア植民地で独立革命の先駆ともされる「ベーコンの反乱」をおこしたが、真の狙いは近隣のインディアンを奴隷化し、その土地を掠奪せんとするものであった。彼は、奴隷制プランテーションを経営する「反インディアン十字軍」のリーダーであった。この十字軍思想は、兵士に対してインディアンとその所有物を掠奪する権利と、捕虜となったインディアンを奴隷とする権利を保証した[14]。

ウォーラーステインの世界システム論

いわゆる「大航海時代」は、ヨーロッパが世界に拡大する時代であった。東は、アフリカからアジアをへて日本にまで、ヨーロッパはやってきた。しかし、すでに文明と整った政治制度と軍事力を有した諸国については、ヨーロッパは交易とひそかに奴隷を連れ帰ることで満足せざるをえなかった。その奴隷のなかには、日本人もいた。藤木久志氏によれば、幕府の鎖国政策に通ずる、異国への「人身売買停止令」が東南アジアの軍事的緊張のなかで一六二一年に出されたのもそのことと関係するという[15]。

しかし、コロンブスが「発見」したアメリカでは、征服と植民、先住民の殺害と奴隷化、フロンティアの開拓と「文明化」が大規模に推進された。それにはさまざまな理由と原因があると思われる。おそらく、この出来事は、近世ヨーロッパの主権国家の領土欲や植民地をめぐる覇権争いという角度からだけでは十分には理解できないであろう。私が本書の最初に、「十六世紀以後のヨーロッパの世界進出を従来の研究とは違う角度からとらえうる」可能性に触れたのも、このことと関係する。ヨーロッパは突如として、拡大したのではない。

繰り返すが、中世の「ヨーロッパ」は、内部にも外部にも十字軍を派遣し、「ヨーロッパ」の純化と形成、拡大を続けていた。イベリア半島では、イスラム教徒を追い出すための「再征服（レコンキスタ）」が十字軍（思想）と密接な結びつきのうちに展開されつづけた。そのレコンキスタの延長線上に、アフリカやアメリカがあることは、明らかであろう。少なからぬローマ教皇が、イベリア半島に住むイスラム教徒を攻撃、支配、掠奪することを、そしてキリスト教徒に「罪の赦免」をあたえ、攻撃し、奪い、征服することを赦していた。それは、大航海時代の教皇の勅書に直結する。

また、プロイセンやバルト海沿岸地帯、今日のバルト三国に派遣された十字軍とその思想は、アフリカとアメリカへの「ヨーロッパの拡大」のひな型を提供するものであった。この地方は、かつてキリスト教徒が住んでいたわけでも、直接支配していたわけでもなく、イスラム教徒が強固な支配を行っていた事実もない。そこには単に比較的プリミティブな異教徒が住んでいたにすぎない。この十字軍は、キリスト教ヨーロッパの北のフロンティアを攻撃、支配し、その同化を図り、教皇と教会法学者はその実行を道徳的にも法的にも正当化した。これが、十六世紀以降のアメリカ大陸の歴史を準備したのである。

大航海時代は、ヨーロッパのフロンティアが大西洋とインド洋を越えて、世界に拡大する時代であった。ヨーロッパ大陸の枠の中で行われていた「ヨーロッパの形成」は、ここに大きな舞台を獲得する。イベリア半島とバルト海域で鍛えられた「ヨーロッパ拡大の論理」は、とりわけ新たに「発見」された、インディオやアメリカ・インディアンといった、比較的プリミティブな異教徒たちから支配権と財産権、信仰と自由を奪うことに貢献した。

ウォーラーステインは、ヨーロッパを「中核」とし、非ヨーロッパを「辺境」または「周辺」に組み込み、従属化させることによって成立する「世界システム」が大航海時代に生まれたと主張し、大きな反響を呼んだが、彼もまた、この時代のヨーロッパの対外進出を「二度目のそれであった」と記している。むろん、一度目の発展は、各地のフロンティアで行われた「十字軍運動」であった。(16)

ヨーロッパの中核化と拡大は、大航海時代に直接的な端緒を有するとはいえ、実は中世ヨーロッパのもとで、準備され、推進されていた。

もっとも、ウォーラーステインは、この一度目の「フロンティアの拡大」とその後の趨勢《すうせい》および傾向をあまり高く評価していないように思われる。しかし、「世界システム」の形成もまた、ウォーラーステインが考えている以上に、中世後期における「ヨーロッパ」の形成、拡大運動と密接に関わっている、と私は考える。

弁証法のヨーロッパ

しかし、最後に付け加えねばならない。ヨーロッパは、みずからの暴力的な世界支配に反対する、強力な思想と勢力も生み出している。異教徒の権利を認めるローマ教皇（インノケンティウス四世）や神学者（トマス・アクィナス）、聖職者（ラス・カサス）、教会法学者（パウルス・ウラディミリ）、そして国際法学者（ビトリア）が現われ、程度の差はあれ、異教徒の権利を認め、ただ異教徒であるから、という理由で生命や財産を奪うことに反対した。その個々の思想家や思想になお多くの点で、キリスト教絶対主義やヨーロッパ中心主義の要素が認められるとはいえ、このことは銘記しておくべきであろう。

この点でも、ヨーロッパは、大航海時代以前に一つの伝統をもっていた。インディオの「発見」によって行われた「バリャドリードの論争」の約百四十年前に、論理的にはほぼ同様の論争（「コンスタンツの論争」）が戦わされていた。その一方の当事者であるパウルス・ウラディミリは、その論拠をインノケンティウス四世やトマス・アクィナスにおいていた。そして、その自然法と万民法は、ギリシア・ローマにその起源を有している。

この神学者や教会法学者は、またその根拠を自然法や万民法においていた。そして、その自然法と万民法は、ギリシア・ローマにその起源を有している。

ヨーロッパは、非ヨーロッパを征服し、植民し、従属させてきた。また、そのための論理を磨いた。しかし、同時にまた、これを批判する勢力と論理を生み出した。その双方が互いに鎬《しのぎ》を削ったのがヨーロッパである。

ヨーロッパの思想と行動と歴史は弁証法的に展開する。

同じことは、私がこれまで考察してきた時代よりもさらに後の時代についてもいえる。しかし、自然法と啓蒙主義、絶対主義とアンシャン・レジームの時代からフランス革命と近代国民国家、帝国主義と世界戦争の時代をへて現代にまでいたる、その弁証法的過程を論述するには、また別の機会を待たねばならないであろう。

註

プロローグ

（1）セルゲイ・M・エイゼンシュテイン『映画における歴史と現代』（エイゼンシュテイン全集、第一部第四巻、エイゼンシュテイン全集刊行委員会訳、キネマ旬報社、一九七六年）、一五九ページ。以下エイゼンシュテインについては、篠田正浩と山田和夫『エイゼンシュテイン』（岩波書店、一九八三年）『エイゼンシュテイン』（紀伊國屋書店、一九八〇年）などを参考にした。

（2）エイゼンシュテイン、註1前掲書、一五五ページ。

（3）エイゼンシュテイン、註1前掲書、一四四ページ。

（4）エイゼンシュテイン、註1前掲書、一五六ページ。

（5）永井清彦『国境をこえるドイツ』（講談社現代新書、一九九二年）、九六ページ。バルト三国については百瀬宏・志摩園子・大島美穂『環バルト海―地域協力のゆくえ』（岩波新書、一九九五年）などを参照。

（6）アーロン・グレーヴィチ『中世文化のカテゴリー』（川端香男里・栗原成郎訳、岩波書店、一九九二年）、一〇五〜一〇六ページ。

（7）Edgar N. Johnson, The German Crusade on the Baltic, in : K. M. Setton, *A History of the Crusades*, Vol.Ⅲ, Madison, 1975, p. 565.

（8）Acta Honorii Ⅲ（1216-1227）et Gregorii Ⅸ（1227-1241）, ed., Aloysius L. Tăutu（1950）, p. 286, in : James Muldoon, *Popes, Lawyers, and Infidels*, University of Pennsylvania Press, 1979, pp. 36-37.

第一章

（1）ちなみに、ここに登場する諸王はみなそれぞれの支配地で王権の強化をはかり、部族法典を編纂したことでも歴史に名を残している。クロヴィスは治世の晩年になって、サリー・フランク人のために『レックス・サリカ Lex Salica』（五〇八〜

五一一年頃に成立）を作らせている。この法典はフランク王国のもっとも重要な法典で、後のフランスの王権にも影響をあたえ、十四世紀になってその第五十九章が女性の王位継承権を否定する根拠規定とされたことで有名である。これは、現在でもこの時期の人びとの考え方や制度を知るうえで不可欠の資料である。

また、グンドバッド王は、いわゆる『グンドバッド法典』（五〇一～五一五年頃に成立）を編纂し、もっともローマ法的なゲルマン部族法を作成したことで有名である。さらに、アラリック二世は、国内に住むローマ人のために『西ゴート・ローマ法典』（五〇六年）を作成している。アラリックは五〇七年に戦死しているので、その一年前に法典を公布したわけだが、グンドバッドは逆にクロヴィスに敗北してから法典をまとめたことになる。

（2）この事実について、六世紀ガリアのトゥールの司教グレゴリウス（五四〇頃～五九四年）が一つの逸話を伝えている。その話は次のようなものである。

グンドバッドはディジョンで敗れた後、兵をまとめてアヴィニョンに逃げ込んだ。ところが、「クロヴィス王はグンドバッドを町から引き出して殺すために、更に軍隊を増強し」、グンドバッドは絶体絶命の危機に陥る。ところが、この時アリディウスという賢明な臣下が現れた。彼は、クロヴィスに寝返ったかのようにみせたうえで、クロヴィスをこう説得した。

「なぜ……あなたの敵が最も安全な場所にいる時に、あなたは軍隊を留めているのですか。あなたは耕地を荒らし、草原を食い尽くし、ぶどうの木を倒し、オリーブの木を切り、土地の産物のすべてを破壊しています。しかもその間かれを害することは何もできないのです。それよりもむしろ使者を送って、かれがあなたに毎年払うべき貢物を課しなさい。そうすれば土地は害を受けず、あなたは貢物を納めるこの男を永久に支配するでしょう。もしかれが承知しないなら、その時にはお気に召すようにしなさい」（トゥールのグレゴリウス『歴史十巻（フランク史）Ⅰ』〔兼岩正夫、臺幸夫訳、東海大学出版会、一九七五年〕、一五五ページ）。

（3）時代は四世紀ほど遡るが、ゲルマン人の習俗を見事に描き出している、タキトゥスの『ゲルマーニア』にも次のような記述がある。

「人あって、もし彼ら（山内註：ゲルマン人）に地を耕し、年々の収穫を期待することを説くなら、これ却って、敵に挑んで、〔栄誉の〕負傷《いたで》を蒙ることを勧めるほど容易ではないことを、ただちに悟るであろう。まことに、血をもって購《あがな》いうるものを、あえて額《ひたい》に汗して獲得するのは懶惰《らんだ》であり、無能であるとさえ、彼らは考えているのである」（タキトゥス『ゲルマーニア』〔泉井久之助訳、岩波文庫、一九七九年〕、七七ページ）。

（4）グレゴリウスによれば、王妃は次のように説得したという。

「あなたが崇拝している神々は、無価値です。それらの神々は、それ自身も他の人びとも助けることはできなかったのです。というのは、それらは石や木や何かの金属から彫られたものだからです。しかもそれらにあなたたちが与えた名は、人間たちのもので、神々のものではありませんでした。……例えばジュピター自身のように。かれはあらゆる淫乱の最も汚らわしい実行者で、男たちを辱しめ、一族の女を汚し、また妹自身が『ジュピターの妹であり妻である』と言っているように、かれは自分自身の妹と同衾するのをおさえることができませんでした。マルスとメルクリウスは、何をすることが出来たでしょうか。かれらは神の名の権力を持っていたというよりも、むしろ魔術を備えていたのです。『天と地と海とその中にあるあらゆるもの』を言葉によって無から創り出した者、太陽を輝かし天を星で飾った者……その手によって人類を創った者、その恵みによって、これらすべての被造物が、かれの創った人間に従順に喜んで仕えるようにさせた者をむしろ崇拝すべきです」。

しかし、クロヴィスはその言葉に動かされなかった。彼はこう反論したのである。「われわれの神々の命令によってすべてのものは創られ、出現した。しかし、お前たちの神が何もできないということは明らかである」と（トゥールのグレゴリウス、註2前掲書、一四五ページ）。

（5）それは、こう伝えられている。「しかし王は、遂にある時アラマン人と戦争することになるまで、どうしてもこの信仰を受け入れようとしなかった。その戦争において、王は今まで心で否認していたことを、必要に迫られて信仰しなければならなくなった。すなわち次のようなことが起こった。両方の軍隊が衝突して激しく殺戮が行なわれ、クロヴィスの軍隊は正に全滅に瀕した。これを見た王は、目を天に向け、悔恨の心で涙を流して言った。『クロティルデが、生ける神の息子であると説いているイエス・キリストよ、困っている者に援助を与え、あなたに望みをおく者に勝利を与えると言われているイエス・キリストよ。私は心からあなたの援助の光栄をお願いします。もし私にこれらの敵に対する勝利を恵んで下さるなら、そして私が、あなたの名によって清められた人びとが、あなたについて認めたと説いているあの奇蹟の力を体験したならば、私はあなたを信仰し、あなたの名によって洗礼を受けましょう。なぜなら私は、われわれの神々を呼びましたが、しかし私が経験するところでは、われわれの神々は私を助けることをしてくれません。それ故私は、かれらは、かれらに仕える者を助けてくれないのですから、何の権力も備えていないと信じます。私は今、あなたに呼びかけます。そして敵の手から私を救って下さりさえすれば、私はあなたを信仰することを望みます』。かれがこのように言った時、アラマン人は背を向けて逃走し始めた。かれらは自分たちの王が殺されたのを知ると、クロヴィスの権力に屈服して言った。『これ以上人びとを殺さないようにお願いします。既にわれわれはあなたの家来です』。そこでかれは戦争を止めさせ、人びとを訓戒し、平和に帰国し、いかにしてキリストの名に呼びかけて勝利を得たかを王妃に語った。これはかれの治世一五年のことである」（トゥールのグレゴリウス、註2前掲書、一四七～一四九ページ）。

（6）グレゴリウスのこの記述の信憑性については、疑いがないわけではない。一説によれば、クロヴィスの改宗の時期はもっと後の五〇六年頃であり、その動機も支配下にあるローマ人の懐柔のためだという。また、クロヴィスとともに改宗した人びとの数ももっと少なかったと考える学者もいる。しかし、いずれにせよ、クロヴィスが、フランク人の支配階層および戦士たちとともにキリスト教を信仰するに至ったことは確かである。そして、その動機が戦争の勝利のためであった、というのも大いにうなずけるところである。なぜなら、戦士である彼らにとって、戦争に勝つことこそ他の何にもまして重要だったからである。もともと、戦争の勝敗の帰趨は神の優劣によって左右されると彼らは信じていた。戦勝した場合に、彼らの神々に捕虜を含む戦利品を捧げるのも、その礼というべきであろう。したがって、キリストの神がもっとも強いのであれば、それを信ずるのは当然であり、これは彼らの宗教的感性に反することではない。改宗の理由を、最近の一部の歴史家のようにローマ人の懐柔のため、などと考えるのは、あまりにも近代的な解釈ではあるまいか。十三世紀のエストニア人も、敗北してキリスト教を受け入れるに際して、同趣旨のことを語っている。参照、本書、第三章2の「フェリーン（ヴィリャンディ）攻防」の項。

(7)『サリカ法典』（久保正幡訳、創文社、一九七七年）、三〇ページ。なお、ラテン語表記の部分を省略し、漢字・仮名遣いを一部変更した。

(8) 参照、K・クレッシェル『ゲルマン法の虚像と実像―ドイツ法史の新しい道』（石川武監訳、創文社、一九八九年）。

(9) エインハルドゥス『カロルス大帝伝』（國原吉之助訳、筑摩書房、一九八八年）、八ページ。

(10) Annales Regni Francorum, ed., G. H. Pertz, F. Kurze, Hannover, 1895., p. 8.

(11) C・ドーソン『ヨーロッパの形成』（野口啓祐・草深武・熊倉庸介訳、創文社、一九八八年）、二六八ページ。

(12) ドーソン、註11前掲書、二五〇ページ。

(13) 山田欣吾『教会から国家へ―古相のヨーロッパ』（創文社、一九九二年）、三三ページ。

(14) ドーソン、註11前掲書、二四八〜二四九ページ。

(15) エインハルドゥス、註9前掲書、一八ページ。

(16)『ローランの歌』第二六六節（佐藤輝夫、山田𣝣、新倉俊一訳、ちくま文庫、一九八六年）、二七〇〜二七一ページ。

(17) その時の模様はロルシュの修道士によって次のように描かれている。
「なぜならその当時、皇帝の称号はギリシア人の間に存在しなくなっていたからである。というのも、彼らは女性の支配下にあったからである。教皇レオと公会議に参列したすべての司教たち、そしてその他すべてのキリスト教信者たちは、皇帝の称号はフランク国王、カールに贈られるべきである、と考えた。なぜなら、彼は、皇帝が常に居を構えていたローマおよびイタリア、ガリア、ドイツの諸都市を保有するからである。また、彼らは、全能の神がこれらの諸都市すべてに対する権力を彼にあたえられたがゆえに、神の御加護と全キリスト教徒の要請によって、彼がその称号をうるべきである、と判断した。国王カールは、彼らの要請を否定しようとは思わなかった。そして、敬虔をもって神に仕えつつ、聖職者と全キリスト教徒の要請にしたがって、彼は、クリスマスの日に教皇レオによる戴冠の儀を得て皇帝の称号を受け取ったのである」(Annales Laureshamenses, M. G. H., SS., I, p. 38.)。

(18) 次のような記述が見られる。
「その間にノルマン人はあらゆる地区で海賊的な掠奪を行い、フリースランド人を服属させ、貢納させた。この時、彼らは、ライン川を遡りケルンを包囲し、さらにエルベ川を遡航してハンブルクに火を放った。この素晴らしい都市は、掠奪と放火で完全に廃墟と化してしまった。教会、修道院、多大な努力によって収集された蔵書も破壊されてしまった。聖アンスガルは、聖遺物だけをもって逃げだしたといわれる」(Magistri Adam Bremensis Gesta Hammaburgensis Ecclesiae Pontificum [c. 1076], Monumenta Germaniae historicis, Hannover, 1917 [1846], I・xxi, *History of the Archbishops of Hamburg-Bremen*, translated by F. J. Tschan, New York, 1959.)。

　この事件がおきたのはおそらく、八四五年のことである。彼はしばらくヴェルダンに居を構えるが、ルイ敬虔王がこれを憐れんで、ブレーメン司教区を彼にあたえた。

(19) Adam, Gesta, I・lii. この年代記の著者である

アーダムは、ブレーメンの聖堂付属校の教師であった。著作がほぼ完成したのは、一〇七五年ないし七六年で、彼が死ぬ一〇八一年まで推敲が続けられたと思われる。

(20) Ibid., I・liii.

(21) よくできた話ではあるが、オットー大帝とハロルドが戦ったというのは歴史的事実としては確認されていない。ハロルドが皇帝オットー二世と戦って敗れたという事件はあるが、これは九七四年のことであり、大帝はすでにその前年に死亡している。しかし、デンマーク国王ハロルドがおそらく九六五年頃に洗礼をうけ、デンマークがキリスト教国となった、ということは一応、妥当と考えてよいであろう。オットー一世がハロルドを倒してデンマークのキリスト教化のきっかけを作ったという話は、大帝が九五五年にレッヒフェルトでマジャール人を撃退してハンガリーに閉じ込め、同年、バルト・スラブ人であるヴェンデ人を撃破し、九六二年にローマで戴冠して神聖ローマ帝国を創建した英雄だったからであろう。

(22) 参照、Eric Christiansen, *The Northern Crusades —The Baltic and the Catholic Frontier 1100-1525*, London, 1980, pp. 26ff. クリスチャンセンのこの著作は「北の十字軍」に関する最も包括的な作品で、本書でもしばしばその成果を利用した。

(23) ビリング家の血統が一一〇六年に途絶えてからは逆に、ザクセン大公が代々オボトリート族の住む領土の辺境伯を兼ねることになる。また、ゲロの死後、ヴェンデ人の領域の中南部一帯の辺境伯が再編された。ウィルツェ族に関してノルトマルクとオストマルク、ソルビア族に対してはマルク・マイセンが編成されたのである。

(24) Helmoldi Presbyteri Bozoviensis, *Chronica Slavorum* (c. 1171), Darmstadt, 1983 (1963), c.16.

(25) Ibid., c.16.

(26) E・N・ジョンソンは、バルト海地方への十字軍運動について、とくにこの点を強調している。E. N. Johnson, The German Crusade on the Baltic, in: K. M. Setton, *A History of the Crusades*, Vol. III, Madison, 1975, pp. 545ff.

(27) アーダルベルトはデンマーク、ノルウェー、スウェーデンに使者を送り、徐々にその成果をあげていった。武田龍夫『物語　北欧の歴史』(中公新書、一九九三年)によれば、北欧諸国のキリスト教化は一一〇〇年頃にはほぼ完成していたというから、彼の活動は十分に意味をもったと考えてよいであろう。

(28) 彼の父ウドは「悪しきキリスト教徒」で、一〇三一年頃に一人のザクセン人に殺されたという。そのころ、キリスト教を学んでいたゴトシャルクは、父親がザクセン人に殺されたという報を得て、信仰を放棄する。彼は、復讐を決意してスラブ人に決起を促した。彼は「多数の強盗をかき集め」、ノルダルビンギアの地を荒らした。彼はキリスト教徒に多くの悪事を働き、人々は妻子、財産とともにこの地を離れていった。ある日のこと、ゴトシャルクは強盗のように野原を駆け抜け、かつて人々が平和に暮らしていた地に到着し、そこが「荒れ野」と化していたことに愕然とする。「彼は己れの残虐な行為に身震いし、『心から悔い改めた』」(『創世記』6・6)。彼は、その仲間から離れ、後にザクセン大公ベルンハルト二世に捕らえられ、鎖につながれてしまう。しかし、大公はこの人物が『非常に勇気があり、尚武の気風に満ち溢れて』いることを惜しみ、彼を解き放ち、その上、彼と同盟を結んだ。礼をもって送られた彼はデンマークに向い、キリスト教徒の偉大な国王クヌード二世(在位一〇一九～一〇三五年)に温かく受け入れられた。彼は、後にデンマーク国王スウェイン・エストリドソン(在位一〇四七～一〇七四年)の娘と結婚する。一〇四二年に帰国し、ヴェンデ人を支配し、住民のキリスト教化に努めた。

(29) Adam. Gesta, Ⅲ・xxiii.

(30) シリア王の支配に対して叛乱を指導し、ユダヤ人の宗教的・政治的自立を確立した一族。キリスト教のために身命を捧げる者たちの意味でしばしば用いられる。

(31) Adami Gesta, Ⅲ・l.

(32) アーダムはさらに続ける。
「デーン人の国王の娘がメクレンブルク、オボトリート人の都市で発見され、裸にされて追放された。なぜなら、すでに述べたように、彼女はゴトシャルク侯の妻だったからである。彼女は息子のハインリヒを産み、他の女性からブチュエが産まれていた。この二人はスラブ族崩壊のために産み落されたのである。スラブ人が勝利を確かなものとした時、彼らはハンブルク全域を火と刀で破壊した。ほとんどすべてのスツルマリア人が殺されるか捕虜とされた。ハンブルクの要塞は破壊されて土に返り、十字架ですら我等が主を嘲る異教徒たちによって切断された。我々に『詩篇』の預言が実現された。『ああ神よ。異教徒はあなたの嗣業の地を侵し、神聖な宮を汚した』」（Ⅲ・Ⅰ）。

（33）その後、およそ一〇九〇年頃、さしものクルトも、ゴトシャルクの子でデンマークに亡命した後、帰国したハインリヒによって殺害された。ハインリヒは一〇九三年、シュミーラウの戦闘で勝利を収め、ヴェンデ人のもとで覇を唱えた。彼は、キリスト教徒であり、デンマーク国王とザクセン大公の援助を受けてはいたが、スラブ人民衆の反発を恐れて、彼らにキリスト教を強要しようとはしなかった。そのため、事態はクルトが支配した時とそれほど変わらなかった。バルト海沿岸一帯は、依然として異教を信仰するスラブ人に満ちあふれていた。キリスト教徒となったスラブ人支配者がいたハーフェルベルクやブランデンブルクでも、民衆の多数は依然として異教徒でありつづけた。しかし、それでとくに問題はなかったのである。なぜなら、ザクセンやポーランドのキリスト教徒の支配者たちも、スラブ人異教徒たちに対して租税といわば賠償金を取ることで満足し、それ以上のことを要求しようとはしなかったからである。

（34）Herbert Helbig and Lorenz Weinrich (eds.), *Urkunden und erzählende Quellen zur deutschen Ostsiedlung im Mittelalter*, Darmstadt, Vol. I, 1968, no. 19.

（35）Ibid. マグデブルクの訴えについては参照、Friedrich Lotter, The Crusading Idea and the Conquest of the Region East of the Elbe, in: R. Bartlett & A. Mackay, *Medieval Frontier Societies*, Oxford, 1989, pp. 275ff.

（36）ピエール・リシェ『聖ベルナール小伝』（稲垣良

典、秋山知子訳、創文社、一九九四年）。中沢新一「蜜の流れる博士―聖ベルナルド論」『哲学（2）』（哲学書房、一九八八年）。

第二章

（1）参照、木村豊「十字軍」（『岩波講座　世界歴史』一〇、一九七〇年）。なお、本章の記述は、山内進「入るように強制せよ（compelle intrare）―伝道の思想と異教的フロンティア」（『比較法史研究―思想・制度・社会』六号、一九九七年）に基づいている。

（2）Hans Eberhard Mayer, *The Crusades*, 1988 (1972), Oxford, pp. 8ff.

（3）Karl Erdmann, *Die Entstehung des Kreuzzugsgedankens*, Stuttgart, 1955 (1935).

（4）もっとも、鈴木董氏によれば、偶像崇拝者と唯一神と啓典を有する「啓典の民」つまりユダヤ人やキリスト教徒との間には区別があり、「偶像崇拝者に対しては、原則として『改宗か死か』の選択が迫られる」。だが、「『啓典の民』には、ムスリムの共同体との契約により、人頭税（ジズヤ djizya）と土地税（ハラージ kharadj）の支払いおよび一定の行動制限に服することを条件として、保護（ズィンマ dhimma）が与えられた被保護民（ズィンミー dhimmi）として、固有の宗教と法と生活慣習を保ちつつ、イスラム法の許容する範囲内で自治生活を営むことが認められた。すなわち、『コーランか、貢納か、剣か』の選択の余地が残されていたのであった」（鈴木董『イスラムの家からバベルの塔へ―オスマン帝国における諸民族の統合と共存』、リブロポート、一九九三年、一八ページ）。その限りで、少なくとも「啓典の民」に対して、イスラムの支配は宗教的には寛容だった、といってよい。

（5）Fulcherius Carnotensis, Historia Iherosolymitana, Recueil des Historiens des Croisades. *Historiens Occidentaux*, III, Paris, 1967, p. 323.

（6）Ibid., p. 324.

（7）Roberti Monachi Historia Iherosolimitana, Recueil des Historiens des Croisades, op. cit., p. 719.

(8) H. E. Mayer, op. cit., pp. 27-28.
(9) Otto von Freising, *Chronica sive historia de duabus civitatibus* (1146), Darmstadt, 1980, p. 556.
(10) V. G. Berry, The Second Crusade, in: K. M. Setton, *A History of the Crusades*, Vol. Ⅰ, pp. 463ff.
(11) Eugenius Ⅲ, Epistola 48, J.-P. Migne, Patrologiae cursus completus, series latina, CLXXX, Paris, 1902, p. 1064.
(12) Ibid., p. 1064.
(13) Giles Constable, The Second Crusade as Seen by Contemporaries, *Traditio*, Vol. Ⅸ, 1953, pp. 213ff.
(14) James A. Brundage, Holy War and the Medieval Lawyers, in: idem., *The Crusades, Holy War and Canon Law*, Aldershot, 1991, pp. 103ff.
(15) Helmoldi Presbyteri Bozoviensis, *Chronica Slavorum*, Darmstadt, 1983, c. 59.
(16) 彼の活動はとりわけフランスで大成功を収めた。ヴェツレの集会では、彼の説教に感激した聴衆が我先に十字軍兵士としての記章である十字を求めて殺到し、ベルナールは自らの衣服を十字に切り取り、撒き散らした、という話が残っているほどである。
　彼が植えつけた十字軍熱は彼の思惑を越えて進むことすらあった。最も大きなものは、ドイツのライン側沿いの諸都市を説教して回った、シトー会の修道士ラードルフという人物が引き起こした騒ぎである。彼は、キリストの敵としてユダヤ人を攻撃し、これを殺すように訴え、各地でユダヤ人の大量虐殺を引き起こしていた。時のマインツ大司教からこの報告をうけたベルナールは、その返書で「ユダヤ人たちに対して、教会は日々、彼らに反駁し、彼らを改宗させることによって、勝利を収めている。この勝利は、刃によって一気に彼らを滅ぼしてしまうよりも、より豊かなものである」と記して、ユダヤ人の殺害に強く反対した。彼は、『グラティアヌス教令集』に採録された教皇アレクサンデル二世の判断と同様に、ユダヤ人とサラセン人とを区別していた。サラセン人は

「キリスト教徒を迫害し、その都市や故郷から追いだしている」のに対して、ユダヤ人は「キリスト教徒に仕えようとする」からである。ベルナールは言う。そもそも、「すべての異教徒たち」が救済されて初めてイスラエル人が救われるのであるから、ユダヤ人を「攻撃したり、殺害してはならない」。「もしユダヤ人が絶滅させられるなら、最後に約束されている彼らの救済または改宗はどのようにして実現されるというのか」(S. Bernardus, Epistola 365, J.-P. Migne, op. cit., CLXXX, Paris, 1879, p. 571.)。参照、P・リシェ、前掲書、九三～九五ページ。

　ベルナールは、ユダヤ人の抹殺を説いて回ったラードルフを懲戒し、罰するためにラインラントに向かう。ベルナールにとって、これは予定外の行動であった。しかし、彼は、これを契機にドイツにおいても十字軍の説教を行うことになった。彼にとって、異教徒であっても、ユダヤ人のようにキリスト教徒に従属し、平和のうちに改宗する可能性があれば、剣によって倒すよりも、彼らを保護しなければならない。しかし、暴力を振るい、キリスト教徒を脅かす者たちに対しては、「力によって力を排除せねばならない」という原理が適用されるのは自明のことであった。

(17) S. Bernardus, Epistola 365, J.-P. Migne, op. cit., CLXXX, Paris, 1879, p. 536.

(18) Ibid., pp. 566-567.

(19) ジャック・ド・ヴィトリ『年代記』(橋口倫介『十字軍騎士団』、講談社学術文庫、一九九四年)、四九～五〇ページ。

(20) 参照、橋口註19前掲書およびレジーヌ・ペルヌー『テンプル騎士団』(橋口倫介訳、クセジュ文庫、一九七七年)。

(21) S. Bernardi Abbatis, De Laude Novae Militiae: Ad Milites Templi, in: J.-P. Migne, op. cit., CLXXXII, Paris, 1879, p. 922.

(22) Ibid., p. 924.

(23) 実は先に引用したヘルモルトの記述には誤りがある。最初に彼が国王を説得したクリスマスの帝国議会は、フランクフルトではなく、シュパイヤーで開かれたものである。「奇跡」によって人びとを十字軍へと向けるのに成功したのは、翌年つまり一一四七年の三月にフランクフルトで開かれた帝国議会でのことである。
(24) Helmoldi P. B., op. cit., c. 59.
(25) S. Bernardus, Epistola 457, J.-P. Migne, op. cit., CLXXX, p. 652.
(26) Eugenius III, Epistola 166, J.-P. Migne, op. cit., CLXXX, p. 1203.
(27) Helmoldi P. B., op. cit., c. 64.
(28) Ibid., c. 65.
(29) Ibid., c. 65.
(30) ハインリヒは、オルデンブルクの新しい司教、ヴィツェリンにたいして、「名誉と尊敬をもって」うけいれることを表明したが、一つ条件を出した。それは、「司教の叙任を彼の手から受け取る」ということである。

司教は、これをうけいれることはできなかった。なぜなら、これは「慣習に反する」からである。「司教を叙任することは皇帝だけの大権」であった。ヴィツェリンは、ブレーメンに向かい、そこでハインリヒが彼に課した条件について大司教と聖職者たちに伺いをたてた。彼らの判断もまた、司教の叙任は「皇帝の権威」のみにより、たとえザクセン大公がいかに強大であっても、その要求は認められない、というものであった。だから、と彼らは決定した。ハインリヒの脅しに屈してはならない。「富よりも名誉」を重んじよ。「もし大公が望むのなら、十分の一税は大公に奪わしめよ」。「もし大公が好むのなら、あなたが自身の司教区に入るのを妨害するのに任せなさい」。そう彼らは主張した。気の毒なことに、ヴィツェリンは干乾しにあう羽目になってしまった。

ヴィツェリンは一一五〇年にハインリヒ獅子公に降参したが、大公のこのような姿勢は十年間ほど続いた。
(31) フリードリヒ一世については、参照、勝田有恒「フリードリヒ　バルバロッサといわゆるローマ法の理論的継受」(「一橋大学法学研究」六、一九六六年)。
(32) Helmoldi P. B., op. cit., c. 84.
(33) Ibid., c. 84.
(34) スラブ人は公的にキリスト教を受け入れはじめた。しかし、その多くはなおキリスト教を信仰せず、デンマークの海岸を襲って、掠奪を繰り返す、という慣習を容易にやめようとはしなかった。おそらく、掠奪は彼らにとって不可欠の経済活動だったのであろう。

しかし、いうまでもなく、デンマークにとって、これは不愉快きわまりないものであった。ハインリヒ獅子公が、皇帝フリードリヒとともに一一五九年にミラノに遠征するに際して、デンマーク王ヴァルデマールと和平条約を取り交わした時、デンマーク王は数千銀マルクを支払うという条件で、スラブ人を抑制するように要求した。ハインリヒ大公は、王の要請を受け入れてニクロートを呼び、彼が帰国するまでデンマークと休戦するように誓わせた。ニクロートはこれを誓った。

しかし、この誓いは守られなかった。ハインリヒ獅子公やアドルフ伯などの留守中に、オルデンブルクとメクレンブルクのスラブ人たちは、デンマークとの休戦条約を破って、再び掠奪を行ったのである。ハインリヒとアドルフは帰国して、スラブ人たちを討伐することに決定した。ニクロートはウェルレの要塞を拠点として戦うことに決した。しかし、彼は、うかつにもドイツ軍の計略にのってしまった。ドイツの兵士達は寡兵を装ってニクロートを油断させ、彼を包囲して刺し殺すのに成功した。

大公ハインリヒは、さらにニクロートの子ヴェルティスラフを殺害したが、スラブ人たちを宥めるために、ニクロートのもう一人の子プリビスラフと交渉し、その支配権を容認した。プリビスラフは再び服従することを誓った。ただ、ハインリヒはオボトリート人の地域を分割して、シュヴェリーンとメクレンブルクにはザクセンの貴族を配した。プリビスラフにはキッシニとシルシパニの地があたえられ、彼はハインリヒの封臣となった。彼とその臣下たちは、その後、かつての領土の回復を目指してハインリヒに反旗を翻すが、敗れて、再び彼に服従を約した。

(35) 参照、サクソ・グラマティクス『デンマーク人の事績』（谷口幸男訳、東海大学出版会、一九九三年）。残念ながら、これは、部分訳であるが、貴重な業績である。

(36) Helmoldi P. B., op. cit., c. 108.

(37) Alexandri III, Epistola 980, J.-P. Migne, op. cit., CC, Paris, 1855, pp. 860-861.

(38) この政策は、註34のザクセンのハインリヒ獅子公のそれと同様であった。彼は、スラブ人をキリスト教化し、またドイツ化させる方が効果的と判断した。

スラブ人の支配者たちも、これに協力した。彼らは、それ以外に生きる術のないことを知っていた。皮肉なことに、彼らはハインリヒ獅子公のヴェルフェン家よりも長命であった。というのも、一一八〇年に皇帝フリードリヒ一世によってザクセン大公の地位を追われてハインリヒが失脚した後にも、メクレンブルク公の地位はニクロート家に受け継がれ、十三世紀になって、正式の帝国諸侯となり、その地位は一九一八年まで連綿と続いたからである。

同様のことは、隣人のポメラニア人についても指摘することができる。彼らは、ポーランドによって、いちはやくキリスト教化されたが、スラブ人首長の家系はやはり十三世紀に帝国諸侯となり、一六三七年まで存続した。

(39) これに関連する話を紹介しておこう。一二二〇年から三〇年頃に北ザクセン地方の慣習法を採録したとされるザクセンシュピーゲルという有名な法書がある。これは、法典と呼んでよいほどの内容と形式をもっているが、アイケ・フォン・レプゴウという人物が私的に編纂したものなので法書と呼ばれる。ザクセン地方では十九世紀になってもなお法廷で用いられたほど優れたものである。このザクセンシュピーゲルの『ラント法 第三巻』第七十条に次のような規定が載っている。「国王の罰令権の下で裁判集会がおこなわれるのでない場合には、いかなる人でも、権利(能力)を欠くもの(rechtlos)として非議される余地のない者は、他の者に関して判決を発見することができる、ただし、ヴェンド人はザクセン人に関して、またザクセン人はヴェンド人に関して〔そうすることはでき〕ない」(『ザクセンシュピーゲル・ラント法』〔久保正幡、石川武他訳、創文社、一九七七年〕、三二四ページ)。

なぜなら、両者はザクセンによるヴェンデ人の支配の後にも、あるいはそれゆえに、敵対的だからである。

(40) Robert Bartlett, *The Making of Europe—Conquest, Colonization and Cultural Change 950-1350*, London, 1993, p. 204.

(41) Alexandri III, op. cit., p. 861.

第三章

(1) アルフレッド・ビルマニスによれば、一一九八年から一三〇三年（教皇ボニファティウス八世が死亡した年）にいたるまで、教皇はバルト問題に関して全部で二百四の教勅を発布している。Alfred Bilmanis, *A History of Latvia*, Princeton University Press, 1952, p. 70.

(2) この教書の内容は次のようなものである。

「故マインハルトとともに、リヴォニアの教会はリヴォニア地方に入り込み、……神にのみふさわしい栄誉を野生の動物、葉のついた木々、澄んだ水、若々しい草木、汚らわしい精霊たちに与えている、野蛮な人々の間にあって……多数の者たちを誤りから呼び戻し、真理を知るにいたらせ、神聖な大量の洗礼の水によって生まれ変わった者たちを救霊の教えによって教化することに貢献してきた。しかし……敵対的な人物が改宗者とその安寧に嫉妬し、不正にも改宗者たちをこの世から絶滅させ、リヴォニアからキリスト教という名称を廃絶せんと切望する近隣の異教徒たちを煽動して、改宗した者たちを迫害した。したがって、もしすでに信仰をもっている者たちが信仰を捨てるように強制され……信仰をすでに受け入れた者たちが異教徒たちの襲撃の前に無防備のままであるとすれば、無関心にまかせることは許されない。余は、リヴォニア教会のまわりに住んでいる異教徒たちがキリスト教徒と休戦を結ぶのでなければ……汝らがかの地に住んでいるキリスト教徒の防衛のために神の軍隊の名のもとに力強くかつ勇敢に立ち上がる限りにおいて、汝らすべてが罪の赦免をうる、と予告し、より注意深く激励するものである。しかして、余は、聖者たちの墓を訪れんものと希求した、汝らの地にあるすべての者たちに対して、現世に関する権威に基づいて、誓約を交換して……リヴォニアの教会を守るためにそこに赴くことを許すものである。余は、リヴォニアの教会とその地に住んでいるキリスト教徒たちを守るために……目的地を変更したすべての者たちを祝福されたペトロと余の保護の下におき、彼らに使徒の庇護という特典をあたえよう」J.-P. Migne, op. cit., CCXIV, Paris, 1890, pp. 739-740.）リヴォニアでの十字軍については、W. Urban, *The Baltic Crusade*, Chicago, 1994 (1975) がある。

（3）James A. Brundage, *Medieval Canon Law and the Crusader*, Madison, 1969, pp. 131ff.

（4）Heinrici Chronicon Livoniae (c. 1227), (2・5), Darmstadt, 1959. 著者のハインリヒは、ラトヴィアの改宗した貴族の子であるとも生粋のドイツ人であるともいわれる。ドイツ人学者はほぼ一致してハインリヒをドイツ人とするが、ラトヴィア人と考える者も少なくない。ハインリヒは、ブレーメンかローマで教育を受け、長じてリーガのアルベルトの秘書となる。一二一五年のラテラーノ公会議にも秘書として出席している。彼は、一二二五年に派遣された教皇特使、モーデナのウィリアムのためにリヴォニアに関するレポートを記した。これが、『リヴォニア年代記』である。

（5）Ibid., (2・8).

（6）この機会に触れておくと、リーガは、二十世紀の初頭には、世界的でコスモポリタンな雰囲気すら漂わせる独特の都市文化を形成していた。この都市には、多くのロシア人、ドイツ人、ユダヤ人、西欧の商人たちが住みついている。中世以来の建築物と文化、最新の芸術を擁して、「バルトのパリ」とすら謳われた。エイゼンシュテインがこの街に生まれたことを思い起こすだけでも、その雰囲気がうかがわれる、というものである。

一九二〇年代に、この街を訪れたことのあるジョージ・ケナンはその『回想録』のなかでこう記している。

「リーガは、変化に富み、高度にコスモポリタンな文化生活を享有していた。そこには、ラトヴィア語、ドイツ語、ロシア語、イディッシュ語の新聞や劇場、活気溢れたルター派、ローマ・カトリック派、ロシア正教、ユダヤ教の共同体があった。この地域全体を通じて、宗教はなお帰属の証明書であり、もし何者かと尋ねられれば、人は何らかの国家とのつながりよりも、自分の宗教を述べるであろう。政治的支配を行っているラトヴィア人は、独立の年月がたっていくにつれてますます排外主義的になり、できるだけ速くこのコスモポリタニズムをすべて消し去ろうとした。結局、彼らは、一九三九年までに、その魅力の人部分をこの都市から奪ってしまうことに成功する。むろん、この方向への努力が完成されたのは、一九四〇年にロシア人によって占領されたときである。……国家主義的な排外主義は、当然の報い以上の仕方で処罰されたりである」(George Kennan, *Memoirs, 1925-1950*, Atlantic City, 1967, p. 29) 参照。Anatol Lieven, *The Baltic Revolution*, New Haven and London, 1993, pp. 9-17.

(7) 騎士修道会の構成等については、橋口倫介『十字軍騎士団』(講談社学術文庫) 参照。

(8) Heinrici Chronicon Livoniae, (6・4).

(9) Eric Christiansen, op. cit., p. 95.

(10) その意味においても、力ではなく、信仰によって異教徒を心から改宗させることは最も望ましいことであった。教会は、リーヴ人たちに宣教を続けた。『リヴォニア年代記』は、リーヴ人民衆を教化するために演劇すら催されたことを伝えている。「その年（一二〇五年）の冬、リーガの中心部で非常に精緻な予言者劇が催された。異教徒たちの視覚に訴えて、彼らがキリスト教信仰の基本を学ぶことができるようにするためである。この劇の主題は、通訳を通じて、改宗者にも異教徒にも非常に入念に説明された。しかしながら、ギデオンの軍隊がペリシテ人と戦ったとき、異教徒たちは自分たちが殺されるのではないかと恐れて、戦いを始めようとした。しかし、彼らは静かに呼び戻された。それゆえ、教会は直ちに静まり、平和になった」(9・14)。

リーヴ人は、始めて劇を見て、現実と混同して戦おうとしたが、呼び戻されて落ち着いた、というのである。しかし、ハインリヒはさらにこう続けている。

「この劇は、将来の前奏曲（プレリュード）であり、予言のようなものであった。なぜなら、この劇のなかで、たくさんの戦争、つまりダビデ、ギデオン、ヘロデのそれが、そして旧約聖書と新約聖書の理論があったからであり、この劇に続いた多くの戦争によって異教徒たちは改宗し、旧約聖書と新約聖書によって、彼らが真の平和と永遠の生をいかにして得るかが教えられることになったからである」。

(11) Ibid., (1・6).

(12) Ibid., (12・6).

(13) Ibid., (14・11).

(14) Ibid., (14・11).

(15) この時の様子は、ハインリヒによって次のように描写されている。

「夜が明けたとき、騎士と歩兵は山を下り、要塞と異教徒の軍隊を発見した。渓谷をはさんで両軍は対峙した。キリスト教徒たちは喜びのうちに彼らの太鼓を鳴らし、楽器と歌で彼らの勇気を奮いたたせた。彼らは神の慈悲を請うてから、直ちに異教徒の側に進撃した。彼らは、小さな流れを渡って、後続の部隊をまつためにしばらく停止した。異教徒たちは彼らを発見したとき、明確な事態に恐怖を覚え、楯をとるために急いだ。ある者は馬を求め、他のものはバリケードを攀じ登った。こうして、彼らは一体となった。叫び声で天地を轟かせ、雨のように槍を投げ、大群をなしてキリスト教徒たちに立ち向かっていった。キリスト教徒たちは楯で槍を捉え、異教徒たちの槍が無くなったとみるや、剣を抜いた。彼らは密集して進み、戦闘を開始した。傷ついた者は倒れ、異教徒たちは勇敢に戦った。騎士たちは異教徒たちが頑強であるのを見て、突然、敵の中心を突き抜け、突進した。エストニア人たちはその馬の飾りに恐怖を覚え、多くの者が大地に伏し、他の者たちは逃走を始めた。キリスト教徒たちは逃れた者たちを追跡した。彼らは、異教徒たちを路上で捕らえ、殺害した。要塞のリーヴ人たちは弩兵とともに出撃し、逃走する異教徒たちに出会った。リーヴ人は彼らを四散させ、路上で包囲した。それから、彼らを虐殺した。……およそ二千頭の馬が捕獲され、もう二千人の兵士たちが殺された。この戦争に参加した十字軍兵士とその他の戦士たちは、三百隻の海賊船や小舟、馬を引き連れて、リーガへと凱旋した。彼らは、彼らの間で平等に戦利品を分配し、その一部を教会に寄進し、司教やすべての人々とともに神を大いに褒め称えた」(15・3)。

(16) Ibid., (18・5).

(17) Ibid., (18・5).

(18) タリンを含む「バルト海諸都市の建設」については、高村象平『中世都市の諸相』(筑摩書房、一九八〇年)、五九ページ以下がある。ハンザ同盟については参照、高橋理『ハンザ同盟』(教育社、一九八〇年)。

(19) デンマーク側の主張はあながち無理無体のものとはいえなかった。というのも、デンマークは当時、バルト海の制海権を有し、エストニアにすでに一一九四年と一一九七年に、またエーゼル島に一二〇六年に艦隊を派遣していたからである。

デンマーク王は、自身をバルト海一帯の支配者だと考えていたし、それだけの実力も兼ね備えていた。あのインノケンティウス三世ですら、彼を教会の好ましき闘士と讃えていた。ホノリウス三世は一二一八年、異教徒を征服して得た土地をデンマークに併合することをヴァルデマール二世に許していた。

事態の進展に危惧を覚えたリーガ司教アルベルトは、ローマ教皇と皇帝フリードリヒ二世に訴えたが、教皇も皇帝もアルベルトの側に立とうとはしなかった。デンマーク国王は、リューベックから十字軍の船をリヴォニアに出すことを拒絶したので、アルベルトは、リーガの市民、リーヴ人、レット人がすべて賛成すれば、という条件の下に、リヴォニアとエストニアを国王の支配権のもとにおくことを了承した。これには、彼の弟をエストニアの司教にするためのデンマーク王の後援も含まれていた、という。この試みは、リーガの市民たちの明確な反対によって頓挫する。デンマーク国王の使節は、リーガに入ることすらできなかった。

(20) Heinrici Chronicon Livoniae, (30・4).

(21) Ibid. (3)・1).

(22) Alfred Bilmanis, op. ci., p. 68.

(23) Heinrici Chronicon Livoniae, (11・3).

(24) 彼のこのような使命は、ハインリヒの記述に明らかである。

「特使は新しい改宗者たちについて配慮していた」ので、リヴォニアやエストニアを駆け巡り、いたるところで彼らに信仰をかためるように、そしてドイツ人たちに対しては彼らに重い軛を課さないように訴えて歩いた。彼は、「双方の者たちが仲良く暮らし、互いに悪を引き起さないように、ドイツ人たちが改宗者たちに決して厳しい、耐えられないような負担ではなく、むしろ主の甘く軽い軛を課すように」戒めた。とりわけ、刀剣騎士修道会に対しては、「彼らの臣民、この愚かなエストニア人たちが再び異教に戻ることがないように、十分の一税やその他のすべてのことがらで、彼らに厳しくしてはならない」(29・3)、と明確に指示した。

(25) Fontes Historiae Latviae Medii Aevii (65), Riga, 1837-48, in: E. Christiansen, op. cit., p. 123. ちなみに、ボールドウィンの報告によれば、この敗北で二百名の騎士と多数の歩兵が殺され、二百名もの兵士が捕虜となった。また、明らかに誇張と思われるが、勝者は四百五十頭の馬、四百もの具足、商品、銀、衣服、身代金で総額一万五千マルク(銀)を得たという。Friedrich Benninghoven, *Der Orden der Schwertbrüder—Fratres Milicie Christi de Livonia*, Graz, 1965, S. 296.

(26) 以上の刀剣騎士修道会に関する記述は、その最良の研究書である註25のベニングホーヴェンの研究による。Friedrich Benninghoven, ibid., S. 327-347.

(27) しかし、ドイツ騎士修道会のリヴォニア支部は、リヴォニア騎士修道会と呼ばれ、独自の活動を続けた。これは一二六〇年代にクール人を、一二九〇年にセミガリア人を倒し、ラトヴィアでの征服活動を完成し、リーガの大司教と支配を分った。

第四章

(1) Petri de Dusburg, Chronica Terre Prussie (1326), (3・5), Darmstadt, 1984. プロイセンへの伝道は、すでにプラーグのアーダルベルトが九九七年に、またクヴェルフルトのブルンスが一〇〇九年に開始しているが、失敗し、ともに殉死している。クリスティアンについては、Fritz Blanke,

Die Missionsmethode des Bischofs Christian von Preussen, in : H. Beumann, op. cit., S. 337ff.

(2)『プロイセン年代記』は、この出来事を次のように記している。

「マソウィア公コンラートはプロイセン人の侵攻を妨げず、彼らの暴力行為や企てに対して適切な対応をしなかったので、彼らは、さらに深くさらに憂慮すべきところまで進出し、強大な軍事力によって逆にポーランドを襲撃し、大きな損害を与えた。プロイセン人は家に火を放ち、成人した男たちを剣で殺害し、女たちや子どもたちを永遠の隷属へと連れ去った。たまたま妊娠していた女が出産中で彼らについていくことができなければ、彼らはその女を殺した。幼児すら母の手からもぎとり、柵の杭に突き刺して殺した。それから彼らは土地を荒し回り、ブロック（現プウォツク）と呼ばれるヴィスワ川沿岸の城一つを例外として、公のすべての堡塁と要塞を破壊しさった」(Ibid., [2・2])。

(3) ドブリン騎士修道会は、ドイツ騎士修道会に比してあまりにも非力で、一二三五年にはドイツ騎士修道会に併合されるほどであった。ドブリン騎士修道会を支柱にしようとしたクリスティアンもまた、その力を急速に失う。彼は、それまでの努力にもかかわらず、プロイセンでの司教としての権利の保証という僅かのものに満足せざるを得なかった。しかも、彼がプロイセン人によって捕えられた翌年の一二三四年、教皇グレゴリウス九世はリエーティの教勅を発布して、プロイセンで獲得された土地はすべてローマ教皇に帰属するが、それをドイツ騎士修道会に譲与する、との決定を下した。クリスティアンは完全に無視された。クリスティアンは、一二三八年にようやく解放され、騎士修道会の行動を非難し、修道会がキリスト教徒よりも臣下の増大を狙いプロイセン人を改宗させるよりも彼らを異教に戻している、と教皇に訴えた。しかし、これも聞き入れられない。彼は、プロイセンの四つの司教区のうちの一つをあたえられたにすぎず、一二四三年に寂しく死去することになる。

(4) 例えば、日本におけるドイツ騎士修道会史研究の代表作、阿部謹也『ドイツ中世後期の世界―ドイツ騎士修道会史の研究』（未来社、一九七四年）は、こう指摘している。「一九世紀における容易なドイツの統一は決してキレイゴトで進められた容易な事業ではなかった。プロイセン政府はドイツ統一をおしすすめるために大規模な宣伝工作を行なわねばならなかった。その手段として中世史研究は大きな役割を果したのである。ドイツ騎士修道会史の発見もルーデンの弟子であったフォイクトらの愛国的歴史家の手によって行なわれ、国家の側からも積極的に推進された。一八〇六年にプロイセンのマリエンブルク城の再建計画がはじまったのもまさに同様な意図のもとにおいてであった。……ヴィルヘルム二世は一九〇二年のクリスマスに修復記念祭に出席し、ワイクゼル以東の地におけるドイツ人の使命について語り、ポーランド人からドイツ人の国民的財産を守れ、と呼びかけたのである。ここでもドイツ騎士修道会はプロイセン国家の先駆として位置づけられ、ハインリッヒ・フォン・トライチュケの議論がむしかえされていた。いわばドイツ騎士修道会史はプロイセン国家の統一事業の一環として、国民の精神的統一のシンボルとしてとりあげられた」（四四四〜四四五ページ）のである。マリエンブルク城については、とくに第五章参照。ナチズムとの関係については、Hartmut Boockmann, *Der Deutsche Orden*, München, 1994 (1981), S. 247ff.

（5）山田作男『プロイセン史研究論集』（近代文藝社、一九九四年）、一五二ページ。

（6）『ナルラティオ』はそれをこう報告している（註5前掲書、一五五ページ）。

「時が過ぎ、皇帝ハインリヒ六世はシチリアを支配下においた。そしてドイツから聖地の支援のため諸侯や貴族の大軍がやってきた。そこでしばらくの時が流れ、皇帝の死亡の報告が届けられ、諸侯たちは故国に戻ろうと決心した。しかしそこに居た多くの諸侯と貴族たちは、この病院にテンプル騎士団の規約を与えることが有益で名誉であると考え、居合わせたドイツの聖職者、諸侯およびヘルたちはテンプルの館に集まり、聖地の聖職者とバロンたちを招き、そこで彼らは一致して決議した。即ち上記の病院が病人と貧者の救護のためにはヨハネ騎士団の規約を、そして従来どおり、テンプル騎士団の規約をその聖職者と騎士とその他の団員のために持つべしと」。

(7) ヘルマン・ザルツァについては、ヘルマン・ハインペル「ヘルマン・ザルツァ＝ひとつの国家の建設者」、同『人間とその現在』(阿部謹也訳、未来社、一九九一年)が優れている。

(8) フリードリヒ二世については、F・V・ラウマー『騎士の時代』(柳井尚子訳、法政大学出版局、一九九二年)が参考になる。

(9) Erich Weise, Interpretation der Goldenen Bulle von Rimini (Marz 1226) nach dem Kanonischen Recht, in: Klemens Wieser O. T. (hrsg.), *Quellen und Studien zur Geschichte des Deutschen Ordens am Lande Preussen im 15. Jahrhundert*, Bd. 1, 1967, S. 25-26.

(10) E. Christiansen, op. cit., p. 118.

(11) P. Dusburg, op. cit., (2・13).

(12) この規定は、都市の独立性を認めつつ、裁判収入や年賦、貨幣鋳造権、軍役、都市の周りの土地に対する権利を騎士修道会に留保するものであった。この特権状は、マグデブルクの法を母法(母体)としたものである。これは、リーガやタリンで用いられたリューベク法よりも都市の独立性が弱く、必ずしもクルム市民に好まれたわけではない。したがって、他の新しい都市にこれを与えることは必ずしも容易ではなかった。騎士修道会が、クルムに続く都市にこの法を無条件に与えることができるようになるのは一二五五年からなのである。だが、少なくともこのクルムの特権はプロイセンの都市に人々を引きつける程度の魅力は有していた。ドイツ騎士修道会とクルムの特権、そして東ドイツ植民との関係については、阿部、註4前掲書、一六〇ページ以下が詳細に検討を加えている。

(13) ちなみに、少し時代を先取りしていえば、タリンを中心とする北部エストニアは、一二三八年以来、デンマーク国王の支配下にあった。しかし、一三四三年にエストニア人による最後の大蜂起(聖ゲオルギウスの夜の大蜂起。しかし、これは偶然、この四月二十三日がエストニア人の聖なる日と重なっていたにすぎず、反乱は彼らの宗教的記念日を期して行われたと思われる。参照、

Prudence Jones & Nigel Pennick, *A History of Pagan Europe*, London, 1995, p. 176.）があり、これに手を焼いたデンマーク国王、ヴァルデマール四世が支配地をドイツ騎士修道会に売却した。一三四六年のことで、売却価格は一万マルクであった。エストニアの大部分が騎士修道会の支配下におかれたのは、この年からである。

もっとも、リヴォニアはその地域の最高責任者であるラント長官（ラントマイスター）を有し、なかば独立した活動を行ったため、ついに融合することはなく、統一的な国家は形成されなかった。

しかし、そのいずれの地域もドイツ騎士修道会の支配下に置かれたのは確固たる事実である。修道会国家が刀剣騎士修道会の吸収と北エストニアの購買によって強大化したのは疑う余地がない。とにかく、ドイツ騎士修道会は、十字軍の支えを得て、極めて順調にその勢力を拡大していったのである。

（14）P. Dusburg, op. cit., (3・34).

（15）Ibid., (3・35).

彼らは、さらにポメサニアとクルム地方に出陣し、この地を「掠奪と火によって劫略した」。トルン、クルム、レーデンの三つを除くすべての要塞が陥落し、すべて完璧に壊された。ドゥスブルクによれば、この時四千名のキリスト教徒が殺され、「プロイセン全体がキリスト教徒の赤い血で塗りこめられたかのようであった」。

（16）Ibid., (3・55).

（17）クリストブルクの和約は、Archivrath Philippi, *Preußisches Urkundenbuch*, I-1, Scientia, 1961 (1882), S. 158-165. に採録されている。この条約については、参照、Hans Patze, Der Frieden von Christburg vom Jahre 1249, in: H. Beumann, op. cit., S. 417ff. このパッツェと同様に、阿部、註4前掲書は、条約を、モンゴル軍のヨーロッパ攻撃を憂慮したインノケンティウス四世が取った「戦術的施策のひとつ」と理解している。「プロイセン人とドイツ騎士修道会との戦を直ちに止めさせ、プロイセン人をむしろドイツ騎士修道会の軍事力として使うための譲歩として人格的自由の保証が与えられたのである」（一二九ページ）と。しかし、インノケンティウス四世は、そもそも異教徒の権利を容認する立場をとっていた。これも忘れることはできないであろう。参照、山内進「私の羊たちを飼いなさい（Pasce oves meas）―インノケンティウス四世と異教世界」（「一橋論叢」、一一六・四）。

(18) ドゥスブルクによれば、それは次のようにして始まった。

「一二六〇年、リヴォニアとプロイセンの騎士修道士たちは、聖ゲオルゲンベルクの騎士修道士たちに食料を補給するために、強力な軍隊と合流した。彼らがこの要塞に近づいていくと、一人の使者がやってきて、四千人のリトアニア人がクールラントの一部を火と掠奪と多数のキリスト教徒の殺害によって荒らし、女と子どもたちを捕虜として多くの戦利品とともにつれさった、と報告した。騎士修道士と全兵士たちは、キリストの血によって救済された魂を敵の手から奪い戻すために戦闘の準備を整えた。この時、ピピンの息子であるマットーという名のポメサニアの貴族が、軍務長官（マーシャル）である騎士修道士ハインリヒの『敵をどのように攻撃すべきか』という問いに答えて、こう語った。『われわれは、逃げもどることがないように、われわれの馬をずっと遠くに残していきます。そして、徒歩で攻撃するつもりです。そうすれば、兵士たちは、馬の助けがないので、戦場にとどまることになります。そうしなければ、平兵士たちは必ずや逃げ出すにちがいありません』。ラベルから来ていたデンマーク国王の騎士たちや多数の者たちは、武器が重いので馬なしには長いこと戦うことはできない、と言ってこれに反対した。その後、クール人がやってきて、キリスト教徒側が勝利した暁には彼らに妻や子どもたちを返してくれるように、へりくだって頼んだ。騎士修道士たちはこの願いに応えようとしたが、プロイセンやリヴォニアの平兵士たちは、捕虜はこれまで守られてきた戦争の慣習にしたがって彼らのものとなる、と主張して反対した。クール人たちはキリスト教とその信者たちに怒りを覚え、騎士修道士たちがリトアニア人たちを攻撃する間に、言わば背教者となってキリスト教徒たちを背後から敵として襲った。前面ではリトアニア人によって、背後ではクール人たちによって殺害されたので、両地方の平兵士たちはすべて騎士修道士とその信徒たちを残して、逃走した。……激しい戦闘が繰り広げられ、双方の側に多数の死者がでた。長い争いの末、ついに、主の許しによって、騎士修道士たちは敗北した。その軍隊の力が平兵士の逃亡の後に弱まったからである。聖マルガレータの日（七月十三日）、クールラントのドゥルベ川付近で、リヴォニアのラント長官で騎士修道士のブルヒァルト、プロイセンの軍務長官で騎士修道士のハインリヒ・ボテルと百五十人の騎士修道士および数え切れないほど多くの平兵士が戦死した」(P. Dusburg, op. cit., [3•84])。

(19) 一二六五年にはブラウンシュヴァイク公アルブレヒト一世とテューリンゲン方伯アルブレヒトが、一二六六年にはブランデンブルク辺境伯オットーとその息子が、一二六八年にはベーメン国王オタカルが多数の騎士や兵士とともに、「反乱をおこしたプロイセン人を根絶するために」(3・125) プロイセンにやって来た。

戦いは、ただちにキリスト教徒側を有利にはしなかったが、彼らは要塞を煉瓦か石で造り、その拠点を固めていった。一二六〇年代にケーニッヒスベルクが、一二七〇年代には奪い返したマリエンヴェルダーとマリエンブルクが堅牢な要塞に変わった。ここを拠点として、プロイセン人に対する襲撃が繰り返された。

(20) Ibid., (3•165).

(21) Ibid., (3•171).

(22) Ibid., (3•185).

(23) Ibid., (3•192).

(24) Ibid., (3•219).

(25) Robert Bartlett, *The Making of Europe*, p. 204.

(26) E. Christiansen, op. cit., p. 127.

(27) R. Bartlett, op. cit., p. 255.

(28) ちなみに、キリスト教国スウェーデンは、北部エストニアがデンマークの勢力圏に入った時から、その関心を異教世界のフィンランドに移していた。しかし、フィンランドの南部に対しては、ノブゴロドが政治、経済的に深い関係と関心をもっていた。ノブゴロドのヤロスラフ公は「カレリア族に洗礼を施すために司祭を送った」ほどである。『ノブゴロド年代記』によれば、「すぐにすべての住民が洗礼を受けた」という。だが、それに隣接するタヴァスチャールナ族は、カトリックの伝道をうけたにもかかわらず、キリスト教を退けた。グレゴリウス九世は、このタヴァスチャールナに対する十字軍を一二三七年に呼びかけ、スウェーデン国王エリク十一世は一二四九年にこれを実行に移した。

しかし、その前に、スウェーデン国王は、フィンランドへの関心からローマ教皇と協力して十字軍を派遣している。それは、フィンランドで勢力争いを演じていたノブゴロドに対するものであった。

(29) R. Michell & N. Forbes (trnsl.), *The Chronicle of Novgorod*, 1016-1471, London, 1914, p.85.

(30) Ibid., pp. 86-87.

(31) 『ロシア中世物語集』(中村喜和訳、筑摩書房、一九七〇年)、二四六〜二四七ページ。

(32) E. Christiansen, op. cit., p. 129.

(33) この近辺の勢力範囲は、自治都市リーガとリーガ大司教の直轄地、その傘下にある司教支配地(エーゼル島・ヴィーク司教区、クールラント司教区、ドルパット司教区)、デンマーク、ドイツ騎士修道会(リヴォニア、プロイセン)に分かれた。

(34) E. Christiansen, op. cit., p. 191.

第五章

(1) 「ガリーチ・ヴォルイニ年代記」『ロシヤ年代記』(除村吉太郎訳、弘文堂、一九四三年)、六〇三ページ。訳はE. Christiansen, op. cit., p. 134.にしたがった。

(2) 事実、ミンダウガスの改宗は本物ではなかったらしい。『ガリーチ・ヴォルイニ年代記』はこう記している。「このキリスト教化はほんの表面的なものにすぎなかった。密かに彼は神々に……犠牲を捧げた。ミンダウガスが野原にでかけ、野うさぎが彼の道を横切ったとき、彼は木立のなかに進もうとはしなかったし、あえて小枝を折ろうともしなかった。彼は彼の神に犠牲を捧げ、穀物を燃やし、公に異教の儀式を指揮した」E. Christiansen, op. cit., p. 135.

(3) Helmoldi P. B., op. cit., c. 269.

(4) Roger Bacon, Opus Majus, 1, ch. 3, in: E. Christiansen, op. cit., pp. 145-146.

(5) この判断は適切だった、というべきであろう。翌年、クレメンス五世は、教勅を発布して、ブレーメンの大司教、ミラノのアルベルトにドイツ騎士修道会に対する未解決の告訴を捜査するように命じたからである。しかも、アルベルトは、その捜査の結果、リヴォニアの騎士修道会をリーガから破門した。この事態に対処するためであろう。フランス語を流暢に話し、教皇と通訳なしで語ることのできたトリアーのカルルが、一三一一年に総長に選出された。彼は、その役割を巧みに果たした。参照、Hartmut Boockmann, op. cit., S. 148ff.

(6) ドイツ騎士修道会の城については、参照、H・K・シュルツェ『西欧中世史事典—国制と社会組織』(千葉徳夫、小倉欣一他訳、ミネルヴァ書房、一九九七年)、二一五～二一八ページ。参照、第四章註4。

(7) E. Christiansen, op. cit., p. 165.

(8) H. Boockmann, op. cit., S. 165ff.

(9) Henri Pirenne, *A History of Europe*, London, 1939, p. 476.

(10) ポーランド・リトアニア連合については、参照、鳥山成人「ポーランド＝リトアニア連合小史」、同『ロシア・東欧の国家と社会』(恒文社、一九八五年) 収録。

(11) J. Voigt, *Geschichte Preussens von den ältesten Zeiten bis zum Untergange der Herrschaft des deutschen Ordens IV*, op. cit., Königsberg, 1830, S. 627.

しかし、ゲディミナスの融和政策は二年で消失した。一三二四年、彼はカトリックへの改宗の勧めを最終的に拒絶し、それ以来、ある修道士の報告によれば、八千人を越えるキリスト教徒を殺すか、奴隷としたからである。参照、E. Christiansen, op. cit., p. 147.

むろん、騎士修道会もこれに対抗した。リーガを奪い返すことによって、プロイセンとリヴォニアの双方からリトアニアを襲った。またポーランドと平和条約を結ぶことによって、リトアニアを孤立させることにも成功した。その結果、さしものゲディミナスも一三三八年にリヴォニアと和平条約を取り交わした。

(12) H. Boockmann, op. cit., S. 187ff.

(13) R. Bartlett, The Conversion of a Pagan Society in the Middle Ages, *History, 70* (1985), pp. 185ff.

(14) Stanislaus Belch, *Paulus Vladimiri and His Doctrine Concerning International Law and Politics*, Vol. I, The Hague, 1965, p. 53.

(15) ユダヤ人の自治居住区はカジミェシュと呼ばれた。一九三八年には、七万人のユダヤ人がクラクフに居住していたが、第二次世界大戦を生き抜くことができたのは二、三百人といわれている。

(16) S. Belch, op. cit., pp. 82-83.

(17) Geoffrey Evans, *Tannenberg 1410; 1914*, London, 1970, p. 25.

(18) ステファン・キェニェーヴィチ編『ポーランド史(1)』(加藤・水島訳、恒文社、一九八六年)、一三一ページ以下。

(19) ウプサラの大司教オラウス・マグヌスによれば、異教時代のリトアニアでは、「三つの神、すなわち火と森と蛇が主として崇拝されていた」。「火はすべての供犠に見られるからである。あるいは、ヘロドトスによると、ペルシャ人の信仰にならい火そのものを神と見ていたからか、エジプト人の考えに影響され、与えられるすべてのものをむさぼり食い、食い飽きると、食ったものともども死ぬ生き物と火を見ていたからである。彼らは森を神聖なものと考えていた。……さらに彼らは、誰にも害がないとわかると、蛇を神聖なものとして崇拝する」(オラウス・マグヌス『北方民族文化誌　上巻』谷口幸男訳、溪水社、一九九一年、一七〇～一七一ページ)。この翻訳は、世界に誇るにたる貴重な成果である。

(20) ヴワディスワフ二世は、同年に次のような回状をヨーロッパ諸国の君主に送っている。

「彼らの唯一の希望は、どのような形であれ、他の諸国の支配者となることである。彼らが、われわれに対して振る舞うのと同じほど不正な方法で他の君主たちに対するのであれば、彼らに耐えうるような君主は決していないであろう。これは、疑う余地がない。余はまた、神の摂理が彼らを抑制しない限り、将来、すべての国家、すべての王国が彼らの力の犠牲となるであろうことも疑わない。最も苦痛にみち、いまわしくかつ嘆かわしいことは、彼らの行動方針が常に道理を踏み外し、決して法と一致しないことである。この行動様式は、意思を理性に従わせるのではなく、反対に理性を常に意思の命令に降伏させ服従させるように国家を導くものである。彼らのすべての意思そして目的は、根本においては次のこと、すなわち彼らがすでに占有しているものを手放さないこと、そして他人に属しているものを奪い、かつ自身のものとすることである。彼らは、彼ら自身のために他人が有しているものを利用しようとするが、自分たちが持っているものを他の者たちには分かちあたえようとはしない。他人のものを取得するために、彼らは、権利と法的手段ではなく、暴力を用いる。彼らは、ひとたび他人のものを力ずくで獲得すると、それを決して引き渡そうとはせず、自発的に教令に服することもなければ、法や判決を歯牙にもかけない。人が慈愛と忍耐の精神で彼らの前でへりくだればへりくだるほど、彼らはますます傲慢にその謙遜を嘲笑し、人をあざけりと冷笑で踏みつけにする」(S. Belch, op. cit., pp. 90-91.)。

(21) H. Boockmann, op. cit., S. 178.

(22) ポーランドの歴史家でこの問題に権威ある著述を著したステファン・クティンスキーは、騎士修道会側の兵員数をもう少し多く見積もっており、騎士修道会は二万一千人の騎士、六千人の歩兵、五千人の輜重隊を擁し、ポーランド・リトアニア連合軍はポーランドから一万八千人の騎士、リトアニアから一万一千人の騎士、両連合軍併せて二千五百人の歩兵がおり、これに八百人のモルダウ人と千ないし二千人のタタール人が加わった、としている。要するに、ドイツ騎士修道会は総数三万二千人、ポーランド・リトアニア軍は総数三三、四千人とほぼ拮抗した数字が出されている。これについては、とくに騎士修道会側の数字が高すぎるという評価がドイツ人の学者によって下されている。参照、Gotthold Rhode, Polemiken um die Schlacht von Tannenberg 1410,

Zeitschrift für Ostforschung 9 (1973), S. 475ff.

(23) Evans, op. cit., pp. 38-39.

(24) 使者と国王のやりとりは明らかに、ヨーロッパ中世のフェーデ通告の儀式にしたがっている。フォークトによれば(Voigt, op. cit., Vol. 7, S. 84.)、これは「戦争の慣行」だった。したがって、修道会総長の使者がポーランド国王を挑発して、攻撃を始めさせるために派遣された、とは必ずしもいえないかもしれない。この宣戦布告は、単に形式的なものだった可能性も十分にある。フェーデ通告については、参照、拙著『掠奪の法観念史』(東京大学出版会、一九九三年)、二三七〜二三八ページ。

(25) Evans, op. cit., p. 42.

(26) Sven Ekdahl, Die Flucht der Litauer in der Schlacht bei Tannenberg, *Zeitschrift für Ostforschung* 12, (1963), S. 11ff.

(27) しかし、結局は一四二二年のミェルノ湖条約によって、サモギティアはリトアニアに割譲された。この時に作られた国境線は一九一九年にいたるまで変わらなかった。サモギティア人自身は、一四一三年に洗礼を受けている。また、東ポメラニアの一部は、一四六六年にポーランドに割譲される。

(28) Evans, op. cit., p. 44. この数字はおそらく戦闘の参加者だけに限定できないと思われるし、そもそもその数字の信憑性もかなり疑わしい。しかし、フォークトなどは、両軍あわせて十万人の死者を出したと記しているから、これに比べれば穏当な数字かもしれない。いずれにせよ、この戦争で騎士修道会側が完敗し、大量の死者と捕虜を出したことははっきりしている。

(29) Heinrich von Treitschke, *Historische und politische Aufsätze*, Bd. 2, Leipzig, 1921, S. 49.

(30) リトアニアのカウナスにもドイツ騎士修道会の騎士を足下に臥したヴィタウタス大公像がある。一九七二年、この銅像に面した公園で、ソビエトに抗議して一人の学生が焼身自殺した。これをきっかけとして、リトアニアに公然とした反ソ暴動が起こる。一九八〇年代後半の激動はこの時に始まっていた。

第六章

（1）公会議は、ジギスムントのイニシアティブの下に野心家のローマ教皇ヨハネス二十三世（在位一四一〇～一四一五年）によって招集された。教皇ヨハネス二十三世は、自らがこれを招集することによって、唯一の教皇となることを狙っていた。実際には、彼は一四一五年に廃位を宣言され、他の教皇も退けられて、一四一七年にマルティヌス五世が選出されて、この大分裂は終了する。なお、本章の記述は、拙稿「黎明期の国際人権思想―コンスタンツの論争とパウルス・ウラディミリの『結論五二』（一四一六年）」（「成城法学」四八号、一九九五年）に基づいたものである。

（2）橋口倫介「教皇権の衰退と中世後期の政治思想」『岩波講座　世界歴史一一』（一九七〇年、二五九ページ）。

（3）Erich Weise, *Die Staatsschriften des Deutschen Ordens in Preussen im 15. Jahrhundert*, Göttingen, 1970, S. 76.

（4）参照、本書、第四章。

（5）E. Weise, op. cit., S. 76-102.

（6）Ibid., S. 98-100.

（7）Ibid., S. 104-106.

（8）Ibid., S. 109-111.

（9）阿部謹也、前掲書、三五七～三五八ページ。

（10）S. Belch, op. cit., p. 131.

（11）E. Weise, op. cit., S. 132-136.

（12）Ibid., S. 130.

（13）参照、拙稿、「私の羊たちを飼いなさい」（「一橋論叢」、一一六・四）。

（14）E. Weise, op. cit., S. 140-141.

（15）「ボニファティウス八世のウーナム・サンクタム」（『西洋法制史料選Ⅱ・中世』、渕倫彦訳、創文社、一九七八年）収録。

（16）E. Weise. op. cit., S. 143.

（17）Ibid., S. 144.

（18）Ibid., S. 148.

（19）Ibid., S. 363.

（20）参照、J. Moreau-Reibel, Le droit de société interhumaine et le 'Jus gentium'. Essai sur les origineset le développement des notions jusqu'à Grotius, In: Recueil des Cours de l'Academie de Droit International, 77 (1950), pp. 479-606.

(21) E. Weise. op. cit., S. 363.

(22) E. Weise. op. cit., S. 171.

(23) Ibid., S. 167.

(24) したがって、この論争には、さらに、ローマ教皇の公会議法律顧問ノバラのアルディキヌス・ド・ポルタ、カーンブレの僧正で枢機卿のペテルス・デ・アリアコ、アウクスブルクの司教座聖堂参事会員ルドルフ（ルドルフ・メデキ）、シウダド・ロドリゴの僧正エスコバルのアンドレアス・ディダキが加わり、いずれもドイツ騎士修道会を支援している。

(25) E. Weise, Der Heidenkampf des Deutschen Ordens, *Zeitschrift für Ostforschung* 12 (1963), S. 455.

(26) Ibid., S. 456.

エピローグ

(1) ちなみに、ホーエンツォレルン家の選帝侯国ブランデンブルク・プロイセンがプロイセン王国となるのは、一七〇一年である。このプロイセン王国を一躍、ヨーロッパの強国に仕立てあげ勇名を馳せたフリードリヒ大王が登場するのは、そのほぼ四十年後の一七四〇年のことであった。

(2) もっとも、エストニアでもラトヴィアでも、ドイツ人が社会・経済上の支配者でありつづけた。官庁用語でさえ、十九世紀の半ばを過ぎるまでは、ドイツ語であったという。しかし、永井清彦氏の秀作『国境をこえるドイツ』（講談社現代新書）によれば、一九三九年八月、ヒトラーとスターリンは不可侵条約の秘密協定を取り交わし、バルト地方の分割を約した。ドイツは同年十月、この「バルト・ドイツ人のドイツ領への移住を決めた」。その結果、と永井氏は続ける。「翌年の冬にかけてエストニアからは五万二五八三人、ラトヴィアからは一万三七〇〇人のドイツ人が、多くは十三世紀初頭以来の父祖の地を去った。こうして、七五〇年に及んだバルト・ドイツ人の歴史は終わりを告げる」（一〇七ページ）。

(3) J. Muldoon, *Popes, Lawyers, and Infidels,*

University of Pennsylvania Press, 1979, p. 104.

(4) CH.-M. De Witte, Les Bulles Pontificales et L'expansion Portugaise, *Revue d'Histoire Ecclésiastique*, XLVIII, 1953, p. 718. 大航海時代については樺山紘一『ルネサンスと地中海』(中央公論社、一九九六年)、三二一ページ以下が興味ぶかく参考になる。

(5) F. G. Davenport (eds.), *European Treaties bearing on the History of the United States and its Dependencies to 1648*, Washington, D. C., 1917, p. 18.

ニコラウス五世はまたいう。

「他の以前の教勅は、国王アフォンソにたいして、全サラセン人とその他の異教徒たち及びその他のキリストの敵、ならびに彼らの王国や領土……、彼らの有するすべての動産と不動産を襲い、征服し、捕獲し、撃破し、服従させ、彼らの人格を永遠の隷属の下に置き、……彼らを彼らの利益のために改宗させる、完全かつ自由な権限をあたえていた。まさにこの権限のゆえに、アフォンソおよびその権威により王子は、これらの、大地、港、海を正当かつ合法的に獲得し、所有したと……余は……考える。この点に鑑みて、余は、……使徒の権威により、前述の諸教勅が……セウタと前述の獲得物ならびに前述の教勅の前に獲得されたものや、今後アフォンソ国王およびその後継者ならびに王子の名において、これらの地域や隣接地域において、またより遠隔の地において、異教徒たちから獲得されるであろうすべての地域、島、港、海にまで広げられるように、命令しかつ宣言する。……余はまた、この教勅により、アフォンソ国王およびその後継者ならびに王子が現在と将来において、これら獲得された地域においてまたそれに関して、あらゆる禁令、法令、委任、刑罰すら作ることができることを宣言する」。

(6) Ibid., p. 74.

(7) Ibid., p. 73.

(8) ビトリア『人類共通の法を求めて』(佐々木孝訳、岩波書店、一九九三年)、二一ページ。

(9) 註8前掲書、三五ページ。

(10) ラス・カサス『インディアスの破壊についての簡潔な報告』(染田秀藤訳、岩波文庫、一九七六年)、七〇~七一ページ。

(11) 染田秀藤『ラス・カサス伝—新世界征服の審問者』(岩波書店、一九九〇年)、二三九ページ以下。

(12) James A. Brundage, Holy War and the Medieval Lawyers, op. cit., pp. 124-125.

(13) 池本幸三、布留川正博、下山晃『近代世界と奴隷制』(人文書院、一九九五年)、六九ページ。

(14) 註13前掲書、八三ページ。

(15) 藤木久志『雑兵たちの戦場』(朝日新聞社、一九九五年)、二六三ページ以下。

(16) I・ウォーラーステイン『近代世界システムI—農業資本主義と「ヨーロッパ世界経済」の成立』(川北稔訳、岩波現代選書、一九八一年)、四二~四三ページ。

原本あとがき

本書は、発表済みの論文をかなり下敷きにしている章もあるが、私の気分としては書き下ろしの作品である。というのも、既発表の論文もまた、本書を書くことを決めたあとに、その一部として記述したものだからである。

私が本書を構想したのは、ひとえに選書出版部の横山建城氏との出会いによる。私が一九九三年に前著『掠奪の法観念史』(東京大学出版会)を刊行した直後に、氏は私のもとに出向かれ、著作の評価をされた後、私と雑談(?)を交わし、当時創刊準備中であったメチエに相応しいテーマで何か書くように勧められた。

私はその時、私の堅い学術書を丹念に読んでくれた人物の登場に気を許し、迂闊にも「北の十字軍」のことについて、つい口を滑らせてしまった。これは、面白いテーマではあるが、とてもではないがそう簡単にできるような代物ではない。私は「北の十字軍」に対する想いを文字どおりそこはかとなく抱いてはいたが、せいぜいその法的理論や神学理論に関われるかどうか、他のテーマとの対比のなかで考えていたにすぎない。

しかし、編集者というのは恐ろしいもので、彼はすぐに反応し、議論を重ね、私はいつしかその気にさせられていた。正直にいえば、私は、パウルス・ウラディミリのことを除けば、その時点では、本書で書いたことについてほとんど準備できていなかった。しかし、大変だから止めた方がよいという理性的判断に、他に適当な包括的な作品がないのだから、自分で調べて自分なりに描いてみては、という知的好奇心が打ち勝っていった。私は、要するに煽動されたのである。

＊

それから本書刊行にいたるまでずいぶんと時間がたってしまった。しかし、私自身は、いま本書を世に問うことができるのは上出来だと思っている。また、最初に構想した時よりも、理論の比重が薄まり、事実の記述が多くなってしまったが、これも、メチエの性格を考えれば、かえって良かったと思う。私の本来の主題である、戦争や異教徒・異民族をめぐる教会法やローマ法、国際法の理論的軋轢と発展については、それこそ割愛せざるを得なかったが、これについては別の機会をまつことにしよう。

編集についてついでに触れると、地図と年表は私の提供した資料と本文の記述に基づいて横山氏が作成したものである。これについても、謝意を表しておきたい。なお、地名と人名についてはできるだけ分かりやすくかつ正確であるように心がけたが、複雑な支配関係と資料の言語の関係で結局は首尾一貫した原則を貫くことができなかった。この辺りの研究が進めばもう少し確定したものになると思うが、とりあえずお許し願えればと思う。

また、本書執筆の過程で発表した「黎明期の国際人権思想――コンスタンツの論争とパウルス・ウラディミリの『結論五二』(一四一六年)」(『成城法学』四八号)に対して、私が「従来の学界で定説化されたイメージに再検討を加え、大胆に組替を要求するという姿勢」をとっていると指摘されたうえで、これに好意的な書評(『法制史研究』四六号)を与えられた上山安敏先生(京都大学名誉教授)にこの場を借りてお礼を申し上げたい。手探りで進んでいた私にとって、この書評は力強い味方であった。

最終原稿の段階で全体を読み、的確な意見を示してくれた高木正道氏(静岡大学)、屋敷二郎氏(一橋大学)、また様々な形で私に助言を下さった勝田有恒先生(駿河台大学教授)、阪口修平氏(中央大学教授)にも改めてお礼を申しあげたい。

＊

話は少々飛躍するが、私はいま一橋大学で学生部長という職務についている。お世辞にも事務能力、対外的折衝能力があるとは思えない私がなぜ選ばれたかは謎としか言いようがないが、おかげで職員の人びとと接触する機会がおおいに増えた。彼らの働きぶりを目の当りにして、私は、大学が彼らに負うところがいかに大きいかを知ったような気がする。教員が研究・教育活動に励み、学生が勉強とサークルに熱中できるのも、縁の下の力持ちがいるおかげである。私が本書を書き上げることができたのも、その賜物といえよう。このような機会はあまりないと思うので、あえて一橋大学の職員、とくに学生部のみなさんにここで感謝の意を表することをお許しねがいたい。

最後に、私は、私の古くからの、最も良い友人である妻、好子に本書を献じたい。本書が、彼女が私に望む「最後まで読む気になるような面白い本」であるかどうか分からないが、少なくとも私はそう信じている。

一九九七年七月

山内　進

学術文庫版あとがき

ものを書く人間にとって、出版された自分の本はすべて思い出深い。出来不出来はともかく、すべて愛おしいといってもよいように思う。しかし、とりわけ印象的で忘れがたい本というものもないわけではない。私にとって『北の十字軍――「ヨーロッパ」の北方拡大』(講談社選書メチエ)はそのような本であった。このたび、本書が講談社学術文庫に加えられることになったが、これは名誉なことで、私にとってたいへん嬉しいことである。

嬉しいだけでなく、忘れがたさもいっそう深まったように思う。私がこの書をとくに印象深く感ずるのは、出版の時期と大学での私のあり方に関係する。本書がメチエの一書として上梓されたとき、私は、その「あとがき」で書いたように、学生部長という職務についていた。学生部長というのは教育や学生生活を主管する仕事だが、あわせて学長の補佐、少し大げさにいえば官房長官に近い仕事をする職である。したがって、学長とのコンビネイションが大切である。とくに一橋大学ではそれが重視され、他大学と違って伝統的に四十歳代後半の(大学としては)若手の教授が担当することになっていた。

私は本命ではなかったようだが、諸般の事情で学生部長に選出されてしまった。そのときの学長が西洋社会史の碩学である阿部謹也先生だった。以前に阿部先生の『自分のなかに歴史をよむ』（ちくま文庫）の「解説」を担当させていただいたときにも書いたことだが、私は大学院の一年生のときに、当時小樽商科大学助教授だった阿部先生に会いに出かけていったことがあった。いきなり会いたいと葉書を送り、会うとの返事をいただいた。私は、坂の上にある商大の研究室に伺った。それは、私にとって衝撃的な出会いだった。どう衝撃的だったかはその「解説」を読んでいただくとして、とにかくこのときの会話は深く私の心の中に刻み込まれた。

その後、私は阿部先生に会うことはなかった。華々しく活躍する先生に会うのはえらく気恥ずかしかったからである。先生に再会したのは、私が一橋大学のスタッフとなった四十歳のときのことである。だが、学部も違うし、たまに席を同じくする機会があるときに、少し会話する程度だった。それでも接触する機会ができて私は満足だったが、「北の十字軍」に関心をもって研究を始めたとき、これはたいへんだということにすぐ気づいた。というのも、阿部先生の最初の大作『ドイツ中世後期の世界――ドイツ騎士修道会史の研究』（未來社）はまさしく本書の主要な構成部分となるドイツ騎士修道会に関する本格的研究だったからである。

それでも私は研究を進めた。途方もない高山がそばに聳《そび》えているが、私なりのアプローチもあるだろうと考えたからである。つくづく私はたいへんな楽観主義者だと思う。その伝で、私はあるとき、先生に本を貸してほしいと頼んだことがあった。コンスタンツの論争に関わる資料集である。探してみるとの返事をいただいたその日の夜、家に電話がかかってきた。まだ小学生の息子が電話に出て、大きな声で私を呼んだ。「阿部さんだって」。私はあわてて、「バカ、学長だ」と小声でいったのをいまでも覚えている。学長は探している本があったから明日、渡すといわれた。翌日、私はそれを受け取った。私が学生部長になる前の話である。

学生部長に選出されて、私は本を仕上げるのに全力をあげた。時間がなくなるのがわかっていたからである。なんとか必死で書き上げ、編集の横山建城さんに原稿を渡すことができたのは結局、学生部長になって数ヵ月たってからだった。それでも、とにかく原稿を渡すことができて、肩の荷を降ろすことができたような気がした。

阿部先生は立派な学長だった。責任感に溢れ、難しい問題に正面から向かっていた。一番の難題は学長選考問題だった。一橋大学では、学長選に学生が除斥投票を行うという形で参加していた。これは、複数の学長候補から不適当と思われる者を投票で除斥するという制度で、大学の規則に盛り込まれていた。これが文部省によって不適当とされ、学長を新たに選出するたびに大学は文部省と折衝することを余儀なくされていた。この問題をめぐる亀裂は大きく、その面での緊張感は大学の存続に関わりかねないほど高まっていた。

この制度で最初に選ばれたのは阿部先生の先生にあたる上原專祿学長であった。『自分のなかに歴史をよむ』で阿部先生は上原先生との出会いについて実に印象的な記述をしているように、阿部先生は上原先生を心から尊敬していたように思う。阿部先生は、大学のために制度を廃止せざるをえないと判断していたが、上原先生が体現した制度を廃止するのはつらかったことと思う。しかし、だからこそ、この制度をやめるのは自分以外にはいないと思っていたことも確かだと私は感じていた。

私は当然、この問題の渦中に入っていた。学生自治会との折衝は私の仕事である。一橋大学の学生は頭がよく、自治会の代表ともなるとタフなので、なかなかたいへんだった。険悪になったことも何度もあった。学長・評議会との会合、団交も繰り返し行われた。当然、合意は得られないが、阿部学長はけっして逃げずに、最後につらい決断を下した。その最後の時期の緊迫している状況のなかで、私は『北の十字軍』でサントリー学芸賞を受賞した。新聞で受賞が発表された直後の会合で、自治会の面々は私に「受賞おめでとうございます」といってくれた。社交辞令ではなく、学問を愛する者たちの表情で語られた言葉であった。私は、なによりもそれが嬉しかった。

『北の十字軍』は私にとって思い出深い作品である。私は今夏、一橋大学の学長に選出され、今月から仕事を始めている。その一ヵ月後に、このように『北の十字軍』の文庫版が出されるのはなにかの縁のように思えてならない。縁を運んでくださった講談社学術文庫の稲吉稔さんに、丁寧で手際のよい仕事を含めて、この場を借りてお礼申し上げたい。

二〇一〇年十二月

山内　進

関連年表

西暦	本文関連・重要事項
四八一	サリー族、メロヴィング家のクロヴィス、フランク国王となる
四八六	クロヴィス、ローマの代官シャグリウスをソワッソンに破る
四九六	クロヴィス、アラマン人をトルビアックに破る
五〇〇	クロヴィス、ランスの司教聖レミギウスによって洗礼を受け、キリスト教に改宗
五〇七	クロヴィス、ブルグンド王グンドバッドをディジョンに破る
五〇八	クロヴィス、ゴート王アラリック二世をポワティエ近郊のヴィエに破る
	このころ『サリカ法典』成る
七三二	宮宰カール・マルテル、イスラム軍をトゥール・ポワティエに撃破、カロリング家の威信が高まる
七五一	カール・マルテルの子ピピン三世、国王ヒルデリヒ三世を退位させる↓メロヴィング家の滅亡
七五六	フランク王ピピン、ランゴバルド王国を破り、ラヴェンナを教皇領として寄進
七六八	ピピン没す、息子カールとカールマン、フランク王国を分割
七七一	カール、フランク王国の単独支配者となる
七七二	カール、ザクセン征服に乗り出す↓七八五年、ザクセンの支配者がキリスト教に改宗。八〇四年、ザクセン併合
七七四	カール、ランゴバルド王国の国王デシデリウスを降伏させる
七七八	カール、サラゴサを攻撃、帰路キリスト教徒バスク人の攻撃を受ける↓『ローランの歌』

七九一	カール、アヴァール人征服に乗り出す
七九七	東ローマ皇帝に女性のイレーネが即位
八〇〇	教皇レオ三世、カールに「皇帝」と「アウグストゥス」の称号を与え、戴冠の儀式を行う
八二六	ベネディクト派の修道僧アンスガル、デンマークに伝道
八二九	アンスガル、スウェーデンに伝道、ヘデビーに最初のキリスト教会を建立
八三一	このころアンスガル、ハンブルク教会の初代大司教となる
八四八	ハンブルク大司教区、ブレーメン司教区と合体してハンブルク・ブレーメン大司教区となる
八六五	アンスガル没す
九一一	カロリング朝が断絶、フランケン公のコンラート一世が王位を継ぐ
九一九	ザクセン公ハインリヒがドイツ国王に指名されザクセン朝を創始→ハインリヒ一世
九二八	ハインリヒ一世、バルト・スラブ人を撃退
九三三	ハインリヒ一世、ハンガリー（マジャール）人を破る
九三四	ハインリヒ一世、デーン人からシュレスヴィヒを奪いドイツ化
九三六	ハインリヒ一世の子オットー、アーヘンに戴冠、オットー一世（大帝）となる
九三七	このころオットー一世、ヴェンデ人支配のために二人の辺境伯を任命→オボトリート人の領域にヘルマン・ビリング、ウィルツェ族の領域にゲロ
九四八	オットー一世、ブランデンブルクとハーフェルベルクに司教区を設置
九五五	オットー一世、レッヒフェルトにハンガリー人を破り、彼らの進撃を阻止
九六二	オットー一世、ローマにて皇帝戴冠、初代神聖ローマ皇帝となる
九六五	このころデンマーク国王ハロルド、洗礼を受ける→デンマークのキリスト教国化
九六六	ポーランド国王ミエシュコ一世、洗礼を受ける

西暦	本文関連・重要事項
九六八	オルデンブルク、メルセブルク、ツァイツ、マイセン司教区が設置される
	マグデブルク大司教座設置、初代大司教にアーダルベルトが任命される
	ポズナンに司教座がおかれる
九八二	オットー二世、コトローネでサラセン人に大敗↓九八三年、ローマで没す
九八三	ヴェンデ人の大反乱↓ヴェンデ人の王ミスチヴォイが蜂起
九九〇	このころミスチヴォイの息子ムスティスラフ、ハンブルクを破壊
一〇〇〇	グニェズノに大司教座がおかれる
一〇一八	スラブ人の大蜂起
一〇四三	神聖ローマ皇帝ハインリヒ三世、アーダルベルトをハンブルク・ブレーメン大司教に任命
一〇六六	オボトリート侯ゴトシャルクが暗殺される↓スラブ人の大反乱はじまる
一〇七二	大司教アーダルベルト没す
一〇九五	クレルモン公会議、教皇ウルバヌス二世、十字軍派遣の演説をなす
一〇九六	第一回十字軍（〜一〇九九）↓一〇九八年、オリエント世界に初のラテン国家エデッサ伯国を樹立
一〇九九	第一回十字軍、聖地エルサレムを攻略、エルサレム王国を建国
一一〇八	「マグデブルクの訴え」
一一二八	テンプル騎士修道会が公認される
一一三〇	クレルヴォーのベルナール『新しい騎士たちを称えて』を著す
一一四四	モスルの君主ザンギー、エデッサ伯国を事実上滅ぼす

一一四五	教勅「クァントゥム・プレデケッソレス」、教皇エウゲニウス三世、エルサレムへの十字軍派遣を呼びかけ参加者に「罪の赦免」を与える→第一の十字軍
一一四六	クレルヴォーのベルナール、教皇エウゲニウスの依頼を受け十字軍参加への勧誘を開始 エウゲニウス三世、スペインのイスラム教徒攻撃に十字軍と同一の効果を認める→第二の十字軍
一一四七	第二回十字軍（〜一一四九） 三月、クレルヴォーのベルナール、フランクフルト帝国議会で演説、ヴェンデ人討伐に対しても「罪の赦免」を与える→第三の十字軍＝「北の十字軍」が公認される 四月、エウゲニウス三世、教勅「デヴィニ・デスペンサチオーネ」を発し、ヴェンデ十字軍を追認 六月、オボトリート侯のニクロート、リューベクを先制攻撃 七月、ヴェンデ十字軍、マグデブルクを発しアルツレンブルクに結集、北上を開始 九月、ヴェンデ十字軍、特段の成果なく終わる
一一四九	エウゲニウス三世、ハンブルク・ブレーメン大司教にハルトヴィヒを任命
一一五二	ホーエンシュタウフェン家のフリードリヒ、神聖ローマ皇帝となる→バルバロッサ（赤髯王）
一一五六	ゲロルト、オルデンブルク司教となり、オボトリート人をキリスト教に改宗させる
一一六〇	ザクセン大公ハインリヒ（獅子公）、司教座をオルデンブルクからリューベクに移す
一一六八	デンマーク国王ヴァルデマール一世、リューゲン島を襲い、リューゲン族をキリスト教に改宗させる
一一七一 （一一七二）	教皇アレクサンデル三世、エストニア人およびフィン人にたいする戦争を十字軍と同一のものとする教勅を発す
一一八六	マインハルト、ユクスキュルの司教に任ぜられる

西暦	本文関連・重要事項
一一九一	教皇クレメンス三世、エルサレムの聖母マリアドイツ病院兄弟団を公認→ドイツ騎士修道会の前身
一一九七	ケレスティヌス三世、教皇となり、エストニア人とクール人に十字軍を派遣 シトー会のベルトルト、マインハルトの後任としてユクスキュルの司教に任ぜられる
一一九八	シトー会のベルトルト、リーヴ人に敗北、八つ裂きにされる。リーヴ人は一時的に改宗するもすぐに棄教する インノケンティウス三世が教皇となり、ただちに「北の十字軍」を公認 エルサレムの聖母マリアドイツ病院兄弟団、武装する騎士修道会となる
一一九九	インノケンティウス三世、リヴォニアへの十字軍派遣の教書を発す インノケンティウス三世、ドイツ騎士修道会を公認 シトー会のベルトルトの後任として、ブクスヘーフデンのアルベルトがユクスキュルの司教となる
一二〇一	ブクスヘーフデンのアルベルト、リヴォニアの司教座をユクスキュルからリーガに移す
一二〇二	司教アルベルト、刀剣騎士修道会を設置
一二〇四	第四回十字軍がコンスタンティノープルを占領、ラテン帝国を樹立
一二〇六	リーヴ人の大反乱勃発、司教アルベルト、刀剣騎士修道会などを派遣してただちに討伐する、リーヴ人の多くがキリスト教に改宗し、事業は大きく前進する シトー会のクリスティアン、プロイセンに伝道を開始
一二〇七	司教アルベルト、刀剣騎士修道会にリヴォニアの三分の一を与える

	司教アルベルト、辺境伯の地位を与えられ、神聖ローマ帝国の第九十四番めの聖界諸侯となる
一二〇八	改宗したレット人の長老とヴェンデンの騎士修道会がエストニアに使者を送る↓エストニア侵攻
一二一〇	ヘルマン・ザルツァ、第四代ドイツ騎士修道会総長となる
一二一一	エストニア十字軍、フェリーンを攻撃↓翌年から三年間の休戦 ハンガリー国王アンドラーシュ二世、ドイツ騎士修道会を招聘、ブルツェンラントを与える↓東方進出の始まり
一二一五	司教アルベルト、ロターリアに出兵、エストニア人の改宗をすすめる、ロシアのプスコフ公ウラディミーリが介入、全エストニア人にドイツ人への決起をうながす 第四回ラテラーノ公会議、リヴォニア司教区を教皇の特別の保護の下におくことを決定 シトー会のクリスティアン、インノケンティウス三世によってプロイセン司教に任ぜられる
一二一六	ホノリウス三世が教皇となる プロイセン人が蜂起する
一二一七	エストニア人の首長レムビト戦死、南エストニアのほぼ全域が司教アルベルトに服属する 教皇ホノリウス三世、プロイセン十字軍に「罪の赦免」を与える
一二一八	司教アルベルト、エストニア北部の征服に、デンマーク国王ヴァルデマール二世の助力を要請
一二一九	ヴァルデマール二世、エストニアに侵攻、タリンの要塞を築く
一二二〇	エストニアの支配権をめぐって司教アルベルトとヴァルデマール二世が対立
一二二二	ヴァルデマール二世、エーゼル島を攻撃するも苦戦、司教アルベルトがこれを救援したことにより南部エストニアの支配権がアルベルトと刀剣騎士修道会のものと確定する 教皇ホノリウス三世、ギリシア正教と妥協の余地のないことを言明
一二二三	ヴァルデマール二世、ザクセンのシュヴェリーン伯に幽閉される↓一二二七年まで

西暦	本文関連・重要事項
一二二四	エーゼル族がドイツ人に反撃、他のエストニア人も蜂起、ロシアの救援を求める アルベルトの軍隊、ドルパットの要塞を攻撃、陥落させる ヘルマン・ザルツァ、教皇ホノリウス三世に接近、ブルツェンラントを独自の修道会国家となさんと画策する
一二二五	教皇特使モーデナのウィリアムが、リーガとデンマークの調停のためリヴォニアに派遣される ドイツ騎士修道会、ハンガリーから追放されるも、マソウィア公コンラートから招聘される
一二二六	リミニの黄金文書↓神聖ローマ皇帝がドイツ騎士修道会のプロイセン侵略を公認
一二二七	グレゴリウス九世が教皇となる 刀剣騎士修道会、タリンをデンマークから奪う このころ刀剣騎士修道会にたいする批判が高まる↓教皇特使ボールドウィンの報告書 エーゼル島陥落、エストニアのキリスト教化がほぼ完了
一二二八	クリスティアン、ドブリン騎士修道会を設立
一二二九	司教アルベルト没す
一二三〇	教皇グレゴリウス九世、ドイツ騎士修道会のプロイセン侵略を公認する教勅を発す ヘルマン・ザルツァ、プロイセンのラント長官にヘルマン・バルクを任命する
一二三一	ドイツ騎士修道会、トルンに要塞を築く
一二三二	ドイツ騎士修道会、クルムに要塞を築く
一二三三	ヘルマン・ザルツァ、クルムの特権（ハンドフェステ）を発布 ドイツ騎士修道会、マリエンヴェルダーに要塞を築く

一二三四	ロシアのヤロスラフ公、ドルパットを奪還しカトリックのフィンランド布教を妨害
一二三六	バトゥひきいるモンゴル軍がロシアに侵入→「タタールの軛」 ザウレの戦い、刀剣騎士修道会が壊滅する
一二三七	刀剣騎士修道会、ドイツ騎士修道会の傘下に入り、ヘルマン・バルクの管轄となる ドイツ騎士修道会、エルビングに要塞を築く
一二三八	教皇グレゴリウス九世、特使としてモーデナのウィリアムを派遣、ノブゴロド十字軍を準備 教皇グレゴリウス九世の仲介でエストニアの北半分がデンマークに、南半分とリヴォニアがドイツ騎士修道会のものと確定する
一二三九	モンゴル軍、ノブゴロドに迫る→南に転進、一二四〇年にキエフ陥落 ドイツ騎士修道会、バルガに要塞を築く ヘルマン・ザルツァ没す
一二四〇	アレクサンドル・ネフスキー、ネヴァ河畔にスウェーデン軍を撃退
一二四一	ドイツ騎士修道会・ポーランド連合軍、リーグニッツ（ワールシュタット）でモンゴル軍に大敗
一二四二	チュード湖「氷上の戦い」、アレクサンドル・ネフスキー、ドイツ騎士修道会を撃破する ポメラニアの支配者スヴァントポルク、プロイセン人と結びドイツ騎士修道会に反旗をひるがえす
一二四三	スヴァントポルク、ドイツ騎士修道会と和睦するもまたすぐに反乱 インノケンティウス四世が教皇となる
一二四五	スヴァントポルク、ローマを訪問、教皇インノケンティウス四世の理解を求める
一二四六	ミンダウガス、リトアニア大公となる
一二四九	クリストブルクの和約→異教徒の権利を認める

西暦	本文関連・重要事項
一二五三	リーガに大司教座がおかれる
	スヴァントポルクの反乱終結、プロイセンのほぼ全域がドイツ騎士修道会の支配下に入る
	ミンダウガス、キリスト教に改宗
一二五五	ドイツ騎士修道会、ケーニッヒスベルクを建設
一二六〇	ドゥルベの戦い、ドイツ騎士修道会がリトアニア軍に敗北
	プロイセン人の二度めの大蜂起（～一二七四）
一二六二	ミンダウガス、棄教してアレクサンドル・ネフスキーと結ぶ
一二六三	アレクサンドル・ネフスキー没す
	ミンダウガス、暗殺される
一二七〇	リトアニア、たびたびリヴォニアに侵攻
一二七四	プロイセン人の第三次反乱はじまる（～一二八三）
一二八二	リーガ、ハンザ同盟に加盟
一二八三	プロイセンの全域がドイツ騎士修道会によって征服される
一二八五	タリン、ハンザ同盟に加盟
一二九一	東方のアッコンが陥落、エルサレム王国滅亡
	テンプル騎士修道会と聖ヨハネ修道会、キプロス島に避難
一二九八	リトアニア大公ヴィテヌス、リーガ市民の要請でリーガに入城
一三〇三	アナーニ事件、教皇ボニファティウス八世がアナーニで捕らえられる
一三〇八	ゲディミナス、ポーランド国王ヴワディスワフ一世と結ぶ

一三〇九	ドイツ騎士修道会、本拠地をヴェネツィアからマリエンブルクへ移す
	教皇庁がアヴィニョンに移される（教皇のアヴィニョン捕囚。～一三七七）
一三一二	教皇クレメンス五世、テンプル騎士修道会に解散を命ずる↓一三一四年に総長火刑
一三一六	ゲディミナス、リトアニア大公となる
一三二二	ゲディミナス、ドルパットを攻撃・破壊
一三二三	ゲディミナス、メーメルを占領
一三二九	ゲディミナス、リーガに入るも、ドイツ騎士修道会がすぐに奪還
一三三三	ゲディミナス、各修道会やハンザ諸都市、教皇に書簡を送り、国内のキリスト教徒に保護を与えることを約束する
	カジミェシュ三世（大王）がポーランド国王となる
一三四一	ゲディミナス没す
一三四二	アルギルダス、リトアニア大公となる
一三五一	ヴィンリッヒ・フォン・クニプローデがドイツ騎士修道会総長となる
一三七〇	カジミェシュ三世没し、ラヨシュ一世が国王となる
一三七七	シスマ（教会大分裂、～一四一七）、ローマとアヴィニョンに教皇が並立
	オーストリア大公アルブレヒト三世、「異教徒との舞踏」に参加↓このころから「軍旅」さかん
一三八一	クニプローデ、リトアニアの内紛に介入、ヤギェウォと同盟してケストゥティスと戦う
一三八二	ケストゥティス暗殺される
	ヤギェウォ、リトアニア大公となる
	ヴィンリッヒ・フォン・クニプローデ没す
	ポーランド国王ラヨシュ一世没す

西暦	本文関連・重要事項
一三八四	ヤドヴィガ、ポーランド国王となる
	ケストゥティスの息子ヴィタウタス、リトアニアに帰国してヤギェウォと和解
一三八四	リトアニア大公ヤギェウォ、ポーランド国王ヤドヴィガに求婚する
一三八五	クレヴォの合意→ヤギェウォとヤドヴィガの結婚が決まり、ポーランド・リトアニア連合が成立
一三八六	ヤギェウォがヴィタウタスとともにキリスト教に改宗し、ポーランド国王ヴワディスワフ二世となる
一三九二	ヴィタウタスが全リトアニアの事実上の支配者となる→一四〇一年に確定
一三九八	ザリンヴェルダーの和約、ドイツ騎士修道会とヴィタウタスのリトアニアが一時的に和睦
一三九九	ヤドヴィガ没す
	ドイツ騎士修道会・ヴィタウタス連合軍、キプチャク汗国に敗北→和睦も瓦解
一四〇七	ウルリッヒ・フォン・ユンギンゲン、ドイツ騎士修道会総長となる
一四〇九	サモギティア人の反乱→背後にポーランド・リトアニア
	ドイツ騎士修道会、ポーランド国王に宣戦布告状を送達
一四一〇	ポーランド・リトアニア連合軍、プロイセンに入る
	タンネンベルク（グルンヴァルト）の戦い、ドイツ騎士修道会がポーランド・リトアニア連合軍に壊滅的な敗北を喫する
一四一一	トルン条約→領土は戦前の状態に復す、サモギティアはリトアニアに返還されるがその期間はヴィタウタスとヴワディスワフ二世の生存中に限る
一四一四	ポーランド、プロイセンに出兵→飢餓戦争

	コンスタンツの公会議（～一四一八）↓パウルス・ウラディミリとペーター・ヴォルムディトの「論争」
一四一七	マルティヌス五世が教皇となる↓シスマ終わる
	コンスタンツの公会議、一二二〇年の教皇ホノリウス三世の教勅を確認↓ウラディミリの主張を退ける
一四三六	教皇エウゲニウス四世、教勅「ロマヌス・ポンティフェクス」を発す
一四五三	コンスタンティノープル陥落、ビザンティン帝国がオスマン・トルコに滅ぼされる
一四五五	教皇ニコラウス五世、教勅「ロマヌス・ポンティフェクス」を発す
一四六六	第二次トルン条約↓ドイツ騎士修道会、東ポメラニアをポーランドに割譲、本拠地もマリエンブルクからケーニッヒスベルクに移す
一四九二	グラナダ陥落、レコンキスタ終了
	コロンブス、「新大陸」を「発見」
一四九三	教皇アレクサンデル六世、教勅「インテル・カエテラ」を発す↓新大陸の領有・布教権をスペインに独占的に与える
一五二五	プロイセン公国が成立、ドイツ騎士修道会が消滅する
一五五〇	バリャドリードの論争↓ラス・カサス、インディオの権利を擁護
一五六一	リヴォニア騎士修道会が消滅
一七一〇	リーガとタリン、ロシア領となる

解説

松森奈津子

西洋中世史研究の進展に伴い、ルネサンス期以来の「暗黒の中世」像は、すでに過去のものとなっている。けれども、とりわけ本邦においては未だ、この時代の思想的な豊かさや歴史的な意義が十分に知られているとはいえない。本書、『北の十字軍――「ヨーロッパ」の北方拡大』は、この西洋史研究の間隙を埋める優れた著作である。

北の十字軍とは、東方（ビザンティン帝国、エルサレム）、および南方（イベリア半島）への対イスラム十字軍と区別される、北方（ロシア、プロイセン、バルト海沿岸諸地域）の異教徒（一部は異端）に対する「もう一つの十字軍」である。本書は、この北方へのヨーロッパ拡大の論理と実践を、世界のキリスト教化を使命とするドイツ騎士修道会による行軍を中心に、詳しく考察している。本書が選書メチエの一書として出版された一九九七年当時、このテーマをめぐっては、国外では、たとえばE・クリスチャンセンの包括的な研究（第一章註22）があったが、日本語で読める文献はほとんどなかった。本書の第一の意義は、数ヵ国語の史料を駆使しながらも、物語のような読みやすい文体で、北方十字軍の全体像を描き出したところにある。本書のサントリー学芸賞受賞によって、北の十字軍の存在は以後、広く知られるようになる。

しかし、本書の意義はこの点にとどまらない。北の十字軍を近代ヨーロッパの形成、拡大の前史とみなすことにより、その歴史上の位置を明確化しているからである。

近現代の国際社会を顧みる時、それを律する西洋中心主義を否定することはできない。その起源や展開をめぐっては、学問分野の垣根を越えて多くの議論が積み上げられてきた。一般に、大航海時代、啓蒙思想、帝国主義などが考察対象になることが多い。山内氏はこうした諸議論よりもさかのぼり、十字軍の精神にヨーロッパ拡大のイデオロギーの端緒をみる。その際重要になるのが、第二回十字軍に見出される、奪還から征服へという論理的転換である。

この転換を理論づけたのは、クレルヴォーの修道院長ベルナールであった。かれは、全人類の救済という観点から、キリスト教を拒む異教徒を攻撃することは罪の赦免と永遠の名誉に値すると述べ、北の十字軍を実現させた。その対象となったスラヴ系諸民族は、イスラム教徒と異なって、自分たちの側からキリスト者を害することなく、自己完結的に別個の社会を形成していた。したがって、かれらに対する戦闘の目的は、対イスラム十字軍のような奪回ではなく、伝道という新たな事由、つまり「入るように強制」せよという論理であった。それは、たとえ異教徒が望まなくても、かれらを信仰に導くことがキリスト者の使命だとする考え方である。本書の第二の意義は、大航海時代につながるヨーロッパ拡大の原型を、北の十字軍の展開過程を通じて鮮やかに描き出したところにある。

さらに本書は、このようなヨーロッパ拡大の論理の傍らに、異教徒への無差別戦争を批判する見解が存在していたことに注目する。ドイツ騎士修道会の正戦論を反駁し、「人類共同体の法」に基づいて異教徒の権利を尊重することを求めた教会法学者、パウルス・ウラディミリの理論である。そして、ヨーロッパ拡大の暴力性を批判するこうした思想系譜を生み出した点でもまた、北の十字軍が近代ヨーロッパの前史だと主張するのである。本書の第三の意義は、単なる西洋中心主義批判に陥ることなく、中世ヨーロッパの豊かな諸思想をすくいあげたところにある。

ヨーロッパは、非ヨーロッパを征服し、植民し、従属させてきた。また、そのための論理を磨いた。しかし、同時にまた、これを批判する勢力と論理を生み出した。その双方が互いに鎬《しのぎ》を削ったのがヨーロッパである。(三一八頁)

こうした本書の問題意識は、中世から近代への過渡期のヨーロッパを主軸とする山内氏の研究全体を貫くものでもある。単著に限っても、近代を形成した合理的規律化の論理を検討した『新ストア主義の国家哲学』(千倉書房、一九八五年)、戦時の財物奪取の思想系譜を追った『掠奪の法観念史』(東京大学出版会、一九九三年)、自力救済裁判の伝統のなかに当事者主義の原型を見出した『決闘裁判』(講談社現代新書、二〇〇〇年)、異教徒や異端に対する武力行使の歴史と現状を描いた『十字軍の思想』（ちくま新書、二〇〇三年）と、いずれにおいても、功罪両面から西洋の知的遺産が詳細に論じられている。

刊行から十四年を経てもなお、本書の新鮮な輝きは少しも失われていない。否、グローバル化の進展に伴って、異質な他者とのあるべき関係がより広く議論されている現在、むしろその意義は高められているといえよう。かつてメチエ版で、「ヨーロッパ史のほとんど未開拓の分野を切り開く」（二七頁）チャレンジ精神に勇気をもらった一人として、また年齢や立場の差を超えて、常に一研究者として接して下さる山内氏の人柄を尊敬する一人として、『北の十字軍』とのこのたびの再会を、とてもうれしく思っている。

山内氏に初めてお会いしたのは、二〇〇五年の日本政治学会で氏の報告を拝聴した時である。もっとも、主にスペインで研究成果を発表していた頃だったために邦語文献まで手が回らず、関心をもちつつも諸著作を熟読するには至らなかった。氏も、共通の知人を介して挨拶を交しただけの私を、記憶にとどめてはいないであろう。『北の十字軍』をはじめとする山内氏の研究が、私の中で大きな存在感をもつようになるのは、スペインでの研究をもとに、『野蛮から秩序へ』（名古屋大学出版会、二〇〇九年）を執筆していた時であった。この書は、『北の十字軍』の最後でも触れられている、インディアス問題とサラマンカ学派について考察したものである。

スペインの「新世界」征服は一般に、教皇アレクサンデル六世の教書に基づき、国土回復《レコンキ》運動《スタ》の延長とみなされる。いずれも布教のための行軍と理解されるからである。けれども実際には、インディアスへの侵出は国土回復運動《レコンキスタ》の論理では正当化できない事例であった。正戦論に従うならば、イスラム教徒に対する戦争は、奪われた土地を奪還するためのものであり、「正当な敵」に対する正しい戦いであった。これに対して、インディオはこれまでキリスト者に害を加えてきたことはなく、その意味で「正当な敵」ではなかったからである。

　では、なぜインディアス征服は国土回復運動《レコンキスタ》の延長とみなされたのであろうか。インディアス問題の背景を描くには、両者の結びつきを丁寧に論じる必要があった。その際、決定的な影響を受けたのが、『北の十字軍』で展開されている、ベルナールによる十字軍概念の転換である。この転換を間接的に支えたのは、グラティアヌスやホスティエンシスら、教会法の権威たちであった。つまり、イエスの生誕以降、異教徒のあらゆる権利は、その邪悪さゆえにキリスト者に移行したのだから、キリスト者は異教という理由のみによって、かれらを正当に攻撃しうるとする見解である。

　インディアスへの侵出も、このような論理に則ったものである。したがってそれは、たしかに十字軍の精神に基づくという点では国土回復運動《レコンキスタ》とつながっているが、厳密にいえば、奪還を目的とする対イスラム十字軍（国土回復運動《レコンキスタ》）ではなく、伝道を目的とする新たな十字軍（北の十字軍）の延長上にある。イスラム圏が文化的に先進地域でありつづけたのに対し、スラヴ系諸民族の地の多くは未開とみなされており、その点でも、キリスト教徒にとってインディアスは後者により近い存在であった。近代スペインが形成される十五、六世紀において、この論理はインディオだけでなく、カナリア諸島やマグレブ地域の先住民族にも適用された。
国土回復運動《レコンキスタ》からインディアス問題へのつながりをこのような形で明示することができたのは、『北の十字軍』のおかげであった。どうしてもそのことを伝えたくて、面識なきに等しい山内氏に、ぶしつけながら『野蛮から秩序へ』をお送りすると、氏は温かいコメントを添えた丁寧な礼状を下さった。

このたび山内氏から解説執筆のお話をいただいた時、本書の出版に携われることをうれしく思う反面、思いもよらない大役に恟恟《きょうきょう》とした。けれども、今にして思えば、『北の十字軍』とは幾重もの縁でつながっていた。自身の研究に大きな影響と刺激を受けた書であったこと、メチエ版の編集者横山建城氏が広義の同門であったこと、山内氏は大太田義器にとって、著作の書評も書いて下さった古くからの知人であったこと……。私は信仰をもたないが、時折、単なる「偶然」では片づけられないような出会いに恵まれる。『北の十字軍』との出会いと再会は、そのような幸運なめぐりあわせの一つであった。学術文庫版の公刊によって、本書がさらに多くの読者と出会えることを心から喜びたい。

（静岡県立大学講師）

KODANSHA

本書の原本は、一九九七年、小社より刊行されました。

山内　進（やまうち　すすむ）

1949年生まれ。一橋大学法学部卒業，同大学大学院法学研究科博士課程単位取得退学。現在は一橋大学教授，同大学学長。専攻は西洋法制史，法文化史。法学博士。著書に『新ストア主義の国家哲学』『掠奪の法観念史』『決闘裁判』『十字軍の思想』，編著書に『「正しい戦争」という思想』『フロンティアのヨーロッパ』などがある。

講談社学術文庫

定価はカバーに表示してあります。

北《きた》の十字軍《じゅうじぐん》

「ヨーロッパ」の北方拡大《ほっぽうかくだい》

山内《やまうち》　進《すすむ》

2011年1月10日　第1刷発行
2024年11月15日　第8刷発行

発行者　篠木和久
発行所　株式会社講談社
東京都文京区音羽 2-12-21 〒112-8001
電話　編集（03）5395-3512
販売（03）5395-5817
業務（03）5395-3615
装　幀　蟹江征治
印　刷　株式会社ＫＰＳプロダクツ
製　本　株式会社国宝社
本文データ制作　講談社デジタル製作

ISBN978-4-06-292033-9

#「講談社学術文庫」の刊行に当たって

これは、学術をポケットに入れることをモットーとして生まれた文庫である。学術は少年の心を養い、成年の心を満たす。その学術がポケットにはいる形で、万人のものになることは、生涯教育をうたう現代の理想である。

こうした考え方は、学術を巨大な城のように見る世間の常識に反するかもしれない。また、一部の人たちからは、学術の権威をおとすものと非難されるかもしれない。しかし、それはいずれも学術の新しい在り方を解しないものといわざるをえない。

学術は、まず魔術への挑戦から始まった。やがて、いわゆる常識をつぎつぎに改めていった。学術の権威は、幾百年、幾千年にわたる、苦しい戦いの成果である。こうしてきずきあげられた城が、一見して近づきがたいものにうつるのは、そのためである。しかし、学術の権威を、その形の上だけで判断してはならない。その生成のあとをかえりみれば、その根は常に人々の生活の中にあった。学術が大きな力たりうるのはそのためであって、生活をはなれた学術は、どこにもない。

開かれた社会といわれる現代にとって、これはまったく自明である。生活と学術との間に、もし距離があるとすれば、何をおいてもこれを埋めねばならない。もしこの距離が形の上の迷信からきているとすれば、その迷信をうち破らねばならぬ。

学術文庫は、内外の迷信を打破し、学術のために新しい天地をひらく意図をもって生まれた。文庫という小さい形と、学術という壮大な城とが、完全に両立するためには、なおいくらかの時を必要とするであろう。しかし、学術をポケットにした社会が、人間の生活にとってより豊かな社会であることは、たしかである。そうした社会の実現のために、文庫の世界に新しいジャンルを加えることができれば幸いである。

一九七六年六月　　　　野間省一